Wie unser Gehirn die Welt erschafft

Ist die Welt real – oder lediglich ein Konstrukt unseres Gehirns? Und wer ist eigentlich „Ich"?

In Ihrem Kopf gibt es eine erstaunliche Vorrichtung, die Ihnen jede Menge Arbeit erspart – und die darin effizienter ist als die modernsten High-Tech-Computer: Ihr Gehirn. Tag für Tag befreit es Sie von Routineaufgaben wie der bewussten Wahrnehmung der Objekte und Geschehnisse um Sie herum sowie der Orientierung und Bewegung in der Welt, so dass Sie sich auf die wirklich wichtigen Dinge im Leben konzentrieren können: Freundschaften zu schließen, Beziehungen zu pflegen und Ideen auszutauschen.

Wie sehr all das, was wir wahrnehmen, ein von unserem Gehirn geschaffenes Modell der Welt ist, wird uns kaum je bewusst. Doch noch überraschender – und vielleicht beunruhigender – ist die Schlussfolgerung, dass auch das „Ich", das sich in die soziale Welt einfügt, ein Konstrukt unseres Gehirns ist. Indem das Gehirn es uns ermöglicht, eigene Vorstellungen mit anderen Menschen zu teilen, vermögen wir gemeinsam Größeres zu schaffen, als es einer von uns alleine könnte. Wie unser Gehirn dieses Kunststück vollbringt, beschreibt dieses Buch.

Der britische Kognitionsforscher Chris Frith beschäftigt sich mit dem vielleicht größten Rätsel überhaupt, nämlich dem Entstehen und den Eigenschaften unserer Erlebniswelt – der einzigen Welt, die uns direkt zugänglich ist. Er behandelt dieses schwierige Thema in einer souveränen, sympathischen und sehr verständlichen Weise, immer nahe an den psychologischen und neurobiologischen Forschungsergebnissen, von denen einige bedeutende aus seinem Labor stammen. Er verzichtet dabei bewusst auf jeden bombastischen philosophischen Aufwand. Das macht das Buch unbedingt lesenswert. **Gerhard Roth**

Frith gelingt das Kunststück, die enorme Bandbreite der kognitiven Neurowissenschaften nicht nur anhand vieler konkreter Beispiele darzustellen, sondern auch die Bedeutung ihrer Ergebnisse auszuloten … eine Aufforderung, dem Augenschein zu misstrauen. Es gibt wenige Bücher, die diesen Appell ähnlich anschaulich und fundiert mit Leben füllen, gewürzt mit einer guten Portion Humor. Gehirn und Geist

---

Chris Frith ist Professor emeritus für Neuropsychologie am Wellcome Trust Centre for Neuroimaging am University College London und Niels-Bohr-Gastprofessor am Interacacting Minds Centre der Universität Aarhus. Zu seinen Büchern zählen *Schizophrenia: A Very Short Introduction* (mit Eve C. Johnstone) und *The Neuroscience of Social Interaction* (herausgegeben mit Daniel Wolpert). Er hat Psychologie, Mathematik und Physik am Christ's College in Cambridge sowie am University College in London studiert und nach seiner Promotion an verschiedenen neuropsychiatrischen Forschungsinstituten gearbeitet, ehe er 1994 seine heutige Position annahm. Frith ist Fellow der Royal Society, der British Academy und der American Association for the Advancement of Science. Ende 2009 wurde ihm gemeinsam mit seiner Frau Uta Frith der angesehene und mit 100.000 Schweizer Franken dotierte European Latsis Prize der European Science Foundation zuerkannt.

Chris Frith

Wie unser Gehirn die Welt erschafft

Springer Spektrum

Chris Frith
Neuroscience Funct. Imaging Lab. (FIL)
University College London Wellcome Dept. Imaging
London, Großbritannien

Titel der Originalausgabe:
Making up the Mind. How the Brain Creates our Mental World.

ISBN 978-3-642-41038-3 ISBN 978-3-8274-2344-3 (eBook)
DOI 10.1007/978-3-8274-2344-3

Die Deutsche Nationalbibliothek verzeichnet diese Publikation in der Deutschen Nationalbibliografie; detaillierte bibliografische Daten sind im Internet über http://dnb.d-nb.de abrufbar.

Springer Spektrum

Planung und Lektorat: Frank Wigger, Bettina Saglio
Redaktion: Susanne Warmuth
Einbandentwurf: deblik Berlin
Einbandfotografie: © Alastair Magnaldo; Les tâches solaires

Gedruckt auf säurefreiem und chlorfrei gebleichtem Papier

Springer Spektrum ist eine Marke von Springer DE.
Springer DE ist Teil der Fachverlagsgruppe Springer Science+Business Media.
www.springer-spektrum.de

Für Uta

Inhalt

Vorwort XIII

Dank XIV

Einleitung: Richtige Naturwissenschaftler befassen sich nicht mit dem Geist 1

Die Angst des Psychologen vor der Party 1

Harte und weiche Naturwissenschaften 4

Harte Naturwissenschaften = objektiv, weiche Naturwissenschaften = subjektiv 6

Kann *Big Science* die weiche Wissenschaft retten? 9

Messung mentaler Aktivität 12

Wie kann das Mentale aus dem Physischen erwachsen? 20

Ich kann Ihre Gedanken lesen 21

Wie unser Gehirn die Welt konstruiert 21

Teil I Die Illusionen des Gehirns durchschauen 23

1 Die Hinweise eines geschädigten Gehirns 25

Die physische Welt wahrnehmen 25

Geist und Gehirn 27

Wenn das Gehirn nicht Bescheid weiß 29
Wenn das Gehirn Bescheid weiß, es aber nicht sagt 33
Wenn das Gehirn lügt 37
Wie Gehirnaktivität zu falschem Wissen führt 39
Wie man das Gehirn zum Lügen bringt 42
Die Echtheit unserer Erfahrungen prüfen 45
Woher wissen wir, was real ist? 46

2 Was uns ein normales Gehirn über die Welt erzählt 51
Die Illusion einer bewussten Wahrnehmung 51
Unser verschwiegenes Gehirn 56
Unser verzerrendes Gehirn 61
Unser schöpferisches Gehirn 65

3 Was das Gehirn uns über den Körper erzählen kann 79
Privilegierter Zugang? 79
Wo ist die Grenze? 79
Wir wissen nicht, was wir gerade tun 82
Wer hat die Kontrolle? 85
Mein Gehirn kann problemlos ohne mich auskommen 88
Phantome im Gehirn 91
Mit mir ist alles in bester Ordnung 97
Wer handelt? 98
Wo bleibt das „Ich"? 101

Teil II Wie das Gehirn das alles macht 109

4 **Durch Vorhersagen vorankommen** 111

Belohnung und Bestrafung 112

Wie uns das Gehirn in die Welt einbettet und uns dann verbirgt 131

Das Gefühl, die Dinge unter Kontrolle zu haben 137

Wenn das System versagt 140

Der unsichtbare Akteur im Zentrum der Welt 144

5 **Unsere Wahrnehmung der Welt ist eine Fantasie, die mit der Realität in Einklang steht** 147

Unser Gehirn schafft eine mühelose Wahrnehmung der physischen Welt 148

Die Informationsrevolution 148

Was können clevere Maschinen wirklich? 154

Ein Problem mit der Informationstheorie 155

Reverend Thomas Bayes 158

Der ideale Bayes'sche Beobachter 164

Wie ein Bayes'sches Gehirn Modelle der Welt herstellen kann 166

Ist da ein Nashorn im Zimmer? 167

Woher kommt das Vorwissen? 169

Wie uns Handlungen etwas über die Welt sagen 173

Ich nehme nicht die Welt wahr, sondern das Weltmodell meines Gehirns 175

Farbe steckt im Gehirn, nicht in der Welt 177

Was wir wahrnehmen, ist ein Fantasiebild, das sich mit der Realität deckt 178

Wir sind nicht die Sklaven unserer Sinne 179
Woher wissen wir also, was real ist? 181
Sich etwas vorzustellen, ist außerordentlich langweilig 182

6 **Wie das Gehirn den Geist modelliert** 185
Biologische Bewegung: Wie sich Lebewesen bewegen 187
Wie Bewegungen Absichten verraten können 188
Imitation 192
Imitation: die Ziele anderer erkennen 194
Menschen und Roboter 197
Empathie 198
Die Erfahrung von Urheberschaft 202
Das Problem mit dem privilegierten Zugang 206
Illusion einer Urheberschaft 208
Andere Akteure halluzinieren 209

Teil III Kultur und Gehirn 213

7 **Die Gedankenwelt anderer teilen – wie das Gehirn Kultur schafft** 215
Die Problematik des Übersetzens 215
Bedeutungen und Ziele 218
Die Lösung des inversen Problems 219
Vorwissen und Vorurteil 220
Was wird er wohl als Nächstes tun? 222
Andere Menschen sind ansteckend 224
Kommunikation ist mehr als nur Sprechen 225

Unterweisen ist mehr als eine Demonstration, die imitiert werden soll 226
Die Schleife schließen 229
Fork Handles: Die beiden Ronnies schließen (letztendlich) die Schleife 230
Die Schleife vollständig schließen 231
Wissen ist (mit-)teilbar 233
Wissen ist Macht 235
Die Wahrheit 237

Nachwort: Ich und mein Gehirn 245
Chris Frith und ich 245
Auf der Suche nach dem Willen im Gehirn 246
Wo ist oben in der Top-down-Kontrolle? 248
Der Homunculus 251
In diesem Buch geht es nicht um Bewusstsein 252
Warum sind Leute nett (solange sie fair behandelt werden)? 253
Selbst eine Illusion hat Verantwortlichkeiten 256

Literatur 259
Bildnachweise 289
Index 295

Vorwort

In meinem Kopf gibt es eine erstaunliche, arbeitssparende Vorrichtung. Besser noch als eine Geschirrspülmaschine oder ein Taschenrechner befreit mich mein Gehirn nicht nur von der langweiligen, sich ständig wiederholenden Aufgabe, die Dinge in der Welt um mich herum zu erkennen, sondern sogar von der Notwendigkeit, darüber nachzudenken, wie ich meine Bewegungen kontrolliere. Ich kann mich auf die wichtigen Dinge im Leben konzentrieren: Freunde zu gewinnen und Ideen auszutauschen. Aber natürlich bewahrt mich mein Gehirn nicht nur vor lästigen Routinearbeiten. Mein Gehirn schafft das „Ich“, das mit der sozialen Welt in Austausch steht. Und es ist mein Gehirn, das es mir ermöglicht, meine Gedanken mit meinen Freunden zu teilen, und es uns dadurch erlaubt, gemeinsam etwas Größeres zu schaffen, als es einer von uns alleine könnte. Dieses Buch beschreibt, wie das Gehirn dieses Kunststück schafft.

Dank

Meine Arbeit über Geist und Gehirn wurde durch finanzielle Unterstützung des Medical Research Council und des Wellcome Trust möglich. Das MRC ermöglichte meine Arbeit über die Neuropsychologie der Schizophrenie durch seine Unterstützung von Tim Crows psychiatrischer Abteilung im Clinical Research Centre im Northwick Park Hospital in Harrow, Middlesex. Damals konnten wir nur indirekte Schlüsse über die Beziehungen zwischen Geist und Gehirn ziehen, aber all das änderte sich in den 1980er-Jahren mit der Entwicklung von Hirnscannern. Der Wellcome Trust ermöglichte Richard Frackowiak, das Functional Imaging Laboratory einzurichten, und unterstützte meine Studien über die neuronalen Korrelate von Bewusstsein und sozialen Wechselbeziehungen. Das Studium von Geist und Gehirn überschreitet traditionelle Grenzen zwischen verschiedenen Disziplinen, von Anatomie und computergestützter Neurobiologie bis zu Philosophie und Anthropologie. Ich habe das Glück gehabt, immer in multidisziplinären – und multinationalen – Gruppen zu arbeiten.

Ich habe stark vom Austausch mit meinen Kollegen und Freunden am University College London profitiert; das gilt vor allem für Ray Dolan, Dick Passingham, Daniel Wolpert, Tim Shallice, Jon Driver, Paul Burgess und Patrick Haggard. Im Frühstadium dieses Buches habe ich viele fruchtbare Diskussionen über Geist und Gehirn mit meinen Freunden in Århus, Jakob Hohwy und Andreas Roepstorff, und in Salzburg, Josef Perner and Heinz Wimmer, geführt. Martin Frith und John Law haben schon so lange, wie ich mich erinnern kann, mit mir über viele der im Buch behandelten Themen diskutiert. Eve Johnstone und Sean Spence haben ihr Expertenwissen über psychiatrische Phänomene und deren Bedeutung für die Neurowissenschaften in großzügiger Weise mit mir geteilt.

Den vielleicht wichtigsten Anstoß zum Schreiben dieses Buches verdanke ich meinen wöchentlichen Diskussionen mit der Frühstücksgruppe, damals und heute. Sarah-Jayne Blakemore, Davina Bristow, Thierry Chaminade, Jenny Coull, Andrew Duggins, Chloë Farrer, Helen Gallagher, Tony Jack, James Kilner, Hakwan Lau, Emiliano Macaluso, Eleanor Maguire, Pierre Maquet, Jen Marchant, Dean Mobbs, Mathias Pessiglione, Chiara Portas, Geraint Rees, Johannes Schultz, Sukhi Shergill und Tania Singer – sie alle haben dazu beigetragen, diesem Buch seine Form zu geben. Ich bin ihnen allen sehr dankbar.

Karl Friston und Richard Gregory haben Teile des Buches gelesen und mir mit ihrem Rat sehr geholfen. Ich danke Paul Fletcher für seine frühzeitige Ermutigung, die Englischprofessorin und die anderen fiktiven Charaktere zu schaffen, die mit dem Erzähler diskutieren. Philip Carpenter tat mit seinen prägnanten Kommentaren weit mehr als seine Pflicht.

Besonders dankbar bin ich all denen, die sämtliche Kapitel gelesen und im Detail kommentiert haben. Shaun Gallagher und zwei anonyme Leser machten wertvolle Vorschläge. Rosalind Ridley brachte mich dazu, sorgfältiger über meine Behauptungen nachzudenken und meine Terminologie zu präzisieren. Alex Frith half mir, Fachbegriffe und Anschlussfehler zu eliminieren. Uta Frith war an allen Stadien der Projektentwicklung beteiligt. Ohne ihr Beispiel und ihre Beratung wäre dieses Buch nicht geschrieben worden.

Einleitung

Richtige Naturwissenschaftler befassen sich nicht mit dem Geist

Die Angst des Psychologen vor der Party

Genau wie alle anderen „Völker" haben auch Naturwissenschaftler eine Hierarchie. Psychologen rangieren darin ziemlich weit unten. Das entdeckte ich während meines ersten Jahres an der Universität, wo ich Naturwissenschaften studierte. Damals wurde bekanntgegeben, dass Studenten im Rahmen dieses Studiengangs erstmals auch Psychologie belegen konnten. Sofort eilte ich zu meinem Tutor und fragte ihn, ob er irgendetwas über diese neue Möglichkeit wisse. „Ja", antwortete er, „aber ich hätte nicht gedacht, dass irgendeiner meiner Studenten auf die abwegige Idee kommen würde, Psychologie studieren zu wollen." Er war Physiker.

Vielleicht war mir nicht ganz klar, was er mit „abwegig" meinte, jedenfalls ließ ich mich durch seine Bemerkung nicht abschrecken. Ich wechselte von der Physik zur Psychologie und bin diesem Fach seither treu geblieben, aber ich habe niemals vergessen, wo mein Platz in der Hierarchie ist. Wenn auf akademischen Partys irgendwann die Frage aufkommt „Und was machen Sie so?", und das tut sie immer, denke ich zweimal nach, ob ich antworte: „Ich bin Psychologe."

Natürlich hat sich im Lauf der letzten 30 Jahre in der Psychologie viel geändert. Wir haben viele Methoden und Konzepte aus anderen Disziplinen übernommen. Wir untersuchen nicht nur das Ver-

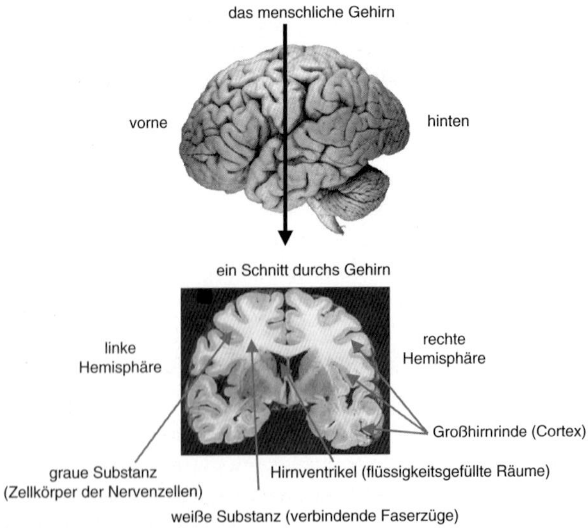

Abb. E.1 Ganzes Gehirn und postmortal (nach dem Tod) angefertigter Hirnschnitt. Ansicht eines menschlichen Gehirns von der Seite (oben). Der schwarze Pfeil zeigt, von welcher Stelle des Gehirns der Hirnschnitt stammt (unten). Die dünne Außenschicht des Gehirns (Hirnrinde oder Cortex) besteht aus grauer Substanz und ist stark gefaltet, um eine große Oberfläche in einem kleinen Volumen unterzubringen. Der Cortex enthält rund 10 Milliarden Nervenzellen.

halten, sondern auch das Gehirn. Um unsere Daten zu analysieren und Metaphern für die Funktionsweise des Geistes zu entwickeln, stützen wir uns in hohem Maße auf Computer.[1] Auf meinem Namensschildchen in der Universität steht nicht „Psychologe", sondern „Kognitiver Neurowissenschaftler".

„Und was machen Sie so?" fragt also jemand. Ich glaube, sie ist die neue Leiterin der Physikabteilung. Unglücklicherweise verzögert die

[1] An dieser Stelle muss ich zugeben, dass es ein paar Bornierte gibt, die immer noch abstreiten, dass uns die Untersuchung des Gehirns oder von Computern irgendetwas über die Funktionsweise des Geistes sagen kann.

Antwort „Ich bin Kognitiver Neurowissenschaftler“ die Sache nur. Nachdem ich versucht habe, ihr zu erklären, was genau ich mache, meint sie: „Ah, Sie sind Psychologe!“ Und dabei schaut sie mich mit diesem typischen Blick an, als wollte sie sagen „Wäre es nicht besser, Sie würden sich mit richtiger Naturwissenschaft beschäftigen?“

Die Englischprofessorin gesellt sich zu uns und beginnt, über Psychoanalyse zu sprechen. Eine ihrer neuen Studentinnen habe „Schwierigkeiten, Freud zu akzeptieren“. Ich möchte mir den netten Abend nicht verderben, indem ich ihr sage, dass Freud meiner Meinung nach ein Geschichtenerzähler war, dessen Spekulationen über den menschlichen Geist weitgehend irrelevant waren.

Vor ein paar Jahren bat mich der Herausgeber des *British Journal of Psychiatry* – zweifellos aus Versehen –, einen freudianischen Artikel zu begutachten. Sofort fiel mir ein subtiler Unterschied zu den Artikeln auf, die ich sonst begutachte. Wie in jedem wissenschaftlichen Artikel gab es eine Menge „Literaturhinweise“. „Literaturhinweise“ weisen auf bereits veröffentlichte Artikel zum selben Thema hin. Sie dienen zum Teil dazu, die Arbeit unserer Vorgänger zu würdigen, aber hauptsächlich sollen sie die Behauptungen in unserem eigenen Artikel stützen. „Sie müssen mir nicht blindlings glauben. Schauen Sie sich die Veröffentlichung von Box & Cox aus dem Jahr 1964 an; dort werden Sie meine Methoden bestätigt finden.“[2] In dem freudianischen Artikel wurde jedoch kein Versuch unternommen, die dort aufgestellten Behauptungen zu stützen. In den Literaturhinweisen ging es nicht um Ergebnisse. Es ging um Ideen. Anhand dieser Verweise konnte man die Entwicklung dieser Ideen über die verschiedenen Anhänger von Freud bis zu den ursprünglichen Worten des Meisters selbst zurückverfolgen. Es wurden jedoch keine Befunde vorgestellt, die bei der Frage weitergeholfen hätten, ob die Vorstellungen des Meisters richtig waren.

„Freud mag einen großen Einfluss auf die Literaturkritik gehabt haben“, erwiderte ich der Englischprofessorin, „aber er war kein

[2] Ob Sie's glauben oder nicht, das ist ein echter Literaturhinweis auf eine wichtige statistische Methode, die Sie am Ende des Buches finden.

Naturwissenschaftler. Er interessierte sich nicht für wissenschaftliche Beweise. Ich erforsche Psychologie mit naturwissenschaftlichen Methoden."

„Aha, Sie benutzen also das Monstrum der maschinellen Logik", entgegnet sie, „um unsere Menschlichkeit zu töten."[3]

Von beiden Seiten der kulturellen Wasserscheide erhalte ich dieselbe Antwort: „Naturwissenschaftler können den Geist nicht erforschen." Wo liegt das Problem?

Harte und weiche Naturwissenschaften

In der Dominanzhierarchie der Naturwissenschaften stehen oben die sogenannten „harten", unten die sogenannten „weichen". „Hart" heißt nicht, dass diese Wissenschaft schwieriger ist, sondern bezieht sich auf den Gegenstand der Wissenschaft und die Art von Messungen, die man durchführen kann. Harte Dinge wie Diamanten haben definierte Kanten, die sich präzise vermessen lassen. Weiche Dinge wie Eiscreme haben schlecht definierte Kanten und können von Mal zu Mal variieren. Die harten Naturwissenschaften, wie Physik und Chemie, untersuchen konkrete Dinge, die sich sehr präzise messen lassen. So beträgt die Lichtgeschwindigkeit im Vakuum beispielsweise genau 299 792 458 Meter pro Sekunde. Ein Phosphoratom ist 31-mal schwerer als ein Wasserstoffatom. Diese Zahlen sind sehr wichtig. Aus dem Atomgewicht der verschiedenen Elemente ließ sich das Periodensystem ableiten, das uns einen ersten Einblick in die subatomare Struktur der Materie ermöglichte.

Biologie galt früher im Vergleich zu Physik und Chemie als deutlich weichere Wissenschaft, doch mit der Entdeckung, dass Gene aus präzisen Sequenzen von Basenpaaren in DNA-Molekülen bestehen, hat sich das dramatisch geändert. So besteht das Prion-Gen von Schafen beispielsweise aus 960 Basenpaaren und beginnt mit der

[3] Sie ist eine Spezialistin für die Werke der australischen Romanschriftstellerin Elizabeth Costello.

Basensequenz CTGCAGACCTTAAGTGATTCTTACGTGGGC. Angesichts dieser Messpräzision muss ich zugeben, dass Psychologie eine sehr weiche Wissenschaft ist. Die berühmteste Zahl in der Psychologie ist die Sieben, das ist die Zahl von Posten, die man im Arbeitsgedächtnis behalten kann.[4] Aber selbst diese Zahl muss eingeschränkt werden. Der Titel des Originalartikels von George Miller von 1956 lautete „The Magical Number Seven, Plus Or Minus Two“ (Die magische Zahl sieben, plus oder minus zwei). Die beste Messung, die Psychologen bisher zustande gebracht haben, kann also um fast 30 Prozent schwanken. Die Zahl der Posten, die man im Arbeitsgedächtnis behalten kann, variiert von Zeit zu Zeit und von Person zu Person. Ich kann mich an weniger Ziffern erinnern, wenn ich müde oder ängstlich bin. Als jemand, der Englisch spricht, kann ich mich an mehr Ziffern erinnern als jemand, der Walisisch spricht.[5] „Was haben Sie erwartet?“ meint die Englischprofessorin. „Man kann den menschlichen Geist nicht so festnageln wie einen Schmetterling in einem Schaukasten. Wir alle sind unterschiedlich.“

Dieser Einwand geht an der Sache vorbei. Natürlich ist jeder von uns anders. Doch es gibt auch geistige Eigenschaften, die wir alle teilen. Diese fundamentalen Eigenschaften sind es, die Psychologen zu entdecken suchen. Vor der Entdeckung der chemischen Elemente im 18. Jahrhundert hatten Chemiker bei der Analyse von Gestein genau dieselben Probleme. Jedes Gestein war anders. Im Vergleich zu den „harten“ Wissenschaften hat die Psychologie wenig Zeit gehabt herauszufinden, was sie messen sollte und wie sie es messen sollte. Die Psychologie als wissenschaftliche Disziplin existiert seit kaum

---

[4] Das Arbeitsgedächtnis ist eine Form des Kurzzeitgedächtnisses. Diesen Gedächtnistyp setzen wir ein, wenn wir eine Telefonnummer im Gedächtnis behalten wollen, ohne sie aufzuschreiben. Psychologen und Neurowissenschaftler haben das Arbeitsgedächtnis intensiv untersucht, müssen sich aber noch darüber einigen, was genau sie da eigentlich untersuchen.

[5] Diese Behauptung beruht nicht auf einem antiwalisischen Vorurteil, sondern bezieht sich auf eine der vielen wichtigen Entdeckungen, die Psychologen im Zusammenhang mit dem Arbeitsgedächtnis gemacht haben. Leute, die Walisisch sprechen, erinnern weniger Ziffern, weil das Aussprechen von Ziffernfolgen im Walisischen länger dauert als im Englischen.

mehr als 100 Jahren. Ich bin überzeugt, dass Psychologen beizeiten herausfinden werden, was sie messen sollten, und Instrumente entwickeln werden, um diese Messungen sehr präzise durchzuführen.

Harte Naturwissenschaften = objektiv, weiche Naturwissenschaften = subjektiv

Das sind optimistische Worte, denn ich glaube an den unaufhaltsamen Fortschritt der Wissenschaft.[6] Das Problem ist, dass dieser Optimismus im Fall der Psychologie vielleicht nicht gerechtfertigt ist. Die Dinge, die wir zu messen versuchen, unterscheiden sich in mancher Hinsicht fundamental von anderen Messgrößen.

Die Messungen, die in den harten Wissenschaften durchgeführt werden, sind objektiv. Sie lassen sich überprüfen. „Sie glauben nicht, dass die Lichtgeschwindigkeit 299.792.458 Meter pro Sekunde beträgt? Hier sind die Geräte. Messen Sie's selbst." Nach Durchführung der Messung werden Zahlenkolonnen ausgedruckt, die jedermann lesen kann. Aber Psychologen benutzen sich selbst oder ihre Versuchspersonen als Messinstrumente. Diese Messungen sind subjektiv. Sie lassen sich nicht überprüfen.

Hier ein einfaches psychologisches Experiment: Ich programmiere meinen Computer darauf, einen Vorhang aus schwarzen Punkten zu zeigen, der sich kontinuierlich von oben nach unten über den Bildschirm bewegt. Ich starre ein bis zwei Minuten auf den Schirm. Dann drücke ich die *Escape*-Taste, und die Bewegung der Punkte hört auf. Objektiv bewegen sich die Punkte nicht mehr. Wenn ich die Spitze meines Stiftes auf einen Punkt setze, kann ich überprüfen, dass dieser sich tatsächlich nicht bewegt. Dennoch habe ich den sehr starken subjektiven Eindruck, dass die Punkte langsam nach oben gleiten.[7] Wenn jemand in diesem Augenblick ins Zimmer

---

[6] Dieser Glaube wird von der Englischprofessorin nicht geteilt.

[7] Das Phänomen wird als „Wasserfalltäuschung" oder „Bewegungsnacheffekt" bezeichnet. Wenn man ein bis zwei Minuten lang auf einen Wasserfall starrt und dann

käme, sähe er einen Bildschirm mit stationären Punkten. Ich könnte ihm erzählen, dass sich die Punkte aufwärts zu bewegen scheinen, aber wie sollte er das überprüfen? Die Bewegung findet allein in meinem Kopf statt.

Natürlich kann jeder diese Bewegungstäuschung erleben. Wenn Sie die herabsinkenden Punkte ein bis zwei Minuten lang fixieren würden, würden Sie ebenfalls eine Bewegung der stationären Punkte wahrnehmen. Aber nun findet die Bewegung in Ihrem Kopf statt, und ich kann sie nicht überprüfen. Und es gibt viele weitere Erfahrungen, die wir nicht teilen können. Beispielsweise könnte ich Ihnen erzählen, dass ich immer, wenn ich auf eine Party gehe, das Gesicht der Professorin vor mir sehe, mit der ich über Freud gestritten habe. Was für eine Art von Erfahrung ist das? Habe ich wirklich ein Bild Ihres Gesichts vor Augen? Erinnere ich mich an das Ereignis oder erinnere ich mich nur daran, dass ich über dieses Ereignis geschrieben habe? Solche Erfahrungen lassen sich niemals überprüfen. Wie können sie dann die Grundlage wissenschaftlicher Untersuchungen bilden?

Ein richtiger Naturwissenschaftler möchte die Messungen, von denen ein anderer berichtet, eigenständig und unabhängig überprüfen. „*Nullius in verba*" ist das Motto der Londoner Royal Society: „Glaube nicht, was die Leute dir erzählen, wie bedeutend sie auch sein mögen."[8] Wenn ich diesem Prinzip folgen würde, dann müsste ich zugeben, dass die wissenschaftliche Erforschung unseres geistigen Lebens unmöglich ist, denn ich muss mich auf Ihre Schilderung Ihres mentalen Erlebens verlassen. Eine Zeit lang gaben Psychologen vor, richtige Naturwissenschaftler zu sein, indem sie ausschließlich Verhaltensäußerungen untersuchten: Sie machten objektive Messungen von Dingen wie Bewegungen, Knopfdrücken und Reak-

---

den Blick auf die Büsche am Rand richtet, hat man den Eindruck, dass sich die Büsche nach oben bewegen, obwohl man gleichzeitig sieht, dass sie an Ort und Stelle bleiben.

[8] *Nullius addictus iurare in verba magistri*: „Ich schulde den Worten keines Meisters blinden Gehorsam." Horaz, *Epistulae*.

tionszeiten.[9] Aber allein das Verhalten zu untersuchen, kann niemals ausreichend sein. Dieser Ansatz schließt alles aus, was interessant ist an der menschlichen Erfahrung. Wir alle wissen, dass unser geistiges Leben ebenso real ist wie unser Leben in der physischen Welt. Zurückweisung durch einen Menschen, den wir lieben, schmerzt ebenso sehr wie eine Verbrennung am heißen Ofen.[10] Mentales Training kann zu Leistungsverbesserungen führen, die sich objektiv messen lassen. Wenn Sie sich beispielsweise vorstellen, ein bestimmtes Klavierstück zu spielen, dann verbessert sich Ihr Spiel. Warum kann ich dann nicht Ihre Aussage akzeptieren, dass Sie sich vorstellen, Klavier zu spielen? Inzwischen sind wir Psychologen wieder dazu zurückgekehrt, subjektive Erfahrungen zu untersuchen: Wahrnehmungen, Erinnerungen, Absichten. Das Problem bleibt jedoch bestehen: Die mentalen Phänomene, die wir untersuchen, haben einen völlig anderen Status als die materiellen Objekte, die andere Naturwissenschaftler untersuchen. Die einzige Möglichkeit, etwas über die Dinge zu erfahren, die sich in Ihrem Kopf abspielen, besteht darin, Sie zu fragen und Ihre Antwort zu hören. Sie drücken auf einen Knopf, um mir mitzuteilen, wann Sie das rote Licht sehen. Sie erklären mir genau, welche Rotschattierung es hat. Aber ich habe keine Möglichkeit, in Ihren Kopf einzudringen und die „Rotheit“ Ihres Erlebens zu beurteilen.

Für meine Freundin Rosalind nehmen Zahlen spezielle Positionen im Raum ein, und die Tage der Woche haben ganz bestimmte Farben (siehe Abbildung FT1 im Tafelteil). Aber handelt es sich dabei nicht nur um Metaphern? Ich erlebe so etwas nicht. Warum sollte ich ihr glauben, wenn sie sagt, es handele sich um direkte sen-

[9] Das waren die Behavioristen, deren führende Vertreter John Watson und B. F. Skinner waren. Der Eifer, mit dem sie ihren Ansatz anpriesen, deutet auf dessen unbefriedigende Natur hin. Einer meiner Tutoren am College war ein glühender Behaviorist, der später Psychoanalytiker wurde.

[10] Computergestützte Studien mit bildgebenden Verfahren zur Darstellung des Gehirns (sogenannte Brain-Imaging-Studien) sprechen tatsächlich dafür, dass körperlicher Schmerz und der Schmerz, der durch soziale Zurückweisung entsteht, dieselben Hirnregionen aktivieren.

sorische Erfahrungen, die sie nicht steuern kann? Ihre Erfahrungen sind Beispiele für etwas in der mentalen Welt, dass ich niemals werde überprüfen können.

Kann *Big Science* die weiche Wissenschaft retten?

Wenn die eingesetzten Messinstrumente sehr groß und sehr teuer sind, wird die harte Wissenschaft zur „großen" Wissenschaft, englisch *Big Science*. Die Hirnforschung wurde zur *Big Science*, als im letzten Viertel des 20. Jahrhunderts Hirnscanner entwickelt wurden. Ein Hirnscanner kostet in der Regel mehr als eine Million Euro. Durch reines Glück – weil ich zur richtigen Zeit am richtigen Ort war – konnte ich diese Geräte benutzen, als sie Mitte der 1980er-Jahre auf den Markt kamen.[11] Die ersten Geräte basierten auf dem altbekannten Prinzip der Röntgenstrahlen. Ein Röntgengerät kann die Knochen im Körperinneren sichtbar machen, weil Knochengewebe viel dichter ist als Haut- und Muskelgewebe. Nur wenige Röntgenstrahlen durchdringen Knochenmaterial, viele hingegen das Muskelgewebe. Derartige Dichteunterschiede findet man auch im Gehirn. Der knöcherne Schädel, in dem das Gehirn ruht, ist sehr dicht, das Hirngewebe ist hingegen viel weniger dicht, eher wie Muskelgewebe. Im Inneren des Gehirns gibt es Räume, die sogenannten Hirnventrikel, die mit Flüssigkeit gefüllt sind; diese Ventrikel weisen daher die geringste Dichte auf. Den Durchbruch brachte die Entwicklung der Computertomographie (CT) und der Bau von CT-Scannern. Diese Geräte setzen Röntgenstrahlen zur Dichtemessung ein und lösen dann mithilfe eines leistungsstarken Computers eine sehr große

[11] Die Entscheidung des Medical Research Council, das klinische Forschungszentrum zu schließen, in dem ich viele Jahre lang über Schizophrenie geforscht hatte, gab mir den Anstoß, eine grundlegende Veränderung meiner Psychologenlaufbahn zu riskieren. In der Folgezeit bewiesen MRC und Wellcome Trust große Voraussicht, indem sie die neue Brain-Imaging-Technologie förderten.

Zahl von mathematischen Gleichungen, um ein dreidimensionales Bild des Gehirns (oder eines anderen Körperteils) zu konstruieren, das die Unterschiede in der Gewebedichte zeigt. Zum ersten Mal konnte man die inneren Strukturen des Gehirns bei einem lebenden, denkenden Menschen sehen.

Einige Jahre später wurde eine noch bessere Technik entwickelt, die Magnetresonanztomographie (englisch *magnetic resonance imaging*, abgekürzt MRT bzw. MRI), auch Kernspintomographie genannt. Diese Technik verwendet keine Röntgenstrahlen, sondern Radiowellen und ein sehr starkes magnetisches Feld.[12] Anders als Röntgenstrahlen stellt dieses Verfahren kein Gesundheitsrisiko dar. Der MRT-Scanner reagiert viel empfindlicher auf Dichteunterschiede als ein CT-Scanner. Die Bilder, die er produziert, unterscheiden zwischen verschiedenen Arten von Hirngewebe. Diese Bilder des lebenden Gehirns haben dieselbe Qualität wie Fotografien eines Gehirns, das nach dem Tod aus dem Schädel genommen, chemisch konserviert und in Scheiben geschnitten wurde.

Die computergestützte Abbildung der Hirnstruktur hatte einen enormen Einfluss auf die Medizin. Hirnschäden, ob durch einen Verkehrsunfall, einen Schlaganfall oder durch das Wachsen eines Tumors hervorgerufen, können dramatische Auswirkungen auf das Verhalten haben. Es kann zu einem schweren Gedächtnisverlust oder zu einer tiefgreifenden Persönlichkeitsveränderung kommen. Vor dem Aufkommen von Hirnscannern gab es nur die Möglichkeit, den Schädel zu öffnen und nachzusehen, wenn man wissen wollte, wo genau der Hirnschaden eingetreten war. Das geschah in den meisten Fällen erst nach dem Tod, aber wenn ein neurochirurgischer Eingriff erforderlich war, gelegentlich auch beim lebenden Menschen. Heute lassen sich Schädigungen mit Hirnscannern präzi-

---

[12] Nein, ich verstehe nicht wirklich, wie MRT funktioniert, aber es gibt einen Physiker, der es ganz genau weiß. J. P. Hornak: The Basics of MRI, *http://www.cis.rit.edu/htbooks/mri/index.html.*

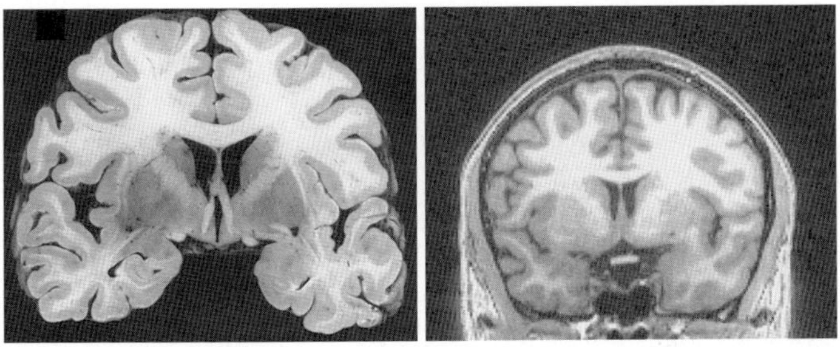

Abb. E.2 Vergleich zwischen einem strukturellen MRT-Scan und dem Foto eines postmortal angefertigten Hirnschnitts. Das Bild links zeigt den Hirnschnitt, das Bild rechts das Gehirn eines lebenden Menschen in einer MRT-Aufnahme.

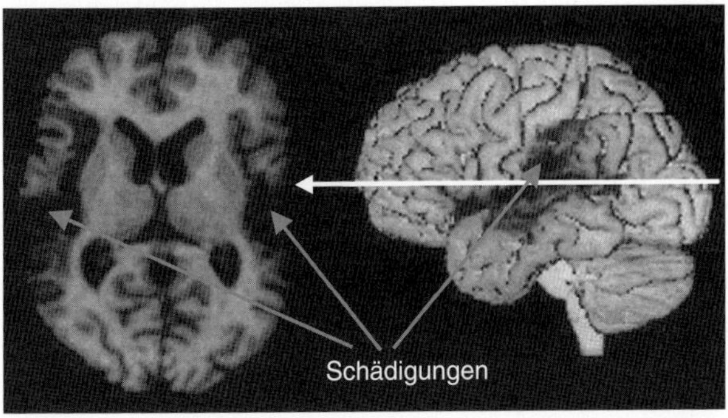

Abb. E.3 Ein MRT-Scan, der Hirnläsionen zeigt. Dieser Patient erlitt zwei Schlaganfälle nacheinander, die seinen linken und seinen rechten auditorischen Cortex („Hörrinde") zerstört haben. Der weiße Pfeil gibt die Schnittebene an.

se lokalisieren. Alles, was der Patient tun muss, ist rund eine Viertelstunde lang ruhig im Scanner zu liegen.

Die Darstellung der Hirnstruktur mittels computergestützter bildgebender Verfahren (englisch *brain imaging*) ist sowohl harte Wissenschaft als auch *Big Science*. Die Messungen der Hirnstruktur, die auf diesen Verfahren beruhen, sind sehr präzise und objektiv. Inwiefern sind solche Messungen für das Problem mit der Psychologie von Bedeutung?

Messung mentaler Aktivität

Es waren nicht die *strukturellen* Brain-Imaging-Verfahren, die der Psychologie bei ihrem Problem halfen, sondern die *funktionellen* Brain-Imaging-Techniken, die einige Jahre später entwickelt wurden. Funktionelle Hirnscanner messen die Energie, die vom Gehirn verbraucht wird. Ob wir wach sind oder schlafen, die 85 Milliarden Nervenzellen (Neuronen) in unserem Gehirn schicken einander ständig Botschaften. Und das kostet Energie. Tatsächlich verbraucht unser Gehirn in Ruhe rund 20 Prozent unserer körpereigenen Energie, obgleich es nur zwei Prozent unseres Körpergewichts ausmacht. Das ganze Gehirn ist von einem Netz von Blutgefäßen durchzogen, durch das der mit dem Blut transportierte Sauerstoff verteilt werden kann; und der wird zur Energiefreisetzung benötigt. Diese Energieverteilung ist fein geregelt, so dass mehr Energie in die Hirnregionen gesandt wird, die im Moment besonders aktiv sind. Wenn wir gerade unsere Ohren gebrauchen, sind die beiden Hirnregionen an der Seite, wo Neuronen Signale direkt von den Ohren empfangen (siehe Abbildung FT2 im Tafelteil), besonders aktiv. Wenn die Neuronen in dieser Region aktiv sind, kommt es auch zu einer Steigerung der lokalen Durchblutung. Diese Beziehung zwischen Hirnaktivität und lokaler Veränderung der Durchblutung war Physiologen seit mehr als 100 Jahren bekannt, aber erst nachdem Hirnscanner entwickelt worden waren, war es möglich, diese Veränderungen der Durchblutung sichtbar zu machen.[13] Die funktionellen Hirnscan-Verfahren (Positronenemissionstomographie, PET, und funktionelle Magnet-

[13] Im Jahr 1928 stieß man auf einen Mann, der eine Anomalie der Durchblutung des hinteren Hirnpols aufwies. Wenn er seine Augen öffnete und schloss, konnte man die Veränderung der Durchblutung im visuellen Areal seines Gehirns hören.

resonanztomographie, fMRT) registrieren diese Veränderungen der Durchblutung, die anzeigen, welche Hirnregion gerade besonders aktiv ist.

Der größte Nachteil von Hirnscannern ist die Unbequemlichkeit des Verfahrens für die gescannte Person. Sie muss rund eine Stunde flach und möglichst bewegungslos auf dem Rücken liegen. In einem Scanner kann man kaum mehr tun als nachdenken, und selbst das ist bei einer fMRT-Untersuchung schwierig, denn das Geräusch, das der Scanner produziert, ist so laut, als arbeite jemand direkt neben dem eigenen Kopf mit einem Presslufthammer. In einer der ersten wegweisenden Studien, in der ein primitiver PET-Scanner eingesetzt wurde, wurden die Probanden aufgefordert sich vorzustellen, ihr Haus zu verlassen und sich dann an jeder Straßenkreuzung, an die sie kamen, nach links zu wenden.[14] Diese rein geistige Aktivität reichte aus, um viele Hirnareale zu aktivieren.

Und an dieser Stelle kommt die *Big Science* der weichen Psychologie zu Hilfe. Der Proband[15] im Scanner stellt sich vor, er ginge die Straße entlang. Tatsächlich bewegt er sich nicht und sieht auch nichts. Diese Ereignisse spielen sich nur in seiner Gedankenwelt ab. Ich habe keine Möglichkeit, in seine Gedankenwelt einzudringen und zu prüfen, ob er auch wirklich das tut, was er tun soll. Aber mithilfe des Scanners kann ich in sein Gehirn schauen. Und ich kann sehen,

[14] Diese Pionierarbeit stammt aus Skandinavien. David Ingvar und Niels Lassen entwickelten die früheste Form einer funktionellen Hirnabtastung beim Menschen. In ihrer ersten Studie injizierten sie sich wechselseitig radioaktives Material in die Halsschlagader! Anschließend entwickelte Per Roland eine probandenfreundlichere Version dieser Technik, um sich die Gehirnaktivität anzusehen, wenn Versuchspersonen sich vorstellten, aus dem Haus zu gehen.

[15] Da ich in den Augen der Englischprofessorin schon ein verdächtiges Glitzern sehe, möchte ich rasch hinzufügen, dass dies nicht sexistisch ist. Die frühen funktionellen Brain-Imaging-Studien arbeiteten mit PET statt mit fMRT. Bei dieser Technik wird der Versuchsperson eine kleine Menge radioaktives Material injiziert. Wegen der gesundheitlichen Risiken beschränkten sich die meisten dieser Studien auf Männer oder, um es genauer zu sagen, auf junge, rechtshändige Studenten.

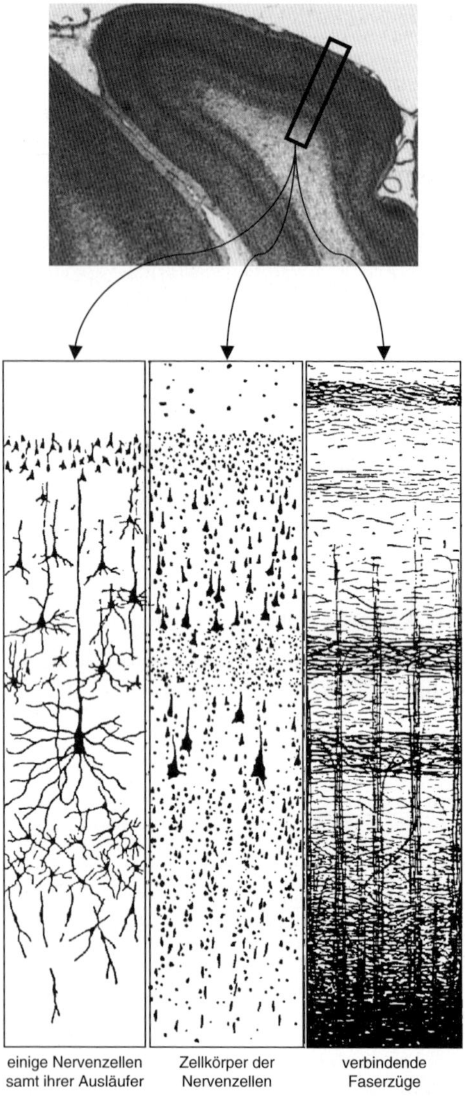

Abb. E.4 Cortex und Zellen. Unter dem Mikroskop erkennt man im Cortex drei unterschiedlich aussehende neuronale Regionen.

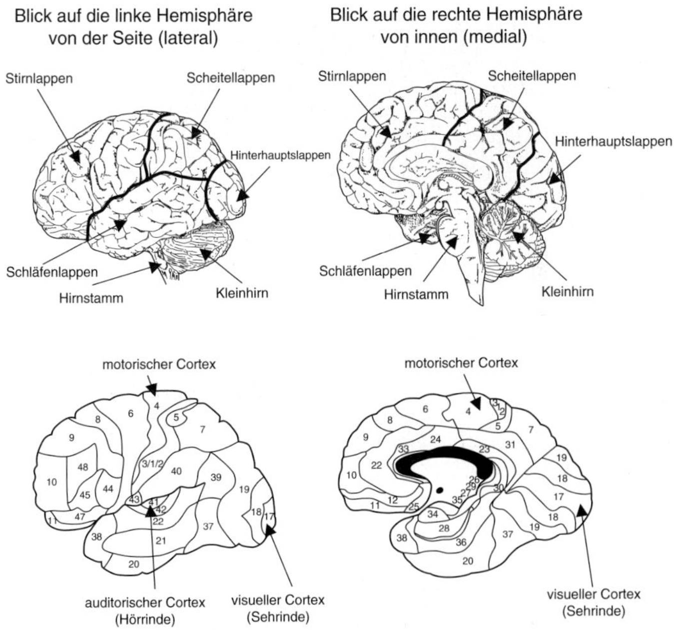

Abb. E.5 Hirnregionen und ihre Unterteilungen. Die beiden Bilder oben zeigen die wichtigsten Hirnregionen. Die beiden Bilder unten zeigen die Unterteilungen des Cortex nach Brodmann (Kleinhirn und Hirnstamm entfernt). Brodmanns Einteilung des Gehirns in Areale basiert auf dem Aussehen des Cortex unter dem Mikroskop. Die Bezifferung ist willkürlich.

dass sein Gehirn ein bestimmtes Aktivitätsmuster zeigt, wenn er sich vorstellt, dass er die Straße entlang geht und nach links abbiegt.

Natürlich sind die meisten Brain-Imaging-Studien viel objektiver. Wirkliche Lichter blitzen vor den Augen der Versuchsperson auf, und sie drückt Knöpfe, um zu zeigen, dass sie ihren Finger auch wirklich bewegt. Aber ich (und ein paar andere) habe mich immer mehr für die Aktivität des Gehirns interessiert, die mit rein geistigen Ereignissen einhergeht. Wir haben herausgefunden, dass bei der Vorstellung, einen Knopf zu drücken, dieselben Hirnareale aktiviert werden, die auch dann aktiviert werden, wenn der Proband

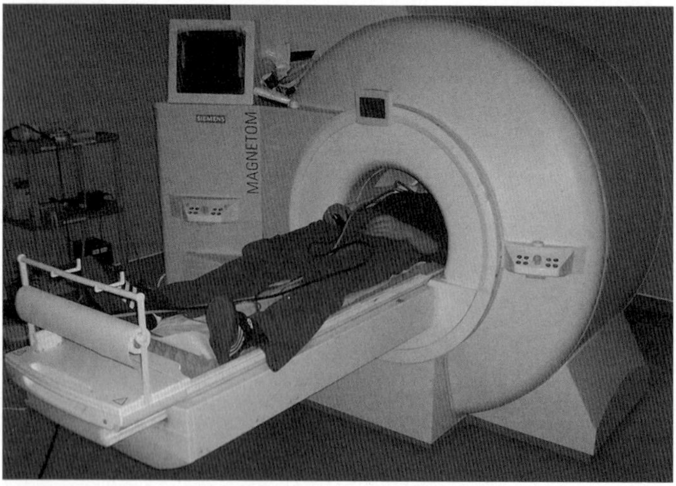

Abb. E.6 Eine Versuchsperson liegt in einem Hirnscanner.

tatsächlich einen Knopf drückt. Wenn wir keinen Hirnscanner hätten, gäbe es absolut kein objektives Zeichen, dass sich unser Proband tatsächlich vorgestellt hat, einen Knopf zu drücken. Wir überprüfen, dass es keine winzigen Fingerbewegungen und Muskelzuckungen gibt. Wir nehmen an, dass er unseren Anweisungen folgt, sich jedes Mal, wenn er das Signal hört, vorzustellen, den Knopf zu drücken. Indem wir die Hirnaktivität messen, haben wir eine objektive Bestätigung mentaler Ereignisse. Mithilfe eines Hirnscanners könnte ich Ihnen wahrscheinlich sagen, ob Sie sich gerade vorstellen, Ihren Finger oder Ihren Fuß zu bewegen. Aber bis jetzt könnte ich wahrscheinlich nicht sagen, an *welchen* Finger Sie denken.

Ich könnte noch bessere Ergebnisse erzielen, wenn ich mich mit dem Sehen beschäftigen würde. Wie Nancy Kanwisher und ihr Team am Massachusetts Institute of Technology (MIT) gezeigt haben, wird eine bestimmte Hirnregion aktiv, wenn man ein Gesicht (*irgendein* Gesicht) anschaut, während eine nahe gelegene Hirnregion

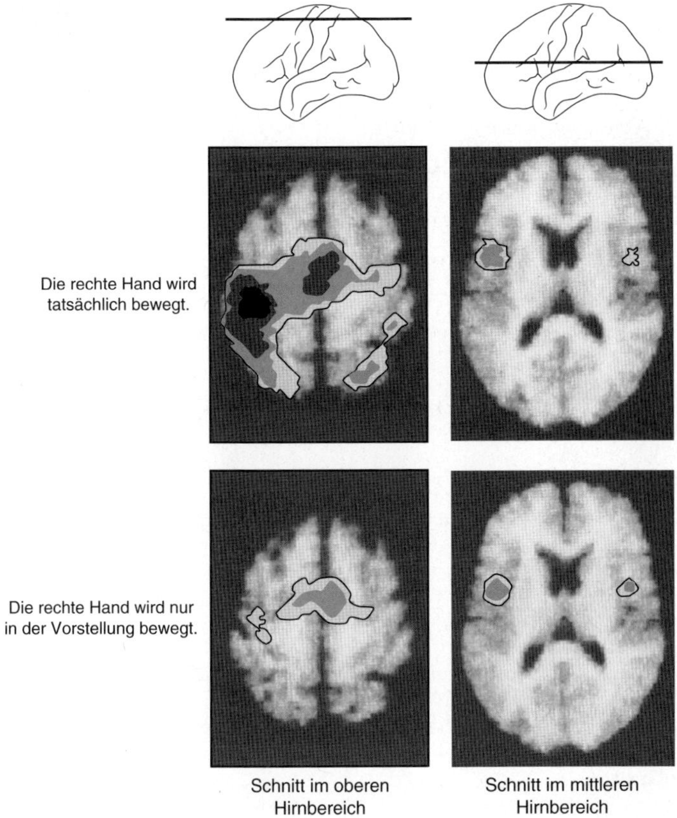

Abb. E.7 Hirnscans von realen und von vorgestellten Bewegungen. Die waagrechten Linien in den beiden Skizzen oben kennzeichnen die Lage der Schnittebenen im Gehirn, in denen die Aktivität aufgezeichnet wurde. Die beiden Scans oben zeigen die Gehirnaktivität, wenn die rechte Hand bewegt wird; die beiden Scans darunter zeigen die Aktivität, wenn diese Bewegung nur in der Vorstellung durchgeführt wird.

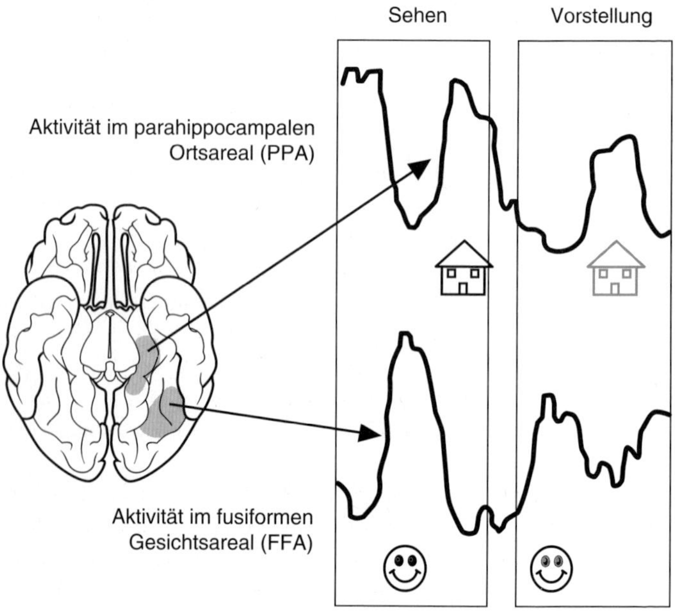

Abb. E.8 Sich Gesichter und Häuser vorstellen. Das Gehirn ist von unten abgebildet und zeigt Regionen, die unterschiedlich auf Gesichter und Orte reagieren. Wie die Zeichnung rechts zeigt, erhöht sich die Aktivität im Gesichtsareal, wenn man ein Gesicht sieht oder sich ein Gesicht vorstellt. Den gleichen Effekt kann man im Ortsareal beobachten.

aktiv wird, wenn man ein Haus (*irgendein* Haus) anschaut.[16] Wenn man Personen auffordert, sich ein Gesicht oder ein Haus vorzustellen, das sie vor einigen Sekunden gesehen haben, werden diesel-

[16] Über eine Region im Gehirn, die spezifisch auf Gesichter reagiert, wurde erstmals 1995 von Aina Puce und Kollegen berichtet. Anschließend bestätigte Nancy Kanwisher diese Beobachtung und prägte den Begriff „fusiformes Gesichtsareal" (nach der englischen Bezeichnung *fusiform face area*, kurz FFA) und später den Begriff „parahippocampales Ortsareal" (*parahippocampal place area*, PPA).

ben Hirnregionen aktiv. Wenn ich in einem Scanner läge, könnte Dr. Kanwisher sagen, an was ich denke (solange ich nur an Gesichter oder Häuser denke).

Daher ist das Problem mit der Psychologie gelöst. Wir müssen uns nicht länger um diese weichen, subjektiven Beschreibungen des geistigen Lebens Sorgen machen. Stattdessen können wir harte, objektive Messungen der Gehirnaktivität präsentieren. Nun kann ich vielleicht getrost zugeben, dass ich Psychologe bin.

Wieder auf der Party, kann ich es mir nicht verkneifen, meinen Gesprächspartnerinnen alles über Brain-Imaging zu erzählen. Der Physikerin gefällt diese neue Entwicklung in der Psychologie. Schließlich wäre sie ohne Physiker niemals möglich gewesen. Die Englischprofessorin will jedoch nicht akzeptieren, dass uns eine Erforschung des Gehirns irgendetwas über den menschlichen Geist sagt.

„Früher haben Sie sich den menschlichen Geist als Kamera vorgestellt. Nun stellen Sie ihn sich als Computer vor. Selbst wenn Sie in diesen Computer hineinschauen können, benutzen Sie noch immer dieselbe abgegriffene Metapher. Computer sind sicherlich schlauer als Kameras. Vielleicht können Computer Gesichter erkennen und mit ihrem Roboterarm Eier ergreifen.[17] Aber sie werden niemals eine neue Idee haben und diese anderen Computern mitteilen. Sie werden niemals eine Computerkultur schaffen. Das liegt jenseits der Reichweite maschineller Logik."

Ich gehe zur Bar, um mein Glas wiederaufzufüllen. Ich argumentiere nicht. Ich bin kein Philosoph. Ich erwarte nicht, Leute durch die Kraft des Arguments von der Wahrheit zu überzeugen. Die einzigen Argumente, die ich akzeptiere, stammen aus praktischen Experimenten. Ich muss zeigen, wie das Unmögliche geschehen kann.

[17] Tatsächlich können Computer nicht besonders gut Gesichter erkennen oder Objekte aufheben.

Wie kann das Mentale aus dem Physischen erwachsen?

Natürlich ist es Unsinn zu glauben, wir bräuchten nur die Gehirnaktivität zu messen und könnten den Geist außen vor lassen. Gehirnaktivität kann anzeigen, dass geistige Aktivität stattfindet, und liefert in dieser Hinsicht einen objektiven Marker für subjektives Erleben. Aber Gehirnaktivität ist nicht dasselbe wie geistiges Erleben. Mit der richtigen Ausrüstung könnte ich vielleicht ein Neuron in meinem Gehirn finden, das nur dann reagiert, wenn ich die Farbe Blau erlebe. Aber wie die Englischprofessorin mir sofort unter die Nase reiben würde, ist die Aktivität nicht blau. Was die Brain-Imaging-Experimente deutlich zeigen, ist die scheinbar unüberbrückbare Lücke zwischen der objektiven physischen Substanz und dem subjektiven mentalen Erleben.

Die harten Naturwissenschaften beschäftigen sich mit materiellen Objekten, die unsere Sinne direkt beeinflussen können. Wir können Licht sehen. Wir können das Gewicht eines Eisenklumpens spüren. Harte Wissenschaften erfordern oft harte körperliche Arbeit beim Umgang mit ihrem Untersuchungsobjekt. Marie Curie ist das romantische Modell einer solchen Wissenschaftlerin; sie verarbeitete angeblich tonnenweise Pechblende, um daraus ein Zehntel Gramm Radium zu gewinnen. Ihrer harten körperlichen Arbeit sind die Identifizierung von Radium, der medizinische Einsatz von Röntgenstrahlen und letztlich auch der Einsatz von Hirnscannern zu verdanken. Natürlich sind inzwischen Spezialinstrumente entwickelt worden, die uns helfen, präzise Messungen zu machen, wenn wir es mit sehr seltenen Elementen wie Radium, sehr kleinen Dingen wie den Basenpaaren in der DNA oder sehr schnellen Phänomenen wie Licht zu tun haben. Aber diese Spezialinstrumente sind wie Vergrößerungsgläser einfach Erweiterungen unserer Sinne. Sie helfen uns, etwas zu sehen, das wirklich – real – da ist. Kein derartiges Instrument kann uns helfen zu sehen, was in unserem Geist passiert. Der Inhalt des Geistes ist nicht real.

Ich kann Ihre Gedanken lesen

Und schließlich kommt es irgendwann auf der Party zu der unausweichlichen Begegnung, die ich am meisten fürchte. Diesmal kommt die Frage von einem großspurigen jungen Mann ohne Krawatte, wahrscheinlich ein Molekulargenetiker.

„Sie sind Psychologe? Also können Sie meine Gedanken lesen?"

Er muss clever sein. Wie kann er etwas so Dummes sagen? Er sagt es nur, um mich zu ärgern.

Erst vor sehr kurzer Zeit ist mir klar geworden, dass ich der Dumme war. Natürlich kann ich die Gedanken anderer Menschen lesen. Und das können nicht nur Psychologen. Wir alle lesen ständig gegenseitig unsere Gedanken. Wie sonst könnten wir Ideen austauschen und eine Kultur schaffen? Aber wie versetzt uns unser Gehirn in die Lage, in diese private Welt einzudringen, die in den Gedanken, im Geist unserer Mitmenschen versteckt ist?

Ich kann die Ränder des Universums mit einem Teleskop sehen und ich kann die Aktivität in Ihrem Gehirn mit einem Scanner sehen, aber ich kann nicht in Ihren Geist „sehen". Die geistige Welt, glauben wir alle, ist von der physischen Realität völlig getrennt. Und dennoch beschäftigen wir uns im alltäglichen Leben mindestens so viel mit der Gedankenwelt anderer Menschen wie mit der physischen Realität. Die meisten Wechselbeziehungen mit anderen Menschen beruhen auf einem geistigen Austausch und nicht auf physischen Wechselbeziehungen. Sie erfahren etwas über meine Gedankenwelt, indem Sie dieses Buch lesen. Ich hoffe, Ihre Gedankenwelt zu verändern, indem ich dieses Buch schreibe.

Wie unser Gehirn die Welt konstruiert

Ist dies also das Problem für Psychologen? Wir versuchen, geistiges Leben und geistige Ereignisse zu untersuchen, während sich die „richtige" Wissenschaft mit der realen, der physischen Welt beschäftigt? Die physische Welt unterscheidet sich völlig von der mentalen

Welt. Durch unsere Sinne haben wir direkten Kontakt zur physischen Welt. Aber die Welt der Gedanken ist die Privatsphäre eines jeden Einzelnen. Wie kann man eine solche Welt untersuchen?

In diesem Buch werde ich zeigen, dass diese Unterscheidung zwischen geistig und körperlich, psychisch und physisch falsch ist. Es ist eine Illusion, die vom Gehirn geschaffen wird. Alles, was wir wissen, ob über die geistige oder die dingliche Welt, ist nicht direkter als die Verbindung unseres Gehirns mit der Welt der Ideen. Indem unser Gehirn all die unbewussten Schlussfolgerungen vor uns verbirgt, die es zieht, schafft es die Illusion, wir hätten direkten Kontakt mit den Objekten der physischen Welt. Und gleichzeitig schafft unser Gehirn die Illusion, unsere Gedankenwelt sei isoliert und privat. Aufgrund dieser beiden Illusionen erleben wir uns als Handelnde, die unabhängig auf die Welt einwirken. Aber gleichzeitig können wir unser Erleben der Welt miteinander teilen. Im Lauf der Jahrtausende hat diese Fähigkeit, Erfahrungen zu teilen, die menschliche Kultur geschaffen, die ihrerseits wiederum die Arbeitsweise des menschlichen Gehirns beeinflusst hat.[18]

Wenn wir diese Illusionen, die unser Gehirn schafft, durchschauen, können wir beginnen, eine Wissenschaft zu entwickeln, die erklärt, wie das Gehirn den Geist erschafft.

„Aber erwarten Sie nicht von mir, einfach zu glauben, was Sie da sagen“, meint die Englischprofessorin. „Zeigen Sie mir die Beweise für Ihre Behauptungen.“

Und ich verspreche ihr, dass alles, was ich in diesem Buch sage, auf harten experimentellen Befunden beruht. Wenn Sie die Quellen für diese Befunde nachprüfen wollen, finden Sie am Ende des Buches eine Literaturliste.

---

[18] Die Buchstaben, die wir zum Schreiben der englischen Sprache einsetzen, sind außerordentlich vieldeutig. Es gibt 1120 Möglichkeiten, 40 Laute im Englischen wiederzugeben. Dagegen gibt es nur 33 Möglichkeiten, 25 Laute im Italienischen wiederzugeben. Aus diesem Grund benutzen Menschen, die in englischsprachigen Ländern aufgewachsen sind, etwas andere Hirnareale zum Lesen als Menschen, die in Italien groß geworden sind.

Teil I

Die Illusionen des Gehirns durchschauen

1

Die Hinweise eines geschädigten Gehirns

Die physische Welt wahrnehmen

Chemie war in der Schule mein schlechtestes Fach. Das Einzige, an das ich mich aus dem Unterricht erinnere, war ein Trick, den man im Praktikum verwenden konnte: Vor Ihnen steht eine Reihe von kleinen Schalen mit weißem Pulver, deren Inhalt Sie analysieren sollen. Versuchens Sie's mal mit Schmecken. Diejenige Probe, die süß schmeckt, ist *Bleiacetat.* Probieren Sie nur nicht zu viel davon.

Das ist der Zugang des Durchschnittsmenschen zur Chemie, und er erlaubt uns eine problemlose Unterscheidung zwischen dem Zucker- und dem Salzfässchen im Küchenschrank. Wenn man vom Aussehen her nicht sagen kann, was es ist, dann probiert man's eben. So sammeln wir Erfahrungen in der physischen Welt. Wir erforschen sie mit unseren Sinnen.

Daraus folgt: Wenn Ihre Sinne geschädigt sind, dann schränkt dies Ihre Fähigkeit zur Erforschung der physischen Welt ein. Möglicherweise sind Sie kurzsichtig.[1] Wenn ich Sie auffordere, Ihre Brille abzunehmen und sich umzuschauen, können Sie keine kleinen Gegenstände mehr erkennen, die weiter als eine Armlänge entfernt sind. Das ist nicht überraschend. Es sind unsere Sinnesorgane –

[1] Rund ein Drittel der Bevölkerung ist kurzsichtig. Bei Leuten wie Ihnen, die viel lesen und sehr intelligent sind, ist der Anteil der Kurzsichtigen noch höher.

Augen, Ohren, Zunge usw. –, die uns die Verbindung zwischen der physischen Welt und unserem Geist liefern. Wie ein Videorekorder nehmen unsere Augen und Ohren Information[2] über die physische Welt auf und übermitteln sie an unseren Geist. Wenn Augen oder Ohren geschädigt sind, kann diese Information nicht mehr in optimaler Weise übermittelt werden, und es wird schwieriger, etwas über die Welt herauszufinden.

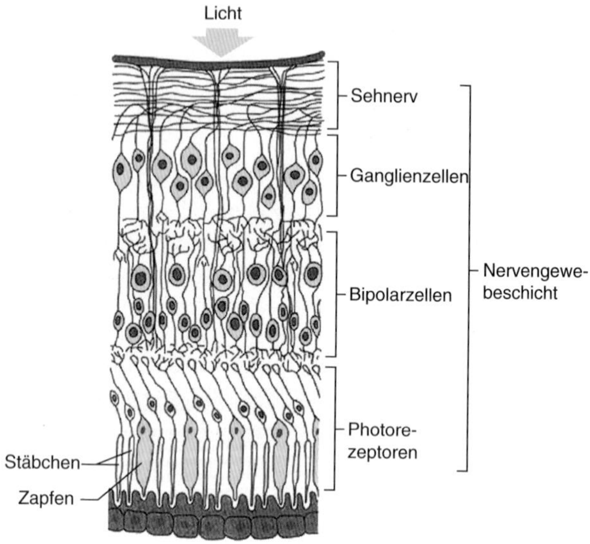

Abb. 1.1 Die Netzhaut (Retina), wo Licht zu Gehirnaktivität führt. Die Retina an der Augenrückwand enthält eine große Zahl spezialisierter Neuronen (Photorezeptoren), die durch Licht aktiviert werden. In der Mitte der Retina, in der Fovea, liegen die Zapfen. Es gibt drei Zapfentypen, die von unterschiedlichen Wellenlängen des Lichts (rot, grün und blau) maximal aktiviert werden. Rund um die Fovea sitzen die Stäbchen, die auf Licht sämtlicher Farben reagieren. All diese Zellen schicken Signale durch den Sehnerv in den visuellen Cortex (Sehrinde).

[2] Die Entwicklung einer Methode zur Messung von Information war für die Entwicklung von Computern und für das Verständnis der Hirnfunktion von größter Bedeutung (siehe Kapitel 5).

Das Problem wird interessanter, wenn wir uns fragen, wie diese Information vom Auge zum Geist gelangt. Lassen Sie uns für den Augenblick nicht daran denken, wie die elektrische Aktivität in einem Photorezeptor im Auge[3] in ein mentales Erleben von Farbe verwandelt wird, und einfach feststellen, dass die Information von meinem Auge (und von meinem Ohr, meiner Zunge etc.) in mein Gehirn weitergeleitet wird. Daraus folgt, dass eine Schädigung meines Gehirns ebenfalls meine Fähigkeit einschränken kann, etwas über die Außenwelt herauszufinden.

Geist und Gehirn

Bevor wir uns damit beschäftigen, wie eine Hirnschädigung unser Erleben der Welt beeinflussen kann, müssen wir uns ein wenig intensiver mit der Beziehung zwischen Geist und Gehirn auseinandersetzen. Diese Beziehung muss eng sein, denn wie in der Einleitung erwähnt, gilt: Wenn ich an ein Gesicht denke, wird ein spezielles „Gesichtsareal" in meinem Gehirn aktiv. In diesem Fall erlaubt mir mein Wissen über den Inhalt meiner Gedanken vorauszusagen, welche Gehirnregion aktiviert wird. Wie wir gleich sehen werden, kann eine Schädigung des Gehirns tief greifende Auswirkungen auf den Geist haben. Wenn ich weiß, wo die Hirnschädigung liegt, kann ich sogar voraussagen, welche Folgen das für die geistige Aktivität eines Menschen hat. Die Beziehung zwischen Gehirn und Geist ist jedoch nicht perfekt; es handelt sich nicht um eine 1:1-Beziehung. Es kann zu Veränderungen in der Aktivität meines Gehirns kommen, ohne dass sich irgendetwas an meiner geistigen Aktivität ändert. Auf der anderen Seite bin ich fest davon überzeugt, dass es nicht zu Veränderungen meiner geistigen Aktivität kommen kann, ohne dass es zu Veränderungen der Gehirnaktivität kommt.[4] Ich glaube nämlich, dass alles, was in meinem Geist

---

[3] Das Licht muss durch verschiedene Blutgefäße treten, bevor es auf die lichtempfindlichen Zellen in der Netzhaut fällt. Wir sind uns all dieser Blutgefäße, durch die wir hindurchschauen müssen, um die Außenwelt zu sehen, nicht bewusst. Sie könnten jedoch die Ursache für die „rosa Elefanten" sein, die schweren Trinkern manchmal „erscheinen".

[4] Ich bin kein Dualist.

passiert (sämtliche geistige Aktivität), durch Gehirnaktivität hervorgerufen wird oder zumindest von ihr abhängig ist.[5]

Wenn meine Überzeugung zutrifft, müsste die Kette der Ereignisse etwa so aussehen: Licht fällt auf die sensorischen Rezeptoren in meinem Auge, was den Rezeptor dazu veranlasst, Signale ans Gehirn zu schicken. Dieser Mechanismus ist inzwischen recht gut verstanden. Dann schafft die Aktivität im Gehirn auf irgendeine Weise das Erleben von Farbe und Form in meinem Geist. Dieser Mechanismus ist bisher noch überhaupt nicht verstanden. Aber ganz unabhängig vom Mechanismus können wir schließen, dass mein Geist kein Wissen über die physische Welt haben kann, die nicht irgendwie im Gehirn repräsentiert ist.[6] Nur durch mein Gehirn kann ich etwas über diese Welt wissen. Darum sollten wir vielleicht nicht fragen „Woher weiß ich (oder wie erfährt mein Geist) etwas über die physische Welt?", sondern „Woher weiß mein Gehirn etwas über die physische Welt?"[7] Indem ich das Gehirn statt den Geist in den Mittelpunkt stelle, kann ich für einen Moment das Problem beiseite schieben, wie Wissen über die physische Welt in meinen Geist gelangt. Leider funktioniert dieser Trick nicht wirklich. Das Erste, was ich tun würde, wenn ich

[5] Ich bin Materialist. Aber ich gebe zu, dass ich manchmal wie ein Dualist klinge. Ich spreche davon, dass mir das Gehirn „nicht alles sagt, was es weiß" oder dass es „mich täuscht". Ich gebrauche solche Sätze, weil man es auf diese Weise erlebt. Der größte Teil von dem, was mein Gehirn tut, dringt niemals bis in mein Bewusstsein vor. Das sind die Dinge, über die mein Gehirn Bescheid weiß, aber ich nicht. Auf der anderen Seite bin ich fest davon überzeugt, dass ich ein Produkt meines Gehirns bin, ebenso wie das Bewusstsein, das mich auszeichnet.

[6] Neurophysiologen sprechen oft davon, dass die Aktivität in Neuronen etwas draußen, in der physischen Welt, „repräsentiert". So gibt es beispielsweise Neuronen, die nur dann aktiv werden, wenn das Auge von rotem Licht gereizt wird. Aktivität in einem solchen Neuron, würde man sagen, repräsentiert die Farbe Rot. Es ist sogar behauptet worden, dass die Aktivität in gewissen Neuronenn im Stirnlappen „Information repräsentiert, die darauf wartet, bearbeitet zu werden".

[7] Die Englischprofessorin mag diese Formulierung nicht. „„Weiß das Gehirn Dinge? Nur der Geist kann Dinge wissen. Eine Enzyklopädie enthält Information über die Welt, aber wir würden nicht sagen, dass die Enzyklopädie etwas über die Welt weiß. Ist das Gehirn wie eine Enzyklopädie, wobei die neuronale Aktivität die Buchstaben auf einer Seite ersetzt? Wenn das so ist, wer liest sie dann?"

herausfinden wollte, was Ihr Gehirn über die Außenwelt weiß, wäre, *Sie* zu fragen: „Was können Sie sehen?“ Ich benutze Ihren Geist, um herauszufinden, was in Ihrem Gehirn repräsentiert ist. Wie wir noch sehen werden, funktioniert diese Methode nicht immer.

Wenn das Gehirn nicht Bescheid weiß

Von allen sensorischen Systemen im Gehirn wissen wir am meisten über das visuelle System.[8] Die visuelle Welt wird zunächst in den Neuronen auf der Rückseite der Retina repräsentiert. Wie in einer Kamera steht das Bild auf dem Kopf und ist spiegelverkehrt, so dass die Neuronen oben links in der Retina den Bereich unten rechts in der visuellen Szene repräsentieren. Die Retina schickt via Thalamus, einer sensorischen Relaisstation im Mittelhirn, Signale an den primären visuellen Cortex (VI) am hinteren Hirnpol. Die Neuronen übermitteln das Signal teilweise über Kreuz, so dass die linke Seite eines jeden Auges in der rechten Hirnhälfte repräsentiert wird und umgekehrt. Das „fotografische“ Bild bleibt im primären visuellen Cortex[9] erhalten, so dass Neuronen oben links im Cortexareal den Bereich unten rechts der visuellen Szene repräsentieren.

Die Auswirkungen einer Schädigung des primären visuellen Cortex hängen vom Ort der Schädigung ab. Liegt die Schädigung oben links im visuellen Cortex, sieht der Betroffene unten rechts in der visuellen Szene einen leeren Bereich. In diesem Teil des Gesichts- oder Sehfelds ist er blind.

Manche Menschen, die unter Migräne leiden, erleben kurze Perioden, in denen ein Teil ihres Gesichtsfeldes aufgrund einer zeitweilig

---

[8] Wenn Sie mehr über das visuelle System im Gehirn erfahren möchten, lesen Sie Semir Zekis Buch *A Vision of the Brain*.

[9] Das wird als „retinotope Repräsentation“ bezeichnet, da Aktivität in bestimmten Neuronen Licht repräsentiert, das auf einen bestimmten Teil der Retina fällt. Das heißt, immer wenn ich meine Augen bewege, verändert sich das Muster im primären visuellen Cortex dramatisch. Aber ich sehe keine Veränderung der Welt.

verringerten Durchblutung der Sehrinde blind wird. Oft beginnt diese Migräneattacke mit einem kleinen blinden Fleck, der sich allmählich vergrößert. Der blinde Bereich wird oft von blitzenden Zickzacklinien begrenzt, die man als „Fortifikationen" bezeichnet, da sie an die Grundrisse alter Festungsanlagen erinnern.

Bevor Information im primären visuellen Cortex an das nächste Verarbeitungsstadium im Gehirn weitergeleitet wird, wird die visuelle Szene in verschiedene Merkmale wie Form, Farbe und Bewegung zerlegt. Diese verschiedenen Merkmale werden an verschiedene Hirnregionen weitergeleitet. In seltenen Fällen kann es passieren, dass Hirnregionen geschädigt werden, die mit nur einem dieser speziellen Merkmale befasst sind, während alle anderen Areale intakt bleiben. Wenn das Farbareal (V4) zerstört ist, sieht der Betroffene die Welt bar aller Farben (Achromatopsie). Da wir alle Schwarzweißfotos und -filme kennen, kann man sich diese Situation ganz gut vergegenwärtigen. Schwerer ist es, sich die Welt eines Menschen vorzustellen, dessen visuelles Bewegungsareal (V5) zerstört ist. Von einem Augenblick zum nächsten tauchen Objekte wie Autos an einem anderen Ort auf – aber es sieht nicht so aus, als hätten sie sich bewegt (Akinetopsie). Diese Erfahrung muss so etwas wie die Umkehrung der Wasserfalltäuschung sein, die ich in der Einleitung erwähnt habe. Bei dieser Täuschung, die wir alle erleben können, bleiben Objekte von einem Augenblick zum anderen stehen, doch wir sehen sie noch immer in Bewegung.

Im nächsten Stadium der visuellen Verarbeitung werden Informationen von Merkmalen wie Form und Farbe wieder zusammengeführt, so dass man ein Objekt in einer visuellen Szene erkennen kann. Manchmal sind die Hirnregionen, in denen dies stattfindet, geschädigt, während die „flussaufwärts" liegenden visuellen Verarbeitungsregionen intakt sind. Manche Menschen mit einer derartigen Schädigung haben generell ein Problem, Gegenstände zu erkennen. Sie können die verschiedenen Merkmale des Objekts sehen und beschreiben, wissen aber nicht, um was für ein Objekt es sich handelt. Diesen Zustand bezeichnet man als „Agnosie" (wörtlich „Verlust

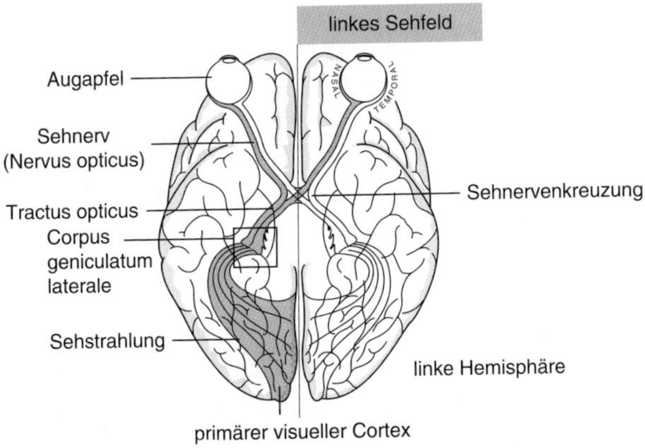

Abb. 1.2 Wie neuronale Aktivität von der Netzhaut in die Sehrinde gelangt. Lichtsignale von der linken Seite des Sehfeldes werden in der rechten Hemisphäre verarbeitet. Das Gehirn ist von unten abgebildet.

des Wissens").[10] Die grundlegende sensorische Information ist verfügbar, wird aber nicht mehr verstanden. Manchmal haben diese Menschen ein spezielles Problem mit Gesichtern (Prosopagnosie). Sie wissen, dass sie ein Gesicht vor sich haben, haben aber keine Ahnung, wessen Gesicht es ist. Bei diesen Menschen ist das Gesichtsareal geschädigt, das ich in der Einleitung beschrieben habe.

Diese Beobachtungen scheinen allesamt auf einem direkten, „geradlinigen" Zusammenhang zu beruhen: Eine Schädigung des Gehirns stört die Weiterleitung von Information, die unsere Sinne in der physischen Welt aufnehmen. Die Auswirkung auf das, was unser Geist über die Welt erfahren kann, wird durch das Stadium der Informationsübermittlung bestimmt, in dem die Schädigung auftritt. Aber manchmal spielt uns das Gehirn einen Streich.

[10] Der Begriff „Agnosie" wurde von Freud geprägt, bevor er sich von der Psychoanalyse ablenken ließ.

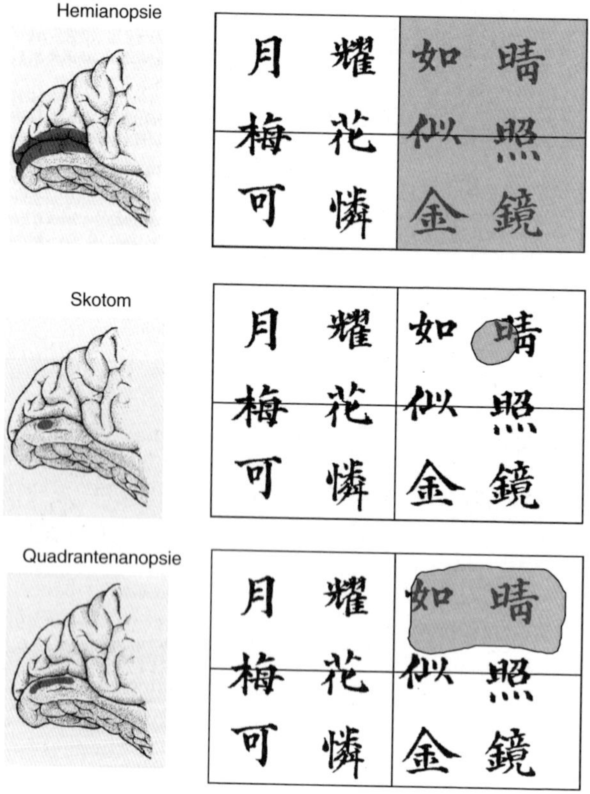

Abb. 1.3 Wie eine Schädigung der Sehrinde das Seherlebnis beeinflusst. Eine Schädigung des visuellen Cortex führt zu Blindheit in bestimmten Bereichen des Sehfelds. Der Verlust des gesamten rechten visuellen Cortex führt zu Blindheit im linken Sehfeld (Hemianopsie). Der Verlust eines kleinen Bereichs in unteren rechten visuellen Cortex führt zu einem blinden Fleck im oberen linken Sehfeld (Skotom). Der Verlust des gesamten unteren rechten visuellen Cortex führt zu Blindheit im oberen linken Sehfeld (Quadrantenanopsie).

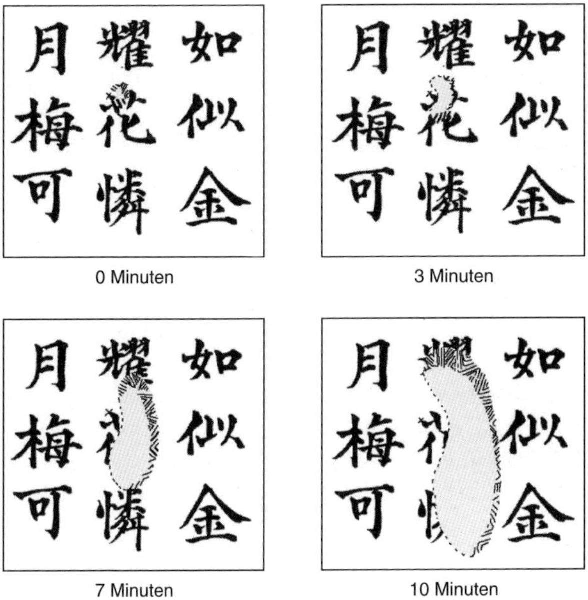

Abb. 1.4 Entwicklung einer Migräne, beschrieben von Karl Lashley. Zu Beginn seiner Migräne tauchte fast genau in der Mitte seines Sehfeldes ein blinder Bereich auf, der langsam an Größe zunahm.

Wenn das Gehirn Bescheid weiß, es aber nicht sagt

Es ist der Traum eines jeden Neuropsychologen[11], jemanden zu entdecken, der eine so ungewöhnliche Weltsicht hat, dass wir gezwungen sind, unsere Vorstellungen über die Funktionsweise des Gehirns zu hinterfragen. Um eine solche Person zu finden, bedarf es zweierlei: Erstens müssen wir das Glück haben, so jemanden zu treffen.

[11] Neuropsychologen untersuchen Menschen, die eine Hirnschädigung erlitten haben, wissenschaftlich und versuchen manchmal auch, ihnen zu helfen.

Zweitens müssen wir so gescheit sein, die Bedeutung dessen, was wir beobachten, zu erkennen.

„Ich bin sicher, dass Sie sowohl Glück haben als auch gescheit sind", meint die Englischprofessorin.

Nicht unbedingt. Ich hatte einst Glück, war aber nicht gescheit. Als Jungforscher am Institut für Psychiatrie im Süden von London beschäftigte ich mich damit herauszufinden, wie Leute lernen. Unter anderem arbeitete ich mit einem Mann, der unter einem schweren Gedächtnisverlust litt. Eine Woche lang suchte er mich jeden Tag im Labor[12] auf, um einfache motorische Fertigkeiten zu lernen. Seine Leistungen verbesserten sich auf recht normale Weise, und selbst nach einer Pause von einer Woche bewahrte er die neu gelernten Fertigkeiten. Auf der anderen Seite war sein Gedächtnisverlust so schwerwiegend, dass er Tag um Tag behauptete, mich nie zuvor gesehen zu haben und die Aufgabe noch nie durchgeführt zu haben. „Wie seltsam!", dachte ich. Aber ich war an Problemen beim Erlernen von motorischen Fertigkeiten interessiert. Und dieser Mann hatte die Fertigkeit, die ich ihm beigebracht hatte, normal gelernt, daher schenkte ich ihm darüber hinaus keine weitere Beachtung. Viele andere haben jedoch die Bedeutung von Menschen wie ihm erkannt. Solche Menschen können sich an nichts erinnern, das ihnen passiert ist, selbst wenn es erst gestern war. Wir nahmen an, das sei so, weil die Ereignisse, die sich abspielten, im Gehirn nicht registriert wurden. Aber bei dem Patienten, mit dem ich gearbeitet hatte, hatten die Erfahrungen, die er am Vortag gemacht hatte, eindeutig langfristige Auswirkungen auf sein Gehirn, denn seine motorischen Fähigkeiten verbesserten sich Tag für Tag. Diese anhaltenden Veränderungen im Gehirn wirkten sich jedoch nicht auf sein Bewusstsein aus. Er konnte sich nicht bewusst an irgendetwas erinnern, das am Vortag geschehen war. Solche Menschen zeigen, dass das Gehirn etwas über die Welt wissen kann, das der Geist nicht weiß.

---

[12] In den 1960er-Jahren war dies ein kleines Badezimmer, das man in ein Labor verwandelt hatte, indem man eine Hartfaserplatte über die Badewanne legte.

Als Mel Goodale und David Milner die Patientin D. F. trafen, erkannten sie sogleich die Bedeutung dessen, was sie da beobachteten. Aufgrund eines schadhaften Boilers hatte sich D. F. eine Kohlenmonoxidvergiftung zugezogen. Diese Vergiftung hatte diejenigen Regionen im visuellen System ihres Gehirns geschädigt, die für das Erkennen von Formen zuständig waren. D. F. hat einen vagen Eindruck von Licht, Schatten und Farbe, erkennt aber nichts, weil sie keine Formen wahrnimmt. Goodale und Milner stellten fest, dass sie herumgehen und Gegenstände aufnehmen konnte, und zwar viel besser als man angesichts der Tatsache, dass sie fast völlig blind war, erwarten konnte. Im Lauf mehrerer Jahre führten die beiden Forscher eine ganze Reihe von Experimenten mit ihr durch. Diese Experimente bestätigten, dass es eine große Diskrepanz gibt zwischen dem, was D. F. sehen kann, und dem, was sie tun kann.

Eines der Experimente der beiden Forscher läuft so ab: Man hält einen Stab hoch und fragt D. F., wie er ausgerichtet ist. Sie kann nicht sagen, ob der Stab waagerecht oder senkrecht oder in einem bestimmten Winkel gehalten wird. Es ist, als könne sie den Stab überhaupt nicht sehen und rate bloß. Dann fordert man sie auf, den Stab zu ergreifen. Das tut sie ganz normal: Sie dreht ihre Hand so, dass ihre Finger genauso ausgerichtet sind wie der Stab und greift gezielt nach dem Stab, ganz gleich, wie er gehalten wird. Diese Beobachtung zeigt, dass D. F.s Gehirn den Winkel des Stabs „kennt“ und diese Information nutzen kann, um ihre Handbewegung zu steuern. D. F. kann diese Information jedoch nicht nutzen, um die Lage des Stabs im Raum zu sehen. Ihr Gehirn weiß etwas über die Außenwelt, das ihr Bewusstsein nicht weiß.

Es gibt nur wenige Menschen, die genau dasselbe Problem haben wie D. F. Aber es gibt viele Menschen mit Hirnschäden, deren Gehirn ihnen ähnliche Streiche spielt. Die wohl spektakulärste Dissoziation findet man bei Menschen mit „Blindsicht“, ein Problem, das im Zusammenhang mit einer Schädigung des primären visuellen Cortex auftritt. Diese Schädigung führt dazu, dass die betroffene Person blind für einen Teil ihres Sehfeldes wird. Larry Weiskrantz

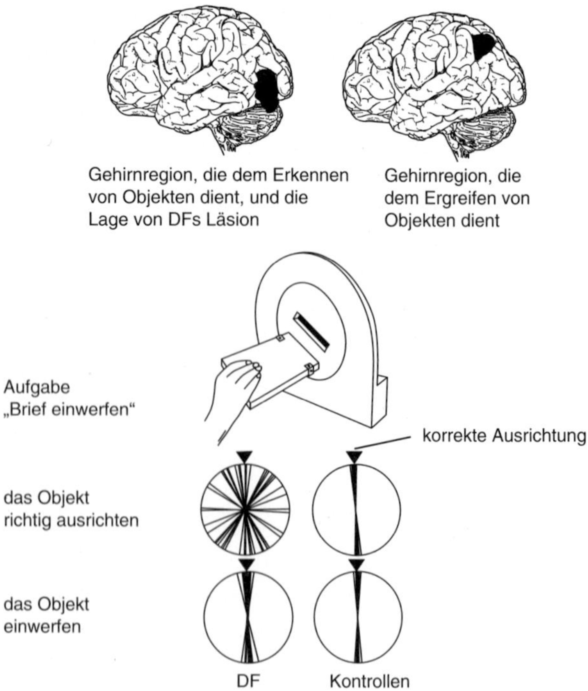

Abb. 1.5 Handeln, ohne sich dessen bewusst zu sein. D. F. hat eine Läsion in einem Teil ihres Gehirns, die für die Objekterkennung wichtig ist, während der Teil ihres Gehirns, der fürs Greifen zuständig ist, intakt ist. Sie kann nicht sehen, ob sie den „Brief“ so hält, dass er in den Schlitz passt. Doch sie kann den „Brief“ in die richtige Position bringen, wenn sie ihn durch den Schlitz werfen soll.

zeigte als Erster, dass diese blinde Region bei einigen wenigen Patienten doch nicht wirklich blind ist.[13] In einem Experiment bewegt sich ein Lichtfleck langsam über den blinden Teil des Sehfelds, und der Teilnehmer wird aufgefordert zu sagen, was er sieht. Aus

[13] Inzwischen ist eine Handvoll Menschen mit Blindsicht identifiziert worden. Sie sind von einer beträchtlich größeren Zahl von Neuropsychologen eingehend untersucht worden.

der Sicht des Teilnehmers ist das eine außerordentlich dumme Frage. Er kann gar nichts sehen. Daher wird er aufgefordert zu raten: „Hat sich der Fleck von rechts nach links bewegt oder umgekehrt?" Auch das scheint eine recht dumme Frage zu sein, aber der Teilnehmer nimmt an, dass dieser bedeutende Oxford-Professor weiß, was er tut. Professor Weiskrantz fand heraus, dass einige Teilnehmer viel öfter richtig vermuteten, als es sich durch reines Raten hätte erklären lassen. In einem Experiment vermutete der Teilnehmer in mehr als 80 Prozent aller Fälle richtig, blieb aber bei seiner Behauptung, nichts zu sehen. Wenn ich daher unter Blindsicht litte, könnte es sein, dass mein Geist absolut keinen visuellen Inhalt hat und mein Gehirn dennoch Dinge über die visuelle Welt „weiß", so dass ich korrekte Vermutungen über sie anstellen kann. Was für eine Art von Wissen ist das, von der ich nicht weiß, dass ich darüber verfüge?

Wenn das Gehirn lügt

Zumindest ist das unbewusste Wissen einer Person mit Blindsicht korrekt. Manchmal führen Hirnschäden aber auch dazu, dass der Geist Informationen über die Außenwelt erhält, die völlig falsch sind. Eine taube alte Dame wurde mitten in der Nacht von lauter Musik geweckt. Sie suchte ihre Wohnung ab, um die Quelle der Musik zu finden, aber ohne Erfolg. Schließlich erkannte sie, dass die Musik nur in ihrem Kopf spielte. Das Hören dieser nicht existierenden Musik wurde zu einer Dauererfahrung. Manchmal hörte sie eine Baritonstimme, begleitet von einer Gitarre, manchmal einen Chor, begleitet von einem Orchester.

Rund 10 Prozent aller älteren Menschen, die sehr schlecht hören oder sehen, berichten von lebhaften akustischen und optischen Halluzinationen. Bei den optischen Halluzinationen, die mit dem Charles-Bonnet-Syndrom[14] einhergehen, handelt es sich häufig

[14] Der Schweizer Philosoph Charles Bonnet beschrieb als Erster optische Halluzinationen, die mit schlechtem Sehvermögen einhergehen. Er berichtete über die visuellen Erfahrungen seines Großvaters und entwickelte später dieselbe Störung.

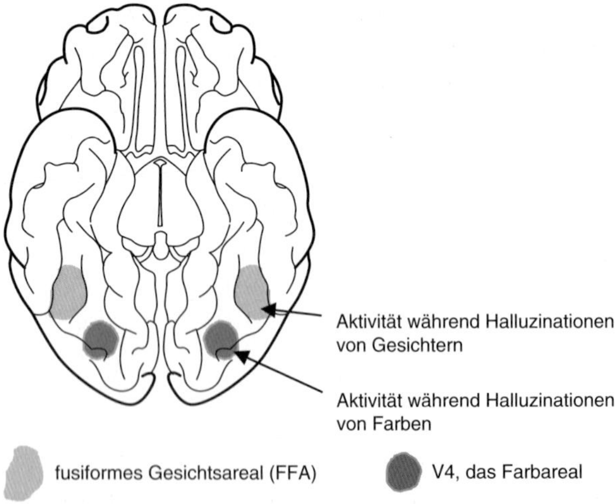

Abb. 1.6 Spontane Gehirnaktivität in Verbindung mit Blindheit (Charles-Bonnet-Syndrom) führt zu Seherlebnissen. Die Natur dieser Seherlebnisse hängt davon ab, wo die Aktivität auftritt. Das Gehirn ist von unten abgebildet.

lediglich um bunte Flecken und Muster. Die Betroffenen schildern ein sehr dünnes goldenes Drahtnetz, ovale Formen mit Ziegelmustern oder Feuerwerk, das in lebhaften Farben explodiert. Auch Gesichter und Gestalten treten auf, wobei die Gesichter meist verzerrt und hässlich sind, mit hervortretenden großen Augen und Zähnen. Und die Gestalten sind in der Regel klein und tragen Hüte oder zeitgenössische Kleidung.

> [Ich sehe] Köpfe von Männern und Frauen aus dem 17. Jahrhundert mit hübschen Frisuren. Perücken, nehme ich an. Alle haben einen sehr missbilligenden Gesichtsausdruck. Sie lächeln niemals.

Dominic ffytche und seine Kollegen am Institut für Psychiatrie in London scannten Leute mit Charles-Bonnet-Syndrom, während diese Halluzinationen hatten. Kurz bevor die Patienten Gesichter sahen, begann sich die Aktivität im Gesichtsareal zu erhöhen. Ebenso begann sich die Aktivität im Farbareal zu erhöhen, kurz bevor der Teilnehmer berichtete, einen bunten Fleck zu sehen.

Wie Gehirnaktivität zu falschem Wissen führt

Es gibt inzwischen viele Studien, die zeigen, dass Aktivität im Gehirn eine falsche Erinnerung an etwas schaffen kann, das in der Außenwelt geschehen ist. Ein Beispiel dafür bietet Epilepsie. Von Epilepsie ist etwa eine von 200 Personen betroffen. Dabei handelt es sich um eine Hirnstörung, bei der von Zeit zu Zeit die elektrische Aktivität einer größeren Zahl von Neuronen außer Kontrolle gerät und zu einem Krampfanfall führt. In vielen Fällen wird der Krampfanfall durch Aktivität in einer bestimmten Hirnregion ausgelöst, wo sich manchmal ein kleiner geschädigter Bereich lokalisieren lässt. In dieser Region beginnt die unkontrollierbare elektrische Aktivität und breitet sich dann über das ganze Gehirn aus.

Kurz bevor es zu einem Anfall kommt, machen viele Betroffene eine seltsame Erfahrung, die als „Aura" bezeichnet wird. Sie lernen rasch, wie ihre eigene Aura beschaffen ist, und wenn diese einsetzt, wissen sie, dass ein Anfall unmittelbar bevorsteht. Diese Auraerlebnisse sind individuell unterschiedlich; der eine riecht vielleicht den Gestank von brennendem Gummi, der andere hört einen Summton. Die erlebte sensorische Empfindung hängt von der Hirnregion ab, von der der Anfall ausgeht.

Bei rund fünf Prozent aller Epileptiker geht der Anfall von der Sehrinde aus. Kurz vor dem Anfall treten einfache bunte Formen auf, die sich manchmal drehen oder blitzen. Einen gewissen Eindruck von diesen visuellen Eindrücken vermitteln Bilder, die Epileptiker nach einem Anfall gezeichnet haben (siehe Abbildung FT3 im Tafelteil).

Die Epileptikerin Kathryn Mize schilderte lebhaft die komplexen optischen Halluzinationen, die sie im Zusammenhang mit Anfällen erlebte, welche durch eine Grippeerkrankung ausgelöst worden waren. Diese Halluzinationen traten noch mehrere Wochen lang nach Abflauen der Anfälle auf.

> Als ich während einer Vorlesung meine Augen schloss, tauchten aus der Dunkelheit rote schimmernde geometrische Formen auf.[15] Sie verblüfften mich, aber die Formen waren so faszinierend, dass ich sie staunend betrachtete. Was ich mit meinen geschlossenen Augen sah, war absolut fantastisch. Verschwommene Kreise und Rechtecke vereinten sich zu wundervollen symmetrischen geometrischen Formen. Ständig dehnten sie sich aus, zogen sich zusammen und dehnten sich erneut aus. Ich erinnere mich an so etwas wie eine Explosion schwarzer Punkte in meinem rechten Gesichtsfeld. Die Punkte drifteten über einen rot funkelnden Hintergrund elegant vom Zentrum nach außen. Zwei rote rechteckige Ebenen tauchten auf und entfernten sich in entgegengesetzte Richtungen. Neben diesen Ebenen zog ein roter Ball auf einem Stock seine Kreise. Dann erschien im unteren Teil meines Gesichtsfelds eine rote, schimmernde Kräuselwelle.

Bei einigen Epileptikern beginnt ein Anfall im auditorischen Cortex (Hörrinde), und diese Menschen hören Töne und Stimmen.

> Singen, Musik, Stimmen – vielleicht Stimmen, die ich in der Vergangenheit gehört habe – eine Weile meinte ich, einen bestimmten Sänger zu erkennen – vielleicht Buddy Holly … es wird lauter und lauter, und dann verliere ich das Bewusstsein.

Manchmal werden bei einer Aura auch Erlebnisse aus der Vergangenheit wieder wachgerufen:

> Ein Mädchen begann mit elf Jahren, unter Anfällen zu leiden. Zu Beginn eines Anfalls sieht sie sich als kleines Mädchen von sieben Jahren, das über eine Wiese geht. Plötzlich hat sie das Gefühl, jemand wolle sie von

---

[15] Ein nützlicher Trick, den jedermann während langweiliger Vorlesungen anwenden kann, besteht darin, mit den Fingerknöcheln fest auf die Augen zu drücken. Dieser Druck aktiviert die Netzhautneuronen und ruft schimmernde und sich bewegende Formen sowie leuchtende Farben hervor.

hinten erdrücken oder sie auf den Kopf schlagen, und bekommt Angst. Die Szene wiederholte sich bei jedem Anfall in fast genau gleicher Weise und geht eindeutig auf einen realen Vorfall zurück, den sie erlebt hatte, als sie sieben war.

Diese Beobachtungen sprechen dafür, dass anomale neuronale Aktivität im Zusammenhang mit einem epileptischen Anfall dazu führen kann, dass der Betroffene falsches Wissen über die physische Welt erwirbt. Um diese Schlussfolgerung aber abzusichern, müssen wir ein Experiment durchführen, in dem wir die neuronale Aktivität im Gehirn durch direkte Reizung kontrollieren.

In einigen schweren Fällen von Epilepsie lassen sich die Anfälle nur dadurch in den Griff bekommen, dass man die geschädigte Region im Gehirn operativ entfernt. Bevor der Neurochirurg diesen Eingriff durchführt, muss er sicherstellen, dass das Entfernen dieses Bereichs nicht zu schweren Funktionsstörungen führt, zum Beispiel im Sprachbereich. Der große kanadische Neurochirurg Wilder Penfield war Wegbereiter einer Technik, bei der das Gehirn des Patienten elektrisch gereizt wurde, um eine Vorstellung davon zu gewinnen, wozu die betreffende Region im Normalfall dient. Das geschieht, indem man die Spitze einer Elektrode auf der Oberfläche des freigelegten Gehirns platziert und einen sehr schwachen Strom hindurchschickt. Dieser Strom aktiviert die Neuronen in der Nähe der Elektrodenspitze. Das geschieht völlig schmerzlos, und der Patient ist dabei bei vollem Bewusstsein.

Wenn das Gehirn auf diese Weise gereizt wird, berichten Patienten über Erlebnisse, die denjenigen während eines epileptischen Anfalls sehr ähnlich sind. Was ein Patient erlebt, hängt vom Ort der elektrischen Reizung ab.

Fall 21: „Einen Augenblick, bitte. Wie eine Figur, auf der linken Seite. Sieht wie ein Mann oder eine Frau aus. Ich denke, es war eine Frau. Offenbar hatte sie nichts an. Sie schien einen Wagen zu ziehen oder hinter ihm herzulaufen."

Fall 13: Er sagte: „Sie sagen etwas, aber ich kann nichts verstehen." Als die Nachbarregion gereizt wurde, meinte er: „Ja, da ist es wieder. Es ist Wasser. Es hört sich an wie eine Toilettenspülung oder ein bellender Hund.

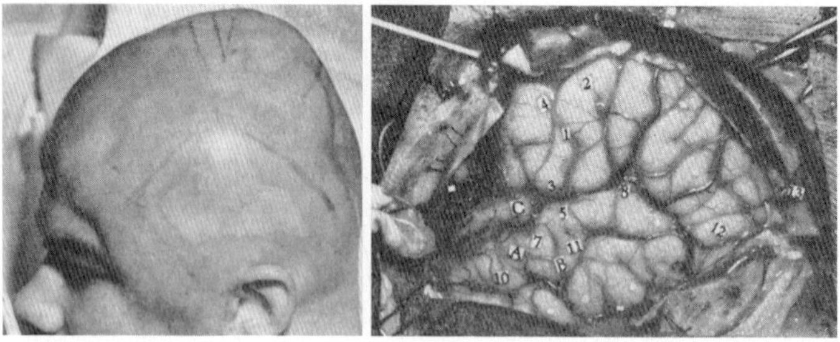

Abb. 1.7 Direkte Stimulation des Gehirns löst sensorische Eindrücke aus. Links ist ein Patient zu sehen, der für die Operation vorbereitet ist. Über dem linken Ohr ist die Schnittlinie eingezeichnet. Rechts sieht man die Hirnoberfläche mit nummerierten Schildchen, die anzeigen, wo es eine positive Reaktion auf die Reizung gab.

> Erst wurde die Toilettenspülung betätigt, und dann begann der Hund zu bellen.“ Und als eine dritte angrenzende Region gereizt wurde: „In meinen Ohren scheint Musik zu sein. Es ist ein Mädchen oder eine Frau, die da singt, aber ich kenne die Melodie nicht. Sie kam von einem Plattenspieler oder einem Radio.“
>
> Fall 15: Als die Elektrode aktiviert wurde, meinte sie: „Ich bilde mir ein, eine Menge Leute zu hören, die mich anschreien.“ Nach Reizung einer Nachbarregion: „Oh, alle schreien mich an, sagt ihnen, sie sollen aufhören!“ Sie erklärte: „Sie schreien mich an, weil ich etwas falsch gemacht habe. Alle brüllen mich an.“

Diese Beobachtungen bestätigen, dass wir falsches Wissen über die Außenwelt schaffen können, indem wir das Gehirn an geeigneten Stellen direkt reizen. Aber in all diesen Fällen war es ein geschädigtes Gehirn, das gereizt wurde. Würde dasselbe bei einem gesunden Gehirn geschehen?

Wie man das Gehirn zum Lügen bringt

Nur unter ganz speziellen Umständen kann es gerechtfertigt sein, Leuten Elektroden ins Gehirn zu stecken. Aber zu allen Zeiten und in allen Kulturen haben Menschen das Bedürfnis empfunden, ihr Gehirn mit verschiedenen Substanzen zu stimulieren. Derart chemisch stimuliert, erzählt uns unser Gehirn nichts mehr über die „reale" Welt, sondern über einen anderen Ort, den manche als den besseren empfinden. Wie jeder, der in den 1960er-Jahren studiert hat, habe ich Aldous Huxleys *The Doors of Perception* (deutsch: *Die Pforten der Wahrnehmung*) gelesen, eine Abhandlung über halluzinogene Substanzen. Vielleicht hat mich ja meine Begeisterung für dieses Buch dazu veranlasst, mich einen beträchtlichen Teil meiner beruflichen Laufbahn hindurch mit Halluzinationen zu beschäftigen?[16]

In seiner Beschreibung der Meskalinwirkung[17] meinte Huxley: „So muss man sehen, so sind die Dinge wirklich." Wenn er seine Augen schloss, sah er „leuchtend bunte, sich ständig wandelnde Strukturen". Huxley zitierte auch aus dem detaillierteren Bericht über Meskalinwirkungen von Weir Mitchell.

> Er sah einen Strauß von „Sternenpunkten" und „bunten Glasbruchstücken". Dann schwebten „zarte Farbschleier" vorbei. Diese wurden von einem „plötzlichen Ansturm von zahllosen weißen Lichtpunkten" verjagt, die über das Sehfeld fegten. Als nächstes folgten leuchtend bunte Zickzacklinien, die sich in anschwellende Wolken von noch brillanteren Farbschattierungen verwandelten. Gebäude tauchten auf, gefolgt von Landschaften. Es gab aufwendig verzierte gotische Türme, und Figuren schmückten Eingänge oder steinerne Podeste. „Als ich all dies bestaunte,

[16] Zwischen den optischen Halluzinationen, die mit Blindheit bei älteren Menschen, Epilepsie mit einem Herd in der Sehrinde und Drogen wie Meskalin und LSD in Zusammenhang stehen, bestehen auffällige Ähnlichkeiten. Wie wird dieser selbe Effekt auf die Gehirnaktivität auf ganz verschiedenen Wegen erreicht?

[17] Der mexikanische Peyote-Kaktus *Anhalonium lewini* wurde der westlichen Wissenschaft erst 1886 bekannt. Die Wurzel dieses Kaktus, der auch als Peyotl bezeichnet wird, spielt eine wichtige Rolle in den religiösen Zeremonien der Ureinwohner von Mexiko und im Südwesten der Vereinigten Staaten. Westliche Psychologen entdeckten, dass Meskalin, der eigentliche Wirkstoff in dieser Wurzel, tief greifende Wirkungen auf das Bewusstsein hat. In den 1950er-Jahren wuchs das Interesse an diesen Wirkungen, da es gelungen war, die nahe verwandte Substanz LSD zu synthetisieren, und man immer besser verstand, wie solche Stoffe auf das Gehirn wirken. Damals nahm man allgemein an, eine Erforschung der Meskalin- und LSD-Wirkung können zu einer Erklärung von Schizophreniesymptomen führen. Das hat sich als Irrtum erwiesen.

sah ich, dass jede vorstehende Ecke, jeder Winkel und selbst die Steinflächen, dort, wo sie zusammenkamen, bedeckt oder behängt waren mit Trauben von riesigen Edelsteinen, aber ungeschliffene Steine, von denen einige wie Massen transparenter Früchte aussahen."

LSD kann ganz ähnlich wirken.

Nun konnte ich allmählich beginnen, die einmaligen Farben und das Formenspiel zu genießen, das sich hinter meinen geschlossenen Augen auftat. Kaleidoskopische fantastische Bilder strömten auf mich ein, verformten sich, öffneten und schlossen sich in Kreisen und Spiralen, explodierten in Farbfontänen, ordneten sich in ständigem Fluss neu an und verschmolzen miteinander.

Wenn die Augen wieder geöffnet werden, kann es sein, dass die „reale" physische Welt seltsam verändert erscheint.

Meine Umgebung hatte sich nun in höchst beängstigender Weise verändert. Alles im Raum drehte sich, und die vertrauten Gegenstände und Möbelstücke nahmen groteske, furchterregende Formen an. Sie waren ständig in Bewegung, als würden sie von innerer Ruhelosigkeit getrieben.[18]

Ich stellte fest, dass sich die Falten in meiner Decke über die Oberfläche bewegten, als würden Schlangen darunter umherkriechen. Ich konnte die Kräuselungen nicht im Einzelnen verfolgen, konnte aber deutlich erkennen, wie sie sich überall hin bewegten. Plötzlich begannen sich die Kräuselungen aufeinander zuzubewegen und an einer einzigen Stelle meiner Decke zu sammeln.[19]

---

[18] Die psychischen Effekte von LSD wurden 1943 per Zufall entdeckt. Während einer Routinesynthese gelangte ein wenig Drogensubstanz durch die Fingerspitzen in den Kreislauf des Chemikers Albert Hoffman. Im Lauf der folgenden Wochen erforschte er die Wirkungen der Droge und machte sich ausführliche Notizen, wie hier und zuvor zitiert.

[19] LSD-Erfahrung, beschrieben in der Online-Datenbank *Erowid.org*, in der man Informationen über psychoaktive Pflanzen, Chemikalien und verwandte Themen finden kann.

Die Echtheit unserer Erfahrungen prüfen

Aus all dem muss ich den Schluss ziehen, dass ich dem Wissen, das ich über die Welt erworben habe, sehr skeptisch gegenüber sein sollte, wenn mein Gehirn geschädigt ist oder wenn seine Funktion durch elektrische Reizung oder Drogen gestört wird. Einige Arten von Wissen sind vielleicht nicht länger verfügbar, wieder andere sind vielleicht in meinem Gehirn repräsentiert, aber ich weiß nichts davon. Und schlimmer noch, sind wiederum andere vielleicht falsch und haben keinerlei Beziehung zur realen Welt.[20]

Angesichts dieses Problems muss es meine Hauptsorge sein herauszufinden, wie man falsche Erfahrungen von echten unterscheidet. Manchmal ist das einfach. Wenn ich Dinge sehe, während meine Augen geschlossen sind, so handelt es sich um Visionen, die nichts mit der realen Welt zu tun haben. Wenn ich allein in einem schalltoten Raum bin und Stimmen höre, dann müssen sie aus meinem eigenen Kopf stammen. Ich kann diese Erfahrungen abtun, weil ich weiß, dass meine Sinne mit der realen physischen Welt in Kontakt stehen müssen, um Information über sie zu erwerben.

Manchmal kann man eine Erfahrung verwerfen, weil sie zu bizarr ist, um wahr zu sein. Wenn man eine handspannengroße Person in der Kleidung des 17. Jahrhunderts sieht, die einen Kinderwagen schiebt, ist sie wahrscheinlich nicht real. Wenn man Igel und kleine braune Nager über die Zimmerdecke rennen sieht[21], weiß man, dass dies wahrscheinlich nicht real ist. Ich kann diese Fälle abtun, weil ich weiß, dass solche Sachen in der echten Welt nicht passieren.

Aber wenn meine falsche Erfahrung völlig plausibel ist, wie kann ich dann sagen, dass sie falsch ist? Als die taube alte Dame zum

---

[20] Ich glaube, dass es eine reale physische Welt gibt.

[21] Der 54-jährige Direktor eines Unternehmens klagte über quälende Kopfschmerzen. Ein Hirnscan zeigte Schädigungen in der linken Seite des Gehirns im Bereich der Sehrinde. In den nächsten Tagen hatte er lebhafte optische Halluzinationen, die stundenlang anhielten; dabei sah er Igel und kleine braune Nager über die Zimmerdecke rennen. Das geschah besonders dann, wenn er schläfrig war. Er fand sie eigenartig und amüsant.

ersten Mal diese Musik hörte, nahm sie an, die Musik sei real, und suchte nach der Geräuschquelle. Erst als sie nichts fand, kam sie zu dem Schluss, die Musik müsse wohl in ihrem Kopf spielen. Hätte sie in einer Wohnung mit dünnen Wänden gelebt und unter lauten Nachbarn gelitten, hätte sie ganz rational zu dem Schluss kommen können, diese hätten wieder einmal das Radio zu laut gestellt.[22]

Woher wissen wir, was real ist?

Manchmal kann es sein, dass man völlig von der Realität dessen überzeugt ist, was man gerade erlebt, auch wenn es falsch ist.

> Ich wurde von einer Vielzahl erschreckender und beunruhigender *Visionen und Stimmen* verfolgt, die, obgleich sie (so glaube ich) *keine Realität* in sich besaßen, mir doch sehr real erschienen und *dieselbe Wirkung* auf mich hatten, als *wären sie so real*, wie sie mir *erschienen.*

Diese Passage stammt aus der Schrift *The Life of Reverend Mr. George Tosse*, die von George Tosse selbst verfasst und 1794 kurz nach seinem Tod von seinem Orden veröffentlicht wurde. Die Erfahrungen, die er beschreibt, liegen da schon lange zurück; als er Stimmen hörte, war er Anfang zwanzig. In der Rückschau war sich Mr. Tosse bewusst, dass die Stimmen nicht real waren, aber während seiner damaligen Krankheit war er völlig von ihrer Realität überzeugt.

> Direkt hinter mir meinte ich eine Stimme zu hören, die ständig wiederholte *noch demütiger, noch demütiger* … gemäß ihren Befehlen beugte ich mich nieder, um meine *Strümpfe* abzulegen, dann meine *Hose* und mein *Wams*, und während ich mich so meiner Kleidung entledigte, hatte ich das starke innere Gefühl, dass alles gut getan war und ich mich in vollem Einklang mit dem Wollen der *Stimme* befand.

[22] Die Vorstellung, verfolgt zu werden, findet sich vermehrt bei tauben älteren Leuten.

Heute würden derartige Berichte zu der Diagnose Schizophrenie führen. Die Ursache dieser Krankheit ist noch immer unbekannt. Ein Schlüsselmerkmal dieser Krankheit ist jedoch, dass die Betroffenen falsche Erlebnisse haben, von denen sie fest glauben, diese hätten tatsächlich stattgefunden. Sie verwenden intellektuell viel Mühe darauf zu erklären, wie offensichtlich unmögliche Dinge doch möglich sein können.

In den 1940er-Jahren glaubte L. Percy King, er werde von einer Gruppe junger Leute in den Straßen von New York verfolgt.

> Ich konnte sie nirgendwo sehen. Ich hörte, wie eine von ihnen, eine Frau, sagte: „Du kannst uns nicht entkommen, wir werden dir auflauern und dich irgendwann schon schnappen!" Um die ganze Sache noch rätselhafter zu machen, wiederholte einer meiner „Verfolger" wortwörtlich laut meine Gedanken. Ich versuchte, meinen Verfolgern wie zuvor zu entkommen, doch diesmal versuchte ich, mit der U-Bahn zu flüchten, eilte die U-Bahntreppen hinauf und hinunter, sprang auf Züge auf und verließ sie sofort wieder, bis es nach Mitternacht war. Aber auf jeder Station, auf der ich den Zug verließ, hörte ich die Stimmen meiner Verfolger, die noch immer so nah wie zuvor waren. Wie war es möglich, dass mir so viele Leute ungesehen so rasch folgen konnten?

Da Mr. King weder an Götter noch an Teufel glaubte, griff er auf moderne Technik zurück, um seine Verfolgung zu erklären:

> Waren es Geister? Oder war ich dabei, mich in ein Medium zu verwandeln? Nein! Unter diesen Verfolgern, so sollte ich später allmählich herausfinden, waren einige Brüder und Schwestern, die von einem ihrer Elternteile eine erstaunliche und unerhörte, unglaubliche okkulte Macht geerbt hatten. Ob Sie es glauben oder nicht, einige von ihnen können nicht nur Gedanken lesen, sondern auch ihre Magnetstimmen – die hier in der Gegend üblicherweise als „Radiostimmen" bezeichnet werden – mühelos über eine Entfernung von mehreren Meilen projizieren, ohne laut zu sprechen; ihre Stimmen klingen dann aus dieser Entfernung so, als höre man sie durch einen Kopfhörer, ohne dass dazu ein elektrischer Apparat nötig wäre. Diese einzigartige okkulte Macht, die ihnen erlaubt, ihre „Radiostimmen" über solch' weite Strecken zu projizieren, geht offenbar auf ihre natürliche

> Körperelektrizität zurück, von der sie eine übernatürliche Menge besitzen. Vielleicht ist das Eisen in ihren roten Blutkörperchen magnetisiert. Die Schwingungen ihrer Stimmbänder [*sic*] erzeugen offenbar Radiowellen, und diese vokal erzeugten Radiowellen werden vom menschlichen Gehör ohne Verstärkung aufgefangen. Daher sind sie zusammen mit ihrer Fähigkeit zum Gedankenlesen in der Lage, mit den unausgesprochenen Gedanken einer Person ein Zwiegespräch zu führen und diesen Gedanken dann mithilfe ihrer „Radiostimme" so laut zu antworten, dass diese Person es hören kann ... Diese Verfolger können ihre Magnetstimme auch durch ein Wasserrohr schicken, das als magnetischer Leiter wirkt, so dass es scheint, als komme ihre Stimme aus dem Wasser, das aus dem Hahn läuft, der mit dem Wasserrohr verbunden ist. Einer von ihnen kann seine Stimme meilenweit durch die Hauptwasserleitung dröhnen lassen, ein wirklich verblüffendes Phänomen. Die meisten Menschen wagen nicht, ihren Kollegen gegenüber solche Dinge zu erwähnen, weil sie fürchten, dann für geisteskrank gehalten zu werden.

Leider folgte Mr. King seinem eigenen Rat nicht. Er wusste, dass „Menschen, die akustische Halluzinationen haben, sich einbilden, Dinge zu hören". Aber er war völlig davon überzeugt, dass die Stimmen, die er hörte, real waren, also halluzinierte er nicht. Er war überzeugt, das „größte psychische Phänomen" gefunden zu haben, das es gab, und er erzählte anderen davon. Trotz des Einfallsreichtums, mit dem er die Realität der Stimmen erklärte, ließen sich die Psychiater nicht überzeugen. Mr. King landete in der Psychiatrie.

Mr. King und viele Leute wie er sind felsenfest überzeugt, dass ihre Erfahrungen real sind. Wenn ihre Erfahrungen unwahrscheinlich oder unmöglich erscheinen, dann ändern sie eher ihre Vorstellungen über das Funktionieren der Welt, als die Echtheit ihrer Erfahrungen zu leugnen.[23] Aber Halluzinationen, wie sie im Zusammenhang mit Schizophrenie auftreten, haben eine sehr interessante

---

[23] Peter Chadwick ist ein Psychologe, der über seine Erfahrung bei einem schizophrenen Zusammenbruch geschrieben hat. An einem Punkt während dieser Phase seines Lebens „musste ich all diese unheimlichen Zufälle in einen sinnvollen Zusammenhang bringen, egal wie. Ich tat dies, indem ich meine Auffassung von der Realität radikal änderte."

Eigenschaft: Bei diesen Erfahrungen geht es nicht um die physische Welt. Diese Menschen sehen nicht nur Farben und hören Geräusche. Ihre Halluzinationen drehen sich um eine mentale Welt. Sie hören Stimmen, die ihre Handlungen kommentieren, Vorschläge machen und Befehle erteilen. Unser Gehirn kann also eine falsche mentale Welt erschaffen.[24]

Wenn in mein Gehirn eingegriffen wurde, kann ich mein Erleben der Welt daher nicht mehr für bare Münze nehmen. Mein Gehirn kann eine lebhafte Erfahrung schaffen, die nicht in der Realität wurzelt. Diese Realität ist eindeutig bloßer Schein, doch viele psychisch Gestörte sind überzeugt, dass sie echt ist.

„Aber mit meinem Gehirn ist alles in Ordnung", meint die Englischprofessorin. „Ich weiß, was Wirklichkeit und was Schein ist."

In diesem Kapitel habe ich gezeigt, dass ein geschädigtes Gehirn uns nicht nur daran hindert, Dinge über die Welt herauszufinden. Es kann auch Erfahrungen über die Welt in unsere mentale Welt einpflanzen, die völlig falsch sind. Aber es gibt keinen Grund zur Selbstzufriedenheit. Im nächsten Kapitel werde ich zeigen, dass das, was Ihr Gehirn Ihnen erzählt, auch dann falsch sein kann, wenn es völlig intakt ist und normal funktioniert.

[24] Schon so lange, wie ich mich erinnern kann, bin ich von diesen falschen Wahrnehmungen und falschen Überzeugungen über die Welt fasziniert gewesen. Sind sie tatsächlich falsch? Oder gibt es eine andere, parallele Welt, die ich nicht ganz erfassen kann? Ich wünschte mir, dieses Buch wäre so etwas wie eine Sherlock-Holmes-Geschichte: Was zunächst übernatürlich erscheint, hat am Ende eine ganz logische, materielle Erklärung.

2

Was uns ein normales Gehirn über die Welt erzählt

Selbst wenn all unsere Sinne völlig intakt sind und unser Gehirn normal funktioniert, haben wir keinen direkten Zugang zur physischen Welt. Es fühlt sich vielleicht so an, als hätten wir diesen direkten Zugang, doch das ist eine Illusion unseres Gehirns.

Die Illusion einer bewussten Wahrnehmung

Ich könnte Ihnen die Augen verbinden und Sie in einen Raum führen, den Sie nicht kennen. Dann nehme ich Ihnen die Augenbinde ab, und Sie sehen sich um. Selbst wenn in der einen Ecke ein Elefant und in der anderen eine Nähmaschine stünde, was zugegebenermaßen recht unwahrscheinlich ist, würden Sie die Dinge im Raum sofort bewusst wahrnehmen. Diese bewusste Wahrnehmung stellt sich automatisch ein, ohne dass Sie nachdenken oder sich besonders anstrengen müssten.

Zu Beginn des 19. Jahrhunderts fügte sich diese Erfahrung einer mühelosen und augenblicklichen Wahrnehmung nahtlos und folgerichtig in das ein, was seinerzeit über die Gehirnfunktion bekannt war. Man wusste, dass das Nervensystem aus Nervenfasern besteht, die mittels Elektrizität funktionierten.[1] Man wusste, dass sich

[1] Galvani hatte 1791 die elektrische Natur der Nerv-Muskel-Funktion experimentell nachgewiesen. Im Jahr 1826 entwickelte Johannes Müller die Theorie der „spezi-

elektrische Energie außerordentlich rasch (mit Lichtgeschwindigkeit) fortbewegt, und daher konnte auch unsere Wahrnehmung der Welt via Sehnerven durchaus beinahe augenblicklich erfolgen. Als junger Student erfuhr Hermann Helmholtz von seinem Professor, es sei unmöglich, die Fortleitungsgeschwindigkeit in Nervenfasern zu messen, denn diese sei zu hoch. Aber wie alle guten Studenten ignorierte er die Meinung seines Professors. Im Jahr 1852 gelang es ihm, die Fortleitungsgeschwindigkeit in Nervenfasern zu messen, und wie sich zeigte, war sie eher gering. In sensorischen Neuronen braucht ein Nervenimpuls rund 20 Millisekunden, um eine Strecke von einem Meter zurückzulegen. Helmholtz bestimmte auch die „Reaktionszeit", indem er Freiwillige aufforderte, einen Knopf zu drücken, sobald sie eine Berührung an verschiedenen Körperteilen spürten. Diese Reaktionszeiten erweisen sich als noch deutlich länger und betrugen mehr als 100 Millisekunden. Wie diese Experimente zeigen, erfolgt unsere Wahrnehmung von Objekten in der Außenwelt nicht augenblicklich. Helmholtz erkannte, dass im Gehirn verschiedene Prozesse ablaufen müssen, bevor ein Objekt in der Außenwelt im Geist repräsentiert wird. Er stellte die Theorie auf, die Wahrnehmung der Welt erfolge nicht direkt, sondern sei von „unbewussten Schlussfolgerungen"[2] abhängig. Mit anderen Worten: Bevor wir ein Objekt wahrnehmen können, muss sich das Gehirn auf der Basis der Information, die die Sinne erreicht, darüber klar werden, was das Objekt darstellen könnte.

---

fischen Nervenenergie". Diese Theorie besagte, dass unterschiedliche Nerven (Sehnerven, Hörnerven etc.) eine Art Code tragen, der dem Gehirn mitteilt, woher die Information stammt.

[2] Die Vorstellung von unbewussten Schlussfolgerungen war nicht populär. Sie wurde als Angriff auf die Basis der Moral angesehen, denn man kann niemandem sein Handeln vorwerfen, wenn Schlüsse unbewusst gezogen werden. Helmholtz gebrauchte den Begriff „unbewusste Schlussfolgerungen" später nicht mehr, „um eine Verwechslung mit einer mir als völlig obskur und ungerechtfertigt erscheinenden Vorstellung zu vermeiden, die Schopenhauer und seine Anhänger mit derselben Bezeichnung belegt haben" (z. B. Freud). Hermann Helmholtz (1821–1894) war einer der großen Naturforscher des 19. Jahrhunderts und leistete wichtige Beiträge zu Physik, Physiologie und Medizin. Im Jahr 1882 wurde er in den Adelstand erhoben und durfte sich fortan „von Helmholtz" nennen.

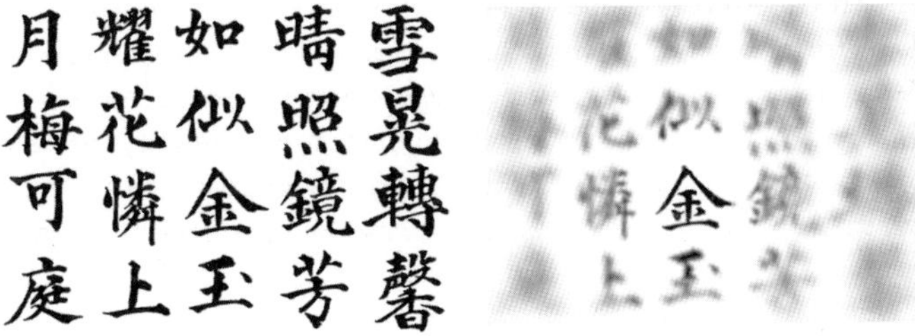

Abb. 2.1 Unsere Sicht ist verschwommen, nur das Zentrum des Sehfelds ist scharf. Links: Was Sie zu sehen glauben; rechts: was Sie tatsächlich sehen.

Es sieht nicht nur so aus, als nähmen wir die Welt augenblicklich und mühelos wahr, es scheint auch so, als nähmen wir die ganze visuelle Szene in all ihren lebhaften Details wahr. Das ist ebenfalls eine Täuschung. Wir sehen nur die Mitte der visuellen Szene – das, was im Zentrum unserer Augen ankommt – im Detail und in Farbe, denn nur im Zentrum der Netzhaut (Fovea) sitzen dicht gepackt farbempfindliche Neuronen (Zapfen). Jenseits von rund zehn Grad von der Fovea liegen die Neuronen weiter auseinander und nehmen nur Licht und Schatten wahr (Stäbchen). Die Ränder unserer Sicht der Welt sind unscharf und ohne Farbe.

Normalerweise sind wir uns dieser Unschärfe an den Rändern unseres Sehfelds nicht bewusst. Unsere Augen sind ständig in Bewegung, so dass jeder Teil der Szene in die Mitte des Sehfelds rückt, wo Details wahrgenommen werden können. Aber selbst wenn wir meinen, wir hätten die ganze Szene betrachtet, täuschen wir uns noch immer selbst. Im Jahr 1997 beschrieben Ron Rensink und seine Kollegen das Phänomen der „Veränderungsblindheit" (englisch *change blindness*), und seitdem gehört dieses Phänomen am „Tag der offenen Tür" zu den bevorzugten Demonstrationen eines jeden Kognitiven Psychologen.

Das Problem für Psychologen ist, dass jeder Mensch aus eigener Erfahrung etwas über unser Thema berichten kann. Ich würde nicht im Traum daran denken, einem Molekulargenetiker oder einem Kernphysiker zu erklären, wie sie ihre Daten interpretieren sollten, doch diese haben keine Skrupel, mir zu sagen, wie die meinen zu interpretieren sind. Veränderungsblindheit ist für uns Psychologen so faszinierend, weil wir Leuten zeigen können, dass ihre persönliche Erfahrung falsch ist. Hier ist etwas, das wir über ihre mentale Welt wissen, was sie selbst nicht wissen.

Die Englischprofessorin kommt zum „Tag der offenen Tür" und bemüht sich sichtlich, nicht gelangweilt auszusehen. Ich zeige ihr unsere Demonstration zur Veränderungsblindheit.

Diese besteht aus zwei Versionen einer komplexen Szene, die sich in *einer* Hinsicht unterscheiden. In meinem Beispiel zeigt das Bild ein militärisches Transportflugzeug, das auf einer Landebahn steht. In einer der beiden Versionen fehlt eine der Antriebsdüsen. Diese befindet sich direkt in der Mitte des Bildes und nimmt viel Raum ein. Ich zeige diese beiden Bilder wiederholt nacheinander auf einem Computerbildschirm (zwischen den Präsentationen erscheint stets ein einheitlich grauer Schirm, und das ist wichtig). Die Englischprofessorin sieht keinen Unterschied. Nach einer Minute deute ich auf sich ändernde Stelle auf dem Schirm, und die Sache wird peinlich offensichtlich.[3]

„Das ist ja wirklich ganz lustig. Aber wo ist die Wissenschaft?"

Was diese Demonstration zeigt, ist, dass man rasch das Wesentliche dieser Szene wahrnimmt: *ein militärisches Transportflugzeug auf einer Landebahn*. Aber man speichert nicht automatisch sämtliche Details geistig ab. Damit Sie die Veränderung in einem dieser Details bemerken, muss ich Ihre Aufmerksamkeit darauf lenken: „*Schauen Sie sich die Düse an.*" Sonst finden Sie das veränderte Detail nicht, es sei denn, Sie richten im Moment des Wechsels zufälligerweise gerade Ihre Aufmerksamkeit darauf. Und an dieser Stelle führt ein psycho-

[3] Natürlich funktioniert diese Demonstration bei Ihnen nun nicht mehr. Um den Effekt zu sehen, müssen Sie es mit einem ahnungslosen Freund probieren (oder ein anderes Beispiel ausprobieren). Dieser Effekt lässt sich in einem Buch nur schwer demonstrieren, doch viele Psychologen haben Beispiele auf ihre Website gestellt (z. B. *http://people.usd.edu/~schieber/coglab/Rensink.html*, dort wird das Flugzeugbeispiel demonstriert).

Abb. 2.2 Veränderungsblindheit. Wie rasch finden Sie den Unterschied zwischen diesen beiden Bildern?

logischer Trick die Veränderungsblindheit gezielt herbei. Wegen dieses Tricks wissen Sie nicht, wohin Sie schauen sollten, um die Veränderung zu bemerken.

Im wahren Leben reagiert unsere periphere Sicht, wenn auch verschwommen, sehr empfindlich auf Veränderungen. Wenn mein Gehirn Bewegung am Rand meines Sehfelds entdeckt, bewegen sich meine Augen sofort so, dass ich diesen Teil der Szenerie im Detail betrachten kann. Bei der Demonstration der Veränderungsblindheit wird jedoch zwischen jede Szene ein leerer grauer Schirm eingeschoben. Infolgedessen findet überall eine starke visuelle Veränderung statt, denn jeder Bereich des Schirms verändert sich von vielfarbig nach grau und wieder zurück. Mein Gehirn erhält kein Signal, das ihm anzeigt, wo der wichtige Unterschied auftritt.

Daraus müssen wir den Schluss ziehen, dass unser Eindruck falsch ist, wir erlebten eine visuelle Szene, die sich vor unseren Augen abspielt, augenblicklich und wir seien uns aller Details voll bewusst. Es existiert eine kurze Verzögerung, in der unser Gehirn die „unbewussten Schlussfolgerungen" zieht, durch die wir uns der Quintessenz der Szene bewusst werden. Darüber hinaus bleiben viele Teile der Szene unscharf und detailarm. Das Gehirn weiß jedoch, dass die Szene nicht verschwommen ist, und es weiß zudem, dass Augenbewegungen jeden Teil der Szene rasch scharf stellen können. Daher ist unsere Erfahrung einer detailreichen visuellen Welt eher eine Erfahrung der verschiedenen Möglichkeiten als eine Erfahrung dessen, was bereits in unserem Gehirn repräsentiert ist. Unser Zugang zur Außenwelt ist so direkt, dass es für alle praktischen Zwecke reicht. Dieser Zugang hängt jedoch von unserem Gehirn ab, und selbst ein intaktes, gesundes Gehirn erzählt uns nicht immer alles, was es weiß.

Unser verschwiegenes Gehirn

Ist es möglich, dass sich mein Gehirn der Veränderungen bei der Demonstration zur Veränderungsblindheit bewusst ist, auch wenn mein Geist es nicht ist? Bis vor Kurzem war diese Frage sehr schwer zu beantworten. Lassen wir das Gehirn einmal einen Augenblick beiseite. Was ich wissen will, ist, ob ich von einem Reiz beeinflusst werden kann, den ich nicht bewusst gesehen habe. In den 1960er-Jahren bezeichnete man so etwas als „subliminale“ (unterschwellige) Wahrnehmung, und sie war sehr umstritten. Auf der einen Seite glaubten viele Menschen, Werbefachleute könnten in Filme verborgene Botschaften einfügen, die uns zum Beispiel veranlassen könnten, mehr Limonade zu kaufen, ohne zu wissen, dass wir manipuliert werden.[4] Auf der anderen Seite glaubten viele Psychologen, dass es so etwas wie unterschwellige Wahrnehmung gar nicht gibt. Wenn die Experimente richtig durchgeführt würden, so behaupteten sie, fände man nur dann Effekte, wenn sich die Leute auch bewusst waren, was sie gesehen hatten. Seitdem sind zahlreiche Experimente durchgeführt worden, und es gibt keinerlei Belege dafür, dass unterschwellige, in Filmen verborgene Botschaften den Konsum von Limonade ankurbeln können. Dennoch lassen sich einige subtile Effekte nachweisen, die von Objekten ausgelöst werden, derer wir uns nicht bewusst sind. Diese Effekte lassen sich jedoch nur sehr schwer demonstrieren. Um sicher zu sein, dass sich die Versuchsperson des Objekts nicht bewusst ist, wird das Objekt nur ganz kurz präsentiert und dann durch ein zweites Objekt „maskiert“, das direkt im Anschluss an derselben Stelle erscheint.

In der Regel sind diese Objekte Wörter oder Bilder auf einem Computerschirm. Wenn das erste Objekt hinreichend kurz präsentiert wird, sieht man nur das zweite Objekt. Aber wenn das erste Objekt zu kurz präsentiert wird, hat es überhaupt keinen Effekt. Der zeitliche Ablauf des Experiments muss genau stimmen. Und wie misst man den Effekt des Objekts, das von Versuchsperson nicht bewusst wahrgenommen wurde? Wenn ich Sie auffordere, Vermutungen über Objekte anzustellen, die Sie nicht sehen können, werden Sie diese Aufforderung recht seltsam finden. Sie versuchen

[4] Im Jahr 1957 behauptete James Vicary, in den Film *Picnic* zwei Werbebotschaften eingefügt zu haben: „Eat Popcorn“ und „Drink Coca-Cola“. Diese Botschaften wurden wiederholt gezeigt, doch nur so kurz, dass sie niemals bewusst wahrgenommen wurden. Vicary behauptete nun, dass im Lauf von sechs Wochen der Verkauf von Popcorn um 58 Prozent stieg, der von Coca-Cola um 18 Prozent. Diese Behauptungen wurden nie belegt, und 1962 gab Vicary zu, sich die ganze Geschichte ausgedacht zu haben. Dennoch wurden aufgrund dieses Berichts zahlreiche populäre Bücher mit Titeln wie „Unterschwellige Verführung“ veröffentlicht.

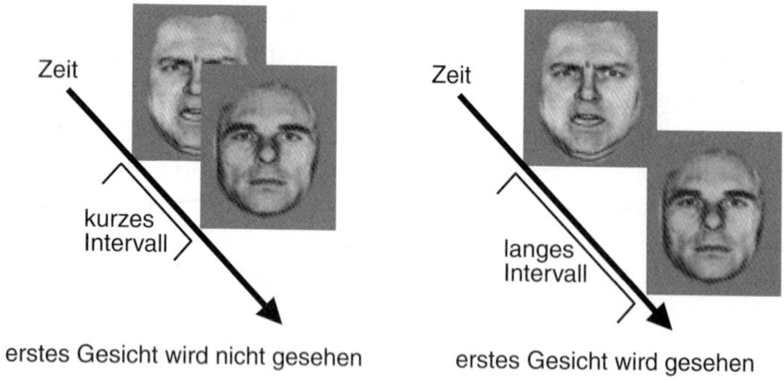

Abb. 2.3 Visuelle Maskierung. Zwei Gesichter erscheinen nacheinander auf einem Bildschirm. Wenn das Zeitintervall zwischen dem ersten und dem zweiten Gesicht kürzer ist als 40 Millisekunden, wird man sich des ersten Gesichts nicht bewusst.

möglicherweise angestrengt, einen Blick auf das kurz präsentierte Objekt zu werfen. Mit genügend Übung kann es sein, dass Sie es schließlich tatsächlich sehen können.

Der Trick besteht darin, nach Effekten zu suchen, die noch präsent sind, nachdem das Objekt präsentiert wurde.[5] Ob man diese Effekte nachweisen kann, hängt auch davon ab, welche Fragen man stellt. Robert Zajonc zeigte Versuchspersonen eine Folge unbekannter Gesichter; dabei war jedes Gesicht von einem Linienwirrwarr überzogen, so dass sie die Gesichter nicht bewusst sahen. Anschließend zeigte er ihnen jedes Gesicht nochmals neben einem neuen Gesicht. Wenn er seine Versuchspersonen fragte „Welches der beiden Gesichter habe ich Ihnen gerade schon einmal gezeigt?", lagen die Antworten im Zufallsbereich. Wenn er jedoch fragte „Welches Gesicht bevorzugen Sie?", wählten mehr Versuchspersonen das Gesicht, das sie vorher „unterschwellig" gesehen hatten.

[5] Die klassischen Studien wurden in den 1970er-Jahren von dem britischen Psychologen Anthony Marcel durchgeführt. Marcel wies nach, dass ein Wort (wie „Krankenschwester") die Wahrnehmung eines Folgewortes aus dem gleichen Umfeld (wie „Arzt") erleichtert, selbst wenn die Versuchspersonen das erste Wort nicht bewusst gesehen haben. Dieses Ergebnis wurde in vielen Folgestudien bestätigt.

Mit dem Aufkommen von Hirnscannern konnten Wissenschaftler eine etwas andere Frage im Zusammenhang mit unterschwelligen Reizen stellen. „Bewirkt ein Objekt eine Veränderung der Gehirnaktivität, selbst wenn man sich dieses Objekts nicht bewusst ist?" Das lässt sich viel leichter beantworten, weil man die Versuchsperson nicht auffordern muss, auf irgendeine andere Weise auf das nicht gesehene Objekt zu reagieren. Man muss sich nur ihr Gehirn anschauen. Paul Whalen und seine Kollegen benutzten ein ängstliches Gesicht als ungesehenes Objekt.

Wie John Morris und seine Kollegen bereits zuvor gefunden hatten, steigt die Aktivität in der Amygdala (Mandelkern), einem kleinen Teil des Gehirns, der sich offenbar mit der Wahrnehmung gefährlicher Situationen beschäftigt, wenn man Versuchspersonen angsterfüllte (statt

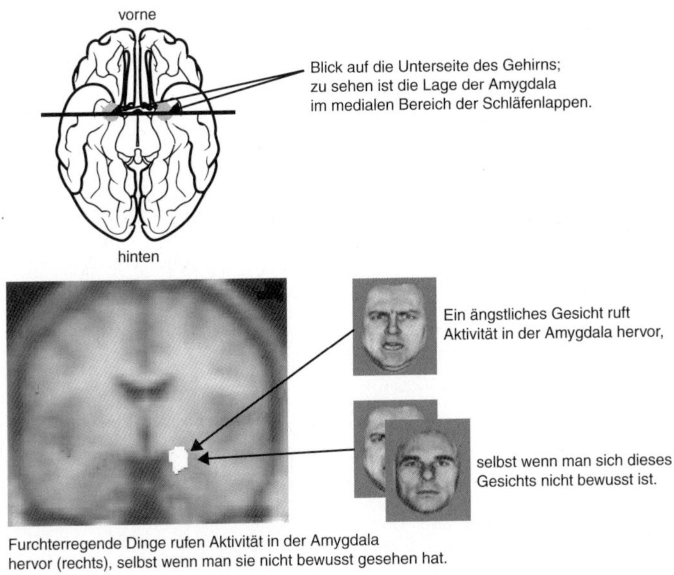

Abb. 2.4 Unser Gehirn reagiert auf furchterregende Dinge, die wir nicht bewusst sehen.

fröhlicher oder neutraler) Gesichter zeigt. Whalen und seine Kollegen wiederholten das Experiment, doch diesmal wurden die ängstlichen Gesichter unterschwellig präsentiert. Manchmal wurde ein ängstliches Gesicht präsentiert, auf das sofort ein neutrales Gesicht folgte. Zu anderen Zeiten wurde ein glückliches Gesicht präsentiert, auf das ein neutrales Gesicht folgte. In beiden Fällen hätten die Versuchspersonen bei Nachfrage geantwortet, sie hätten ein neutrales Gesicht gesehen. Wenn die ängstlichen Gesichter präsentiert wurden, zeigte sich jedoch Aktivität in der Amygdala, obwohl die Versuchspersonen das ängstliche Gesicht gar nicht bewusst wahrgenommen hatten.

Auch Diane Beck und ihre Kollegen benutzten Gesichter als Objekte, doch sie versteckten diese Gesichter in einer Demonstration zur Veränderungsblindheit. Manchmal wandelte sich das Gesicht einer Person in das Gesicht einer anderen um, manchmal fand kein Wechsel statt. Das Experiment war so angelegt, dass die Versuchspersonen in nur rund der Hälfte aller Fälle, in denen es zu einer Veränderung kam, diese Veränderung auch bemerkten. Für die Versuchspersonen bestand kein Unterschied zwischen den Situationen, in denen keine Veränderung stattfand, und den Situationen, bei denen eine Verän-

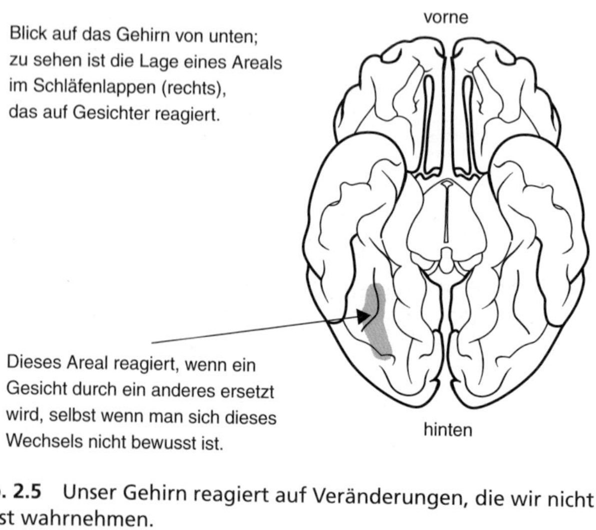

Abb. 2.5 Unser Gehirn reagiert auf Veränderungen, die wir nicht bewusst wahrnehmen.

derung stattfand, die aber von der Versuchsperson nicht bemerkt wurde. Das Gehirn nimmt den Unterschied jedoch wahr: In den Situationen, in denen es zu einer Veränderung im Gesicht kommt, erhöhte sich auch die Aktivität im Gesichtsareal des Gehirns.

Daher sagt uns unser Gehirn nicht alles, was es weiß. Und manchmal geht es noch weiter und führt uns aktiv in die Irre …

Unser verzerrendes Gehirn

Vor der Entdeckung der Veränderungsblindheit gehörten optische Täuschungen zu den bei Psychologen besonders beliebten Tricks. Auch mit ihrer Hilfe lässt sich leicht zeigen, dass das, was wir sehen, nicht unbedingt das ist, was wirklich ist. Die meisten dieser Täuschungen sind Psychologen seit mehr als 100 Jahren bekannt, Künstlern und Architekten aber schon viel länger.

Hier ein einfaches Beispiel: die Hering-Täuschung.

Die waagerechten Linien erscheinen eindeutig gekrümmt. Wenn Sie jedoch ein Lineal anlegen, werden Sie feststellen, dass die Linien vollkommen gerade sind. Es gibt noch viele weitere Täuschungen wie diese, bei denen Geraden gekrümmt oder Objekte gleicher Größe ungleich groß erscheinen. Auf irgendeine Weise hindert uns der Hintergrund, vor dem die Linien oder Objekte stehen, sie so zu sehen, wie sie wirklich sind. Diese verzerrten Wahrnehmungen findet man nicht nur in Psychologielehrbüchern, sondern auch in der realen Welt. Das berühmteste Beispiel ist wohl das Parthenon in Athen. Die Schönheit des Tempels liegt in den idealen Proportionen und der perfekten Symmetrie seiner Linienführung. Aber in Wirklichkeit sind diese Linien weder gerade noch laufen sie parallel. Die Architekten haben genau berechnete Krümmungen und Verzerrungen eingebaut, damit der Tempel gerade und symmetrisch wirkt.[6]

[6] Im Jahr 1846 beauftragte die Society of Dilettanti Francis Penrose, das Parthenon zu vermessen, um John Pennethornes Theorie zu überprüfen: Dieser Theorie zufolge ist das, was in der griechischen Architektur der Blütezeit als gerade und parallel erscheint, generell gekrümmt oder geneigt, weil dies die einzige Möglichkeit ist, den optischen Eindruck zu erwecken, man sehe eine gerade Linie. Sofort nach seiner Rückkehr nach England veröffentlichte Penrose 1847 als erstes Ergebnis seiner

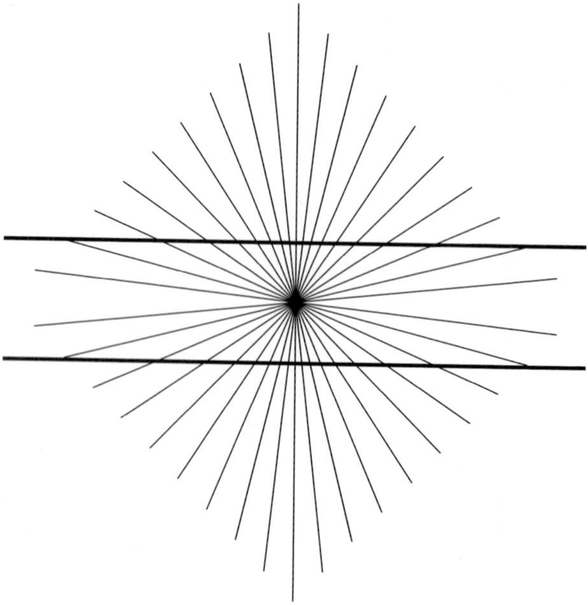

Abb. 2.6 Hering-Täuschung. Obwohl wir wissen, dass die beiden waagerechten Linien Geraden sind, erscheinen sie uns dennoch gekrümmt. (Edwald Hering, 1861)

Was ich bei diesen Täuschungen am erstaunlichsten finde, ist, dass mein Gehirn mich weiterhin mit falschen Informationen füttert, auch wenn ich weiß, dass die Informationen falsch sind, und selbst wenn ich weiß, wie das Objekt wirklich aussieht. Ich kann mich nicht dazu bringen, die Linien in der Hering-Täuschung als gerade anzusehen. Die „Korrekturen", die in den Parthenon-Tempel eingebaut sind, funktionieren auch nach über 2000 Jahren noch immer.

Untersuchungen einen Artikel mit dem Titel „Anomalies in the Construction of the Parthenon", in dem er nachwies, dass die Linien des Stylobaten des Tempels nach innen gekrümmt sind.

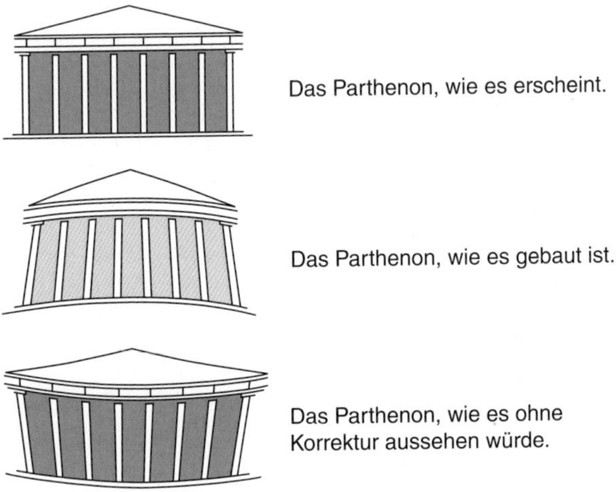

Abb. 2.7 Die Perfektion des Parthenons beruht auf einer optischen Täuschung. Die Zeichnungen, die auf den Artikel von John Pennethorne (1844) zurückgehen, zeigen den Effekt in stark übertriebener Weise.

Der Ames-Raum ist ein noch verblüffenderes Beispiel dafür, wie wenig Einfluss unser Wissen auf unser Erleben der visuellen Welt hat.

Ich weiß, dass diese drei Männer tatsächlich gleich groß sind. Der Mann links sieht kleiner aus, weil er weiter weg ist. Der Raum ist nicht wirklich rechteckig. Die Rückseite links ist viel weiter entfernt als die Rückseite rechts. Die Fenster in der Rückwand sind verzerrt, so dass sie rechteckig aussehen (wie beim Parthenon). Aber dennoch zieht mein Gehirn es vor, einen rechteckigen Raum zu sehen, in dem sich Männer mit unmöglich verschiedenen Körpergrößen aufhalten, statt drei normal große Menschen in einem Raum mit einer ausgesprochen merkwürdigen Form.

Es gibt jedoch zumindest eine Sache, die bei diesem Beispiel zugunsten meines Gehirns spricht. Der Ames-Raum ist seinem Wesen nach mehrdeutig: Es könnte sich um drei ungewöhnliche Männer in einem rechteckigen Raum oder um drei normale Männer in einem merkwürdigen Raum handeln. Mein Gehirn wählt vielleicht die unwahrscheinlichere Interpretation der Szenerie, aber es handelt sich zumindest um eine mögliche Interpretation.

„Es gibt nicht nur eine mögliche Interpretation", protestiert die Englischprofessorin.

Ich halte dagegen, die Tatsache, dass die Beweislage mehrdeutig ist, besage nicht, dass es keine korrekte Interpretation gibt. Aber dazu kommt, dass unser Gehirn uns diese Mehrdeutigkeit verschweigt und uns nur eine der möglichen Interpretationen präsentiert.

Und manchmal nimmt unser Gehirn sogar überhaupt keine Rücksicht auf die Realität der physischen Welt.

Abb. 2.8 Der Ames-Raum wurde von Adelbert Ames Jr. 1946 nach einer Idee von Helmholtz entwickelt. Die drei Männer sind gleich groß; der Raum ist verzerrt.

Unser schöpferisches Gehirn

Eine Vermischung von Sinnesmodalitäten

Es gibt einige Menschen in meinem Bekanntenkreis, die völlig normal erscheinen. Dennoch sehen sie eine Welt, die sich von der meinen unterscheidet.

> Als Synästhetiker lebe ich in einer Welt, die sich ein wenig von der Lebenswelt anderer Menschen unterscheidet – eine Welt mit zusätzlichen Farben, Formen und sensorischen Empfindungen. Meine Welt ist ein Universum von schwarzen „Einsen" und rosafarbenen „Mittwochs", Zahlen, die zum Himmel hinaufklettern und ein Jahr, das wie eine Rolltreppe geformt ist.[7]

Bei den meisten von uns sind die Sinne völlig voneinander getrennt. Lichtwellen fallen in unsere Augen, und wir sehen Farben und Formen. Schallwellen fallen in unsere Ohren, und wir hören Wörter oder Töne. Bei manchen Menschen, den Synästhetikern, ist es jedoch so, dass sie, wenn Schallwellen in ihre Ohren fallen, nicht nur Töne hören, sondern auch Farben sehen. D. S. sieht, wenn sie Musik hört, auch Objekte – fallende goldene Kugeln, dahinjagende Linien, metallische Wellen wie die Kurven auf einem Oszilloskop –, die auf einem „Schirm" zehn Zentimeter vor ihrer Nase driften. Die häufigste Form der Synästhesie ist farbiges Hören.

Das Hören eines Wortes löst ein Farberlebnis aus. In den meisten Fällen ist es der erste Buchstabe, der über die Farbe des Wortes entscheidet. Bei jedem Synästhetiker hat jeder Buchstabe und jede Zahl seine eigene Farbe, und diese Farben bleiben ein Leben lang konstant (siehe Abbildung FT1 im Tafelteil).[8]

---

[7] Etwa einer von 2000 Menschen ist Synästhetiker. Dieses Zitat stammt von Alison Motluk.

[8] Synästhetiker stimmen in ihrer Farbwahrnehmung von Buchstaben nicht überein. Für den russischen Romancier Vladimir Nabokov war der Buchstabe M rosa, für seine Frau hingegen blau. Über einen Familiendisput hinsichtlich der Farbe von Vokalen erfuhr Sir Francis Galton von Mrs. H., „der verheirateten Schwester eines wohlbe-

Es stört einen Synästhetiker, wenn eine Zahl oder ein Buchstabe in der „falschen" Farbe präsentiert wird. Für eine Synästhetikerin, die als G. S. bekannt ist, erscheint die Zahl drei leuchtend rot, während die Vier kornblumenblau ist. Carol Mills zeigte G. S. eine Reihe von farbigen Zahlen und forderte sie auf, so rasch wie möglich deren Farben zu nennen. Wenn G. S. eine Zahl sah, die die „falsche" Farbe hatte (beispielsweise eine blaue Drei), antwortete sie langsamer. Die synästhetische Farbe, die von der Zahl hervorgerufen wurde, geriet in Konflikt mit ihrer Wahrnehmung der tatsächlichen Farbe. Dieses Experiment liefert einen objektiven Nachweis dafür, dass die Erfahrungen, über die Synästhetiker berichten, ebenso real sind wie die Erfahrungen anderer Menschen. Es zeigt auch, dass sie ihre Umwelt so erleben, ob sie wollen oder nicht. Das kann in extremen Fällen zu Problemen führen.

> Ihm zuzuhören, war, als ob eine Flammenzunge mit herausragenden Fasern auf mich zukommt. Ich begann mich so für seine Stimme zu interessieren, dass ich dem, was er sagte, nicht folgen konnte.[9]

Aber es kann auch hilfreich sein.

> Manchmal, wenn ich mir unsicher bin, wie ein Wort geschrieben werden sollte, habe ich mir überlegt, welche Farbe es haben sollte, und mich danach gerichtet. Ich glaube, das hat mir bei der Rechtschreibung im Englischen und in anderen Sprachen sehr geholfen.[10]

Synästhetiker wissen, dass die Farben, die sie sehen, nicht wirklich da sind, aber dennoch bietet ihr Gehirn ihnen eine lebhafte und überzeugende Erfahrung.

---

kannten Mannes der Wissenschaft": „Eine meiner beiden Töchter sieht Farben ganz anders als ich. Die andere ist nur beim A und beim O heterodox [andersgläubig]. Meine Schwester und ich stimmten niemals über diese Farben überein, und ich zweifele daran, ob meine beiden Brüder die chromatische Macht der Farben überhaupt spüren."

[9] So beschrieb S., der Synästhetiker, der von Luria untersucht wurde, die Stimme des Filmregisseurs Sergej Eisenstein.

[10] So äußerte sich Miss Stones, eine weitere Informantin in Galtons Studie über Synästhesie.

„Aber warum sagen Sie, dass die Farben nicht wirklich da sind?", fragt die Englischprofessorin. „Sind die Farben dort draußen in der physischen Welt oder sind sie ein Produkt des Geistes? Wenn die Farben ein Produkt des Geistes sind, warum ist dann Ihre Version der Welt besser als die Ihrer Freundin mit Synästhesie?"

Wenn meine Freundin sagt, die Farben seien nicht wirklich da, dann meint sie vermutlich, dass ich und die meisten anderen Menschen sie nicht sehen.

Die Halluzinationen des Schlafes

Synästhesie ist ziemlich selten. Aber wir alle träumen. Jede Nacht, wenn wir schlafen, haben wir lebhafte sensorische Erinnerungen und starke Gefühle.

> Ich träumte, ich käme in den Raum und hätte keinen Schlüssel. Ich ging zum Gebäude, und da stand Charles R. Ich versuchte, durch das Fenster zu klettern. Charles, der an der Tür stand, gab mir zwei Sandwiches. Sie waren rot – es sah aus wie kanadischer Schinken, und er hatte gekochten Schinken. Ich konnte nicht verstehen, warum er mir die schlechtesten Sandwiches gab. Wie dem auch sei, wir gingen weiter in den Raum, aber wir waren hier völlig falsch. Da lief so etwas wie eine Party. Ich glaube, in diesem Moment begann ich darüber nachzudenken, wie ich hier möglichst schnell wegkommen könnte, wenn es nötig würde. Und da war irgendetwas mit Nitroglycerin, ich erinnere mich nicht mehr genau. Das Letzte war, dass jemand einen Baseball warf.[11]

Obgleich Träume lebhaft sind, erinnern wir uns nur an einen kleinen Teil von ihnen (fünf Prozent).

„Woher wissen Sie, dass ich so viel träume, wenn ich mich nicht einmal selbst daran erinnern kann?" fragt die Englischprofessorin.

In den 1950er-Jahren entdeckten Aserinsky und Kleitman ein spezielles Schlafstadium, in dem es zu raschen Augenbewegungen kommt. Schlafstadien gehen mit unterschiedlichen Mustern der

[11] Aus einer Reihe von Träumen, die von Richard Jones gesammelt wurden.

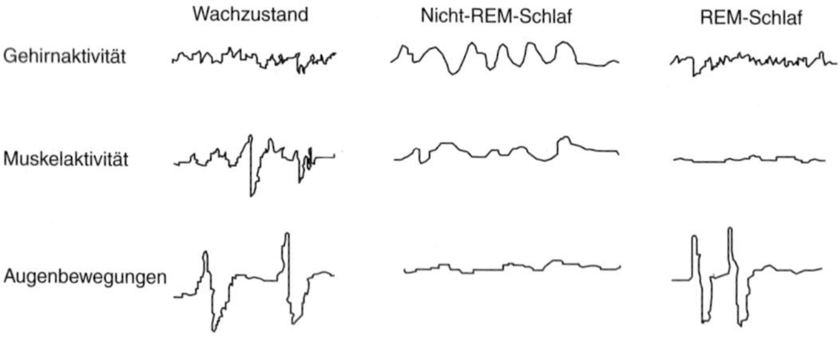

Abb. 2.9 Schlafstadien

Wachzustand:	rasche, desynchronisierte neuronale Aktivität, Muskelaktivität, Augenbewegungen
Nicht-REM-Schlaf:	langsame synchronisierte neuronale Aktivität, eine gewisse Muskelaktivität, keine Augenbewegungen, wenig Träume
REM-Schlaf:	rasche, desynchronisierte neuronale Aktivität, Paralyse, keine Muskelaktivität, Augenbewegungen, rasche Augenbewegungen, viele Träume

Gehirnaktivität einher, die sich in einem Elektroencephalogramm (EEG) darstellen lassen. In einem dieser Schlafstadien sieht die Gehirnaktivität genauso aus wie im Wachzustand. Die Muskulatur ist jedoch vollständig gelähmt und zu keiner Bewegung fähig. Die einzige Ausnahme sind die Augen. In diesem Stadium bewegen sie sich rasch hin und her, wobei die Augenlider geschlossen bleiben. Dieses Schlafstadium wird daher als Rapid-Eye-Movement-Schlaf (kurz REM-Schlaf) bezeichnet. Wird ein Schläfer im REM-Schlaf geweckt, dann berichten die meisten (90 Prozent), sie hätten gerade lebhaft geträumt, und können sich an vieles aus ihrem Traum erinnern. Weckt man ihn jedoch fünf Minuten nach Ende einer REM-Phase, erinnert er sich in der Regel an nichts. Das zeigt, wie rasch Erinnerungen an Traumerlebnisse verblassen. Wenn man nicht während oder direkt nach einer REM-Phase aufwacht, erinnert man sich nicht, was man geträumt hat. Man kann jedoch nachweisen, dass jemand träumt, indem man Augenbewegungen und Gehirnaktivität des Schläfers aufzeichnet.

Was uns das Gehirn während unserer Träume vorspielt, ist keine Repräsentation der realen physischen Welt.[12] Die Erfahrung ist jedoch so eindringlich, dass gelegentlich darüber spekuliert wird, ob Träume die Menschen in Kontakt mit einer anderen Realität bringen könnten. Vor 2400 Jahren träumte Zhuangzi, er sei ein Schmetterling. „Ich träumte, ich wäre ein Schmetterling, der durch die Luft flatterte und nicht von Zhuangzi wusste." Als er aufwachte, meinte er, er wisse nicht, ob er ein Mann sei, der geträumt habe, ein Schmetterling zu sein, oder ein Schmetterling, der gerade träume, ein Mann zu sein.[13]

Robert Frost träumt von Äpfeln, die er pflückt

...
und sah bereits
die Form, in die mein Träumen floss.
Äpfel, übergroß, erscheinen und verschwinden,
an denen Stiel und Blüte
und jeder Sprenkel rotbraun klar zu sehen ist.
Mein Spann bewahrt nicht nur den Schmerz,
er spürt den Druck des runden Leitertritts.
Ich fühl die Leiter schwanken mit dem Ast.
...
(Auszug aus: Nach dem Apfelpflücken, 1914 in einer Übersetzung von Lars Vollert)

[12] In unseren Träumen, besonders beim Einschlafen, spielt das Gehirn jedoch oft nach, was wir im Lauf des Tages getan haben. Robert Stickgold forderte seine Versuchspersonen auf, drei Tage lang jeweils sieben Stunden Tetris™ zu spielen. In den Nächten nach dem Spiel berichteten sie, herumdriftende Tetris™-Formen gesehen zu haben. „Ich sehe Bilder, die auf der Seite liegen. Ich weiß nicht, woher sie stammen. Ich wünschte, ich könnte mich daran erinnern, aber sie sehen wie Blöcke aus."

[13] Sein Grübeln über das Träumen brachte Descartes dazu, alles anzuzweifeln bis auf seine eigenen Gedanken. „Endlich erwog ich, dass uns genau die gleichen Vorstellungen, die wir im Wachen haben, auch im Schlaf kommen können, ohne dass in diesem Falle auch nur eine davon wahr wäre, und entschloss mich daher zu der Fiktion, dass nichts, was mir jemals in den Kopf gekommen, wahrer wäre als die Trugbilder meiner Träume."

In den meisten unserer Träume ist der Inhalt so bizarr, dass wir ihn nicht mit der Realität verwechseln (siehe Abbildung FT4 im Tafelteil). So sehen Leute im Traum oft ganz anders aus als in Wirklichkeit. „Ich unterhielt mich (in meinem Traum) mit Ihrer Kollegin, aber sie schaute ganz anders aus, viel jünger, wie jemand, mit dem ich zur Schule gegangen bin, vielleicht wie ein 13-jähriges Mädchen."[14] Dennoch sind wir, während wir träumen, überzeugt, dass alles, was uns passiert, echt ist. Erst im Moment des Aufwachens erkennen wir meist mit Erleichterung: „Es war nur ein Traum. Ich muss nicht mehr davolaufen."[15]

Halluzinationen bei Gesunden

Synästhetiker sind ungewöhnliche Menschen. Wenn wir träumen, befindet sich unser Gehirn in einem ungewöhnlichen Zustand. Wie kreativ ist das Gehirn einer körperlich und geistig gesunden Person, die völlig wach ist? Genau diese Frage stellte sich Ende des 19. Jahrhunderts die Society for Psychical Research: Um eine Antwort zu finden, ließ sie mehr als 17 000 Leute befragen. Ziel der Gesellschaft war dabei, Belege für Telepathie zu finden, also für die rein geistige Übermittlung von Botschaften direkt von einem Menschen zum anderen ohne technische Hilfsmittel. Damals nahm man, an, solche Botschaften würden am ehesten in Zeiten großer emotionaler Belastungen übermittelt.

> Am 5. Oktober 1863 wachte ich um fünf Uhr morgens auf. Ich war in der Minto House Normal School in Edinburgh. Ich hörte klar und deutlich die Stimme eines guten Freundes, der den Text eines bekannten Kirchenlieds aufsagte. Nichts war zu sehen. Während ich ruhig im Bett lag – gesund und

[14] Das erinnert an die Erfahrungen mancher Menschen mit Hirnschäden. Sie erkennen in unbekannten Personen vertraute Menschen, obgleich keinerlei körperliche Ähnlichkeit besteht (Frégoli-Syndrom). Sophie Schwartz und Pierre Maquet vermuten, dass beim Träumen gewisse Hirnregionen nicht aktiv genug sind, so dass das normale Gehirn reagiert, als sei es geschädigt.

[15] Angstgefühle treten im Traum häufiger auf als im Wachzustand.

ohne besondere Sorgen –, … wurde mein Freund zur selben Zeit, fast auf die Minute genau, von einer tödlichen Krankheit ergriffen. Er starb noch am selben Tag, und ein Telegramm mit der Todesnachricht erreichte mich noch an diesem Abend.

Heutzutage behandeln Psychologen solche Behauptungen mit großer Vorsicht. Aber damals zählte die Society for Psychical Research eine ganze Reihe berühmter Wissenschaftler zu ihren Mitgliedern.[16] Das Komitee, das diese Befragung zum Thema Halluzinationen überwachte, wurde von Professor Henry Sidgwick geleitet, dem Cambridger Philosophen und Gründer des Newnham College. Die Befragung wurde sehr sorgfältig durchgeführt, und der Bericht, der 1894 veröffentlicht wurde, enthielt eine detaillierte statistische Auswertung. Die Auswerter des Berichts bemühten sich, Erfahrungsberichte auszuschließen, bei denen es sich um Träume oder Delirien im Zusammenhang mit körperlichen Erkrankungen oder um Halluzinationen im Zusammenhang mit psychischen Störungen gehandelt haben könnte. Sie gaben sich auch große Mühe, zwischen Halluzinationen und Täuschungen zu unterscheiden. Dies ist der genaue Wortlaut der Frage, die sie ihren Informanten stellten:

Haben Sie jemals, wenn Sie meinten, völlig wach zu sein, den lebhaften Eindruck gehabt, ein lebendes Wesen oder ein lebloses Objekt zu sehen oder von ihm berührt zu werden oder eine Stimme zu hören, welcher Eindruck, so weit Sie feststellen konnten, sich nicht auf irgendeine äußere physische Ursache zurückführen ließ?

Der veröffentlichte Bericht umfasst beinahe 400 Seiten und besteht zum größten Teil aus der wörtlichen Wiedergabe der Aussagen, in

[16] Die Society for Psychical Research wurde 1882 gegründet; ihr damaliger Präsident war Prof. Henry Sidgwick von der Universität Cambridge. Zu den ursprünglichen Vizepräsidenten und prominenten Mitgliedern gehörten unter anderem Prof. Balfour Stewart, FRS, der Right Honorable Arthur J. Balfour, Prof. W. F. Barrett von der Universität Dublin, Mr. F. W. H. Myers, Sir William Crookes, FRS, Sir Oliver Lodge und der Bischof von Ripon. Gladstone sagte über die Arbeit der Gesellschaft: „Es ist die wichtigste Arbeit auf der Welt – bei weitem die wichtigste!“

denen die Informanten ihre Erfahrungen beschrieben. Zehn Prozent von ihnen hatten Halluzinationen erlebt, und die Mehrzahl dieser Halluzinationen war visueller Natur (mehr als 80 Prozent).[17] Am interessantesten für mich sind die Fälle, die ganz offensichtlich nichts mit Telepathie zu tun haben.

Mrs. Girdlestone, Januar 1891:

> Ich spürte mehr, als dass ich es sah, viele Tiere (vor allem Katzen), die an mir vorbeiliefen und mich zur Seite drängten, als ich bei hellem Tageslicht in unserem Haus in Clifton die Treppen hinunterging; das ging 1886 und 1887 mehrere Monate lang so.[18]

Mrs. G. schreibt:

> Die Halluzinationen bestanden darin, dass ich eine Stimme hörte, die meinen Namen rief, und zwar so deutlich, dass ich mich umsah, um herauszufinden, woher die Stimme kam; die Stimme, wenn ich sie so nennen soll, besaß, sei es in der Fantasie oder weil ich mich erinnerte, dass dies schon einmal vorgekommen war, eine unbeschreibliche Eigentümlichkeit, die mich stets aufschreckte und die sie von jeglichem gewöhnlichen Geräusch unterschied. All dies hielt mehrere Jahre lang an. Ich vermag nicht zu erklären, welche Umstände dazu führten.

Heute würde ihr der Hausarzt bei solchen Schilderungen wohl zu einer neurologischen Untersuchung raten.

Auch die Erfahrungen, die als Täuschungen klassifiziert wurden, finde ich interessant. Sie fallen deshalb in die Kategorie „Täuschun-

---

[17] Wie die Autoren der Befragung betonen, unterscheidet sich dieser Prozentsatz deutlich von dem psychischer Erkrankungen. „Bei den Halluzinationen von psychisch Kranken besteht offenbar kein Zweifel, dass akustische Fälle viel häufiger sind als visuelle; das Verhältnis wird von einigen Experten auf drei zu eins, von anderen auf fünf zu eins geschätzt."

[18] Rund 100 Jahre später berichtete ein Patient mit Parkinson über eine ähnliche Erfahrung. „Es schienen zahlreiche Katzen im Zimmer zu sein. Sie waren schwarz oder braun und bewegten sich leise im ganzen Zimmer. Eine sprang mir auf den Schoß, und ich konnte sie streicheln."

gen", weil diese Erlebnisse eindeutig auf reale Ereignisse in der Außenwelt zurückgehen.

Dr. G. J. Stoney:[19]

> Vor einigen Jahren fuhr ich mit einem Freund – er auf einem Zweirad, ich auf einem Dreirad – in einer ungewöhnlich dunklen Sommernacht von Glendalough nach Rathdrum. Es nieselte, wir hatten keine Lampen, und die Straße wurde von beiden Seiten von Bäumen beschattet, zwischen denen wir gerade noch den Horizont ausmachen konnten. Ich fuhr vorsichtig und langsam zehn bis 20 Meter voraus, wobei ich mich vom Horizont leiten ließ, als mein Rad zufällig über ein Stück Blech oder etwas Ähnliches fuhr, das auf der Straße lag und mithin ein lautes Geräusch verursachte. Sogleich war mein Freund zur Stelle und rief voller Besorgnis nach mir. Er hatte im Dämmerlicht gesehen, wie mein Gefährt umkippte und ich stürzte. Der Lärm hatte den Gedanken an die wahrscheinlichste Ursache für dieses Geräusch heraufbeschworen, und das führte im Geist zu einer visuellen Wahrnehmung, die schwach war, aber – weil sie nicht von Objekten überlagert wurde, die man gewöhnlich durch die Augen sieht – bei dieser Gelegenheit für einen deutlichen Seheindruck ausreichte.

In dem geschilderten Fall sah Dr. Stoneys Freund etwas, das nicht tatsächlich geschah. Wie Dr. Stoney es formuliert, schuf die Erwartung eine visuelle Wahrnehmung im Kopf, die dem Freund erschien, als habe er sie mit eigenen Augen gesehen. Um bei meiner Metapher zu bleiben: Das Gehirn von Dr. Stoneys Freund schuf eine plausible Erklärung für das, was geschehen war, und das war es, was der Freund als Realität sah.

Miss W.:

> Eines Abends zur Dämmerungszeit ging ich in mein Schlafzimmer, um etwas, das ich brauchte, vom Kaminsims zu holen. Durch ein Fenster drang gerade so viel Licht von einer Straßenlaterne ins Zimmer, dass ich

---

[19] George Johnstone Stoney (1826–1911) war ein bedeutender irischer Wissenschaftler, der den Begriff „Elektron" prägte.

die schwachen Umrisse der wichtigsten Möbelstücke erkennen konnte. Ich tastete vorsichtig nach dem, was ich suchte, als ich, während ich mich ein wenig umdrehte, nicht weit hinter mir die Gestalt einer kleinen alten Dame wahrnahm, die ruhig dasaß, die Hände, die ein weißes Taschentuch hielten, im Schoß gefaltet. Ich war völlig überrascht, denn ich hatte zuvor niemanden im Zimmer gesehen, und rief „Wer sind Sie?", erhielt aber keine Antwort, und als ich mich ganz umdrehte, um meiner Besucherin ins Gesicht zu sehen, verschwand sie …

Die meisten Berichte über Geister und unerwartete Besucher enden an dieser Stelle, aber Miss W. war aus anderem Holz geschnitzt.

Da ich sehr kurzsichtig bin, dachte ich, meine Augen hätten mir einen Streich gespielt; daher nahm ich möglichst genau dieselbe Haltung ein wie zuvor, sah über die Schulter, und – wer hätte das gedacht! – da saß die kleine Dame wieder, genauso deutlich wie zuvor, mit ihrer komischen kleinen Haube, ihrem dunklen Kleid, die Hände bescheiden über ihrem weißen Taschentuch gefaltet. Diesmal wandte ich mich rasch um und ging auf die Erscheinung zu. Und sie verschwand genauso plötzlich wie zuvor.

Also ließ sich der Effekt replizieren. Aber was war die Ursache?

Nun, da ich überzeugt war, dass mir niemand einen Streich spielte, war ich entschlossen, dem Geheimnis möglichst auf den Grund zu gehen. Nachdem ich meine alte Position am Kamin wieder eingenommen hatte und wieder die Gestalt sah, bewegte ich meinen Kopf langsam von der einen zur anderen Seite und stellte fest, dass die Gestalt dasselbe tat. Dann ging ich langsam rückwärts und hielt meinen Kopf still, bis ich den Platz wieder erreichte, und als ich mich entschlossen umdrehte, stieß ich auf des Rätsels Lösung.

Ein kleines, poliertes Mahagonischränkchen in der Nähe des Fensters, das ich als Aufbewahrungsort für Kleinigkeiten benutzte, bildete den Körper der Erscheinung, ein Stück Papier, das aus einer teilweise geöffneten Tür herabhing, diente als Taschentuch, ein Vase oben stellte Kopf und Kopfputz dar, und die schräg einfallenden Lichtstrahlen vervollständigten zusammen mit den weißen Vorhängen die Illusion. Ich zerstörte die Gestalt mehrfach und stellte sie wieder her und war überrascht, wie real sie erschien, wenn die relativen Positionen exakt eingehalten wurden.

Miss W.s Gehirn war fälschlicherweise zu dem Schluss gekommen, eine zufällige Anordnung von Gegenständen sei eine kleine alte Dame, die ruhig in einer Ecke sitzt. Miss W. ist davon nicht überzeugt. Aber es ist bemerkenswert, wie viel Mühe sie darauf verwenden muss, die Täuschung zu entlarven. Erstens bezweifelt sie, dass das, was sie sieht, real sein kann. Sie erwartet nicht, jemanden in ihrem Zimmer vorzufinden. Ihre Augen spielen ihr manchmal einen Streich. Zweitens experimentiert sie mit ihrer Wahrnehmung, indem sie sich die „alte Dame" aus verschiedenen Positionen im Zimmer anschaut. Wie leicht kann man sich von einer solchen Täuschung in die Irre führen lassen. Allzu häufig gibt es keine Möglichkeit, mit der eigenen Wahrnehmung zu experimentieren, und keinen Grund anzunehmen, dass die eigene Wahrnehmung falsch ist.

Edgar Allen Poe wird von einer Sphinx erschreckt

Ein außerordentlich warmer Tag ging zu Ende, als ich mit einem Buch in Händen am offenen Fenster saß, das hinter einem weiten Blick auf beide Flußufer einen fernen Hügel sehen ließ. ... Als ich die Blicke von den Seiten erhob, fielen sie auf die kahle Bergwand und auf ein Wesen – ein lebendiges Ungeheuer von entsetzlicher Gestalt, das eilig seinen Weg vom Gipfel zur Talsohle nahm ... Aus einer Vergleichung mit dem Umfang der großen Bäume, an denen das Ungetüm vorüberkam ... mußte ich schließen, daß es weit größer war als irgendein vorhandenes Linienschiff. ... Sein Maul befand sich am Ende eines sechzig bis siebzig Fuß langen Rüssels, der den Umfang eines normalen Elefanten hatte. An der Wurzel dieses Rüssels war ein wahrer Wald von schwarzem zottigen Haar – mehr als genügend für die Felle von ein paar Dutzend Büffeln, und aus diesem Haarwald sprangen seitlich und abwärts geneigt zwei schimmernde Stoßzähne vor, ähnlich denen des wilden Ebers, doch von ganz maßloser Größe. Gleichlaufend mit dem Rüssel und an dessen beiden Seiten streckte sich je ein riesiger, dreißig bis vierzig Fuß langer Schaft vor, der aus klarstem Kristall zu bestehen schien und ganz die Form eines Prismas hatte: – er gab eine prachtvolle Spiegelung der Strahlen der untergehenden Sonne. Der Rumpf war keilförmig, das dünne Ende am Erdboden. Aus dem Rumpf breiteten sich zwei Paar Flügel auf – jeder Flügel von fast hundert

Meter Länge – das eine Paar saß über dem andern, und alles war dicht mit metallenen Schuppen besetzt ... Ich beobachtete, daß das obere Schwingenpaar mit dem untern durch eine starke Kette verbunden war. Doch die größte Besonderheit dieses entsetzlichen Wesens war das Bild eines Totenkopfs, das fast seine ganze Brust bedeckte und sich von dem dunklen Hintergrund des Körpers so deutlich in schimmernder Weise abhob, als habe es ein Künstler sorgfältig gezeichnet. Während ich das fürchterliche Tier betrachtete ... sah ich, wie sich plötzlich die gewaltigen Kiefer am Ende des Rüssels auftaten, und es folgte ein so lautes und ausdrucksvolles Wehgeheul, daß es auf meine Nerven wie eine Totenglocke wirkte; und als das Ungeheuer am Fuße des Hügels verschwand, sank ich zugleich ohnmächtig zu Boden.

[Poes Gastgeber erklärt] »Zunächst laß mich dir eine ... Beschreibung der Gattung Sphinx vorlesen, aus der Familie der *Crepuscularia* und der Ordnung der *Lepidoptera* ...: ›... Die Totenkopf-Sphinx hat zuzeiten die Bevölkerung durch den schwermütigen Ton entsetzt, den sie ausstößt, wie auch durch das Symbol des Todes, das sie auf ihrem Bruststück trägt.‹«

Hier schloß mein Freund das Buch und beugte sich vor, genau in der Haltung, die ich innehatte, als ich das »Ungeheuer« erblickte. »Ah, da ist es!« rief er jetzt aus – »es steigt den Berghang hinauf, und ich gestehe, daß es ein sehr bemerkenswertes Wesen ist. Immerhin ist es keineswegs so groß oder so entfernt, wie du angenommen hast ... [so] finde ich, daß seine Länge höchstens etwa ein sechzehntel Zoll beträgt und daß auch die Entfernung von ihm zu meinem Augapfel ein sechzehntel Zoll ausmacht.«

Auszug aus „Die Sphinx", aus: *Edgar Allan Poes Werke*. Gesamtausgabe der Dichtungen und Erzählungen, Band 5: Phantastische Fahrten. Hrsg. v. T. Etzel. Berlin: Propyläen-Verlag, 1922.

In diesem Kapitel habe ich gezeigt, dass uns selbst ein normales, gesundes Gehirn nicht immer ein wahres Bild der Welt vermittelt. Da wir keine direkte Verbindung zur physischen Welt um uns herum besitzen, muss unser Gehirn auf der Basis der unbearbeiteten sensorischen Reize, die unsere Augen, Ohren und all die anderen Sinnesorgane wahrnehmen, Rückschlüsse über diese Welt ziehen. Diese Rückschlüsse können falsch sein.

Darüber hinaus gibt es eine Menge Dinge aller Art, die unser Gehirn weiß, die aber nie in unser Bewusstsein vordringen.

Es gibt jedoch einen Teil der physischen Welt, den wir überallhin mit uns herumtragen. Sicherlich haben wir doch direkten Zugang zum Zustand unseres eigenen Körpers? Oder ist das auch nur eine Illusion, die von unserem Gehirn hervorgerufen wird?

3

Was das Gehirn uns über den Körper erzählen kann

Privilegierter Zugang?

Mein Körper ist ein Objekt der physischen Welt. Aber im Gegensatz zu anderen Objekten habe ich eine besondere Beziehung zu meinem Körper. Vor allem ist mein Gehirn ein Teil meines Körpers. Aus verschiedenen Körperregionen ziehen sensorische Neuronen direkt ins Gehirn. Und umgekehrt ziehen Motoneuronen von meinem Gehirn zu all meinen Muskeln. Die Verbindungen könnten gar nicht direkter sein. Ich kontrolliere direkt und sofort, was mein Körper tut, und ich brauche keine Rückschlüsse zu ziehen, wenn ich etwas über seinen Zustand wissen will. Ich habe einen fast sofortigen Zugriff auf alle meine Körperteile, wann immer es nötig ist.

Warum verspüre ich dann jedes Mal einen gelinden Schock, wenn ich diese untersetzte, ältere Person im Spiegel sehe? Weiß ich doch nicht so viel über mich? Oder werden meine Erinnerungen ständig durch Eitelkeit verzerrt?

Wo ist die Grenze?

Mein erster Fehler besteht darin zu glauben, es gebe eine klare Trennung zwischen meinem Körper und dem Rest der physischen Welt.

Abb. 3.1 Der Autor, wie er erscheint.

Hier ein Partytrick[1], der von Matthew Botvinick und Jonathan Cohen erdacht wurde: Sie legen Ihren linken Arm auf den Tisch, ich verberge ihn hinter einem Schirm und lege einen Gummiarm so auf den Tisch, dass Sie ihn sehen können. Dann streiche ich mit zwei Pinseln gleichzeitig über Ihren Arm und den Gummiarm. Sie spüren die Berührung auf Ihrem eigenen Arm und sehen die Berührung des Gummiarms. Nach einigen Minuten verschwindet das Berührungsgefühl aus Ihrem Arm. Es ist jetzt im Gummiarm. Das Gefühl ist auf irgendeine Weise aus Ihrem Körper in einen ganz anderen Teil der physischen Welt umgezogen.

Dieser Streich, den uns unser Gehirn spielt, ist nicht nur ein Partyscherz. Im Schläfenlappen[2] von Tieraffen[3] (und vermutlich auch

[1] In diesem Fall wurde das Experiment wirklich zum ersten Mal auf einer Party ausprobiert.
[2] Die Lage des Schläfenlappens ist in Abbildung E.5 in der Einleitung zu sehen. Der Schläfenlappen kontrolliert Bewegungen wie Armausstrecken und Greifen.
[3] Lange Zeit wusste ich nicht genau, wie ich die Begriffe „Primaten", „Menschen-

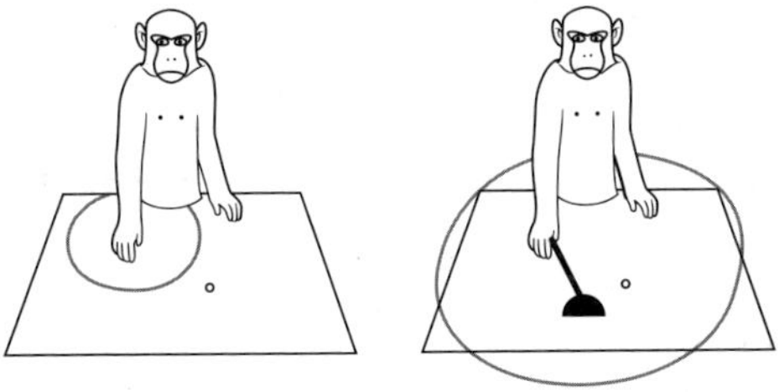

Abb. 3.2 Der Affe und der Rechen. Wenn der Affe etwas in Reichweite (innerhalb des Kreises) sieht, erhöht sich die Aktivität bestimmter Neuronen in seinem Schläfenlappen. Atsushi lehrte Affen, einen Rechen zu gebrauchen, um an Futterbrocken zu gelangen, die außerhalb ihrer Reichweite lagen. Wenn der Affe den Rechen benutzt, reagieren die Neuronen im Schläfenlappen, sobald der Affe Objekte in dem viel größeren Kreis sieht.

von Menschen) gibt es Neuronen, die aktiv werden, wenn der Affe ein Objekt in der Nähe seiner Hand sieht. Es spielt keine Rolle, wo sich die Hand gerade befindet. Die Neuronen werden aktiv, sobald irgendetwas der Hand nahe kommt. Vielleicht zeigen diese Neuronen die Präsenz eines Objektes an, das der Affe erreichen kann. Aber wenn man einem Affen einen Rechen gibt, mit dem er seine Reichweite vergrößern kann, dann beginnen dieselben Neuronen schon kurze Zeit später zu feuern, sobald der Affe etwas in der Nähe des Rechenendes bemerkt.[4] Soweit es diese Hirnregion betrifft, ist der Rechen zu einer Verlängerung des Affenarms geworden. Und so fühlen sich Werkzeuge für uns an. Nach ein wenig Übung haben wir das Gefühl, dass wir das Werkzeug ebenso direkt kontrollieren wie

affen" und „Tieraffen" einordnen sollte. „Primat" ist die Oberkategorie. Wir sind Primaten. Schimpansen sind Primaten. Tieraffen sind Primaten. Lemuren und Loris sind Primaten. Menschenaffen stellen eine Unterkategorie dar, zu der Gibbons, Schimpansen, Menschen usw. gehören, und Tieraffen eine weitere, die Krallenäffchen, Makaken, Paviane usw. umfasst.

[4] Lange nahm man an, dass Tieraffen anders als Schimpansen keine Werkzeuge benutzen. Im Jahr 1996 zeigte Atsushi Iriki, dass man Tieraffen beibringen konnte, einen Rechen zu benutzen, um an Futter zu gelangen.

eines unserer Körperteile. Das gilt für kleine Gegenstände wie eine Gabel und große wie ein Auto gleichermaßen.

Wenn wir Werkzeuge gebrauchen, erstreckt sich unser Körper also weiter in die Außenwelt hinein. Aber gibt es da nicht dennoch einen wichtigen Unterschied? Diese Teile der Außenwelt stehen nicht in direkter Verbindung mit unserem Gehirn. Ich kann nicht direkt spüren, wenn etwas den Rechen berührt, den ich in der Hand halte. Wegen der Sinnesorgane in meinen Muskeln und Gelenken kann ich direkt fühlen, wo sich mein Arm befindet. Aber obgleich wir diese Sinnesorgane in unseren Gliedmaßen haben, gibt es Situationen, wo mein Arm oder mein Finger ebenso gut ein Stück Holz sein könnte, wenn man bedenkt, wie wenig ich darüber weiß, was der eine oder der andere gerade tut.

Wir wissen nicht, was wir gerade tun

Als Ende der 1960er-Jahre Minicomputer aufkamen, veränderte sich die Psychologie dramatisch.[5] Von da an war der Computer gewöhnlich alles, was man an Apparaturen brauchte. Um ein neues Experiment durchzuführen, musste man einfach ein anderes Computerprogramm schreiben. Damals untersuchte ich gerade, wie Menschen lernen, Handbewegungen auszuführen, die eine gewisse Geschicklichkeit erfordern. Vor dem Aufkommen von Computern benutzte ich einen speziellen Apparat, der aus einem Grammophon-Plattenteller hergestellt worden war. Die Versuchspersonen hielten einen Metallstab in der Hand und versuchten, ihn mit einem am Rand des Plattentellers aufgeklebten Metallpunkt in Kontakt zu halten. Das ist ziemlich schwierig, wenn sich der Teller mit 60 Umdrehungen pro Minute dreht. Alles, was ich messen konnte, war, ob die Person mit dem Zielpunkt in Kontakt war oder nicht. Nach dem

[5] Als ich 1975 zum Medical Research Council kam, erhielt ich für meine Forschung einen PDP-11-Computer, der so groß war wie ein sehr großer Aktenschrank, dasselbe kostete wie ein kleines Haus und einen Speicherplatz von 16 K hatte.

Aufkommen von Computern war das Ziel eine Box, die sich auf dem Computerschirm bewegte. Die Versuchspersonen folgten dem Ziel, indem sie einen Joystick bewegten, der die Position eines Zeigers auf dem Schirm bestimmte. Ich konnte alle paar Millisekunden die genaue Position der Hand bestimmen.

Und wissen die Leute, wo sich ihre Hand gerade befindet? Ich hätte diese Frage stellen können, doch das Experiment wurde tatsächlich viele Jahre später von Pierre Fourneret in Marc Jeannerods Labor in Lyon durchgeführt. Die Versuchspersonen wurden aufgefordert, eine senkrechte Linie auf den Computerschirm zu zeichnen, indem sie ihre Hand vorwärts bewegten. Aber sie konnten ihre Hand nicht sehen, nur die Linie, die sie auf den Computerschirm zeichneten. Der geniale Teil des Experiments bestand in den Verzerrungen, die vom Computer produziert werden konnten.[6] Manchmal führte eine Bewegung der Hand direkt nach vorn nicht zu einer senkrechten Linie auf dem Schirm, sondern zu einer Linie, die seitlich abwich. Wenn so etwas passiert, ist es sehr einfach, die eigenen Handbewegungen zu korrigieren (indem man nach der anderen Seite abweicht), so dass man noch immer eine senkrechte Linie auf den Schirm zeichnet. Das ist tatsächlich so einfach, dass man diese automatische Korrekturbewegung gar nicht bemerkt, es sei denn, die Abweichung ist sehr groß.

Trotz der direkten Verbindung zwischen Hand und Gehirn weiß man also nicht genau, was die Hand gerade tut. Was sagt uns dieses Ergebnis über die Grenze, an der mein Körper endet und die Außenwelt beginnt? Konventionell gesprochen, endet mein Körper dort, wo meine Hand den Joystick berührt. Aber was mein Kontrollgefühl angeht, liegt die Grenze offenbar außerhalb meines Körpers und endet an dem Zeiger, den ich über den Bildschirm bewege. Der Joystick, der Computer und der Zeiger sind für mich das geworden,

[6] Tatsächlich wurde dieses Experiment 1965 erstmals von dem dänischen Psychologen T. I. Nielsen durchgeführt. Er hatte keinen Computer und baute daher eine Spezialbox mit einem Innenspiegel. Die Hand, die die Versuchspersonen im Spiegel sahen, war nicht ihre eigene Hand, sondern die eines Helfers. Um die Täuschung zu verstärken, trugen Versuchsperson wie Helfer weiße Handschuhe.

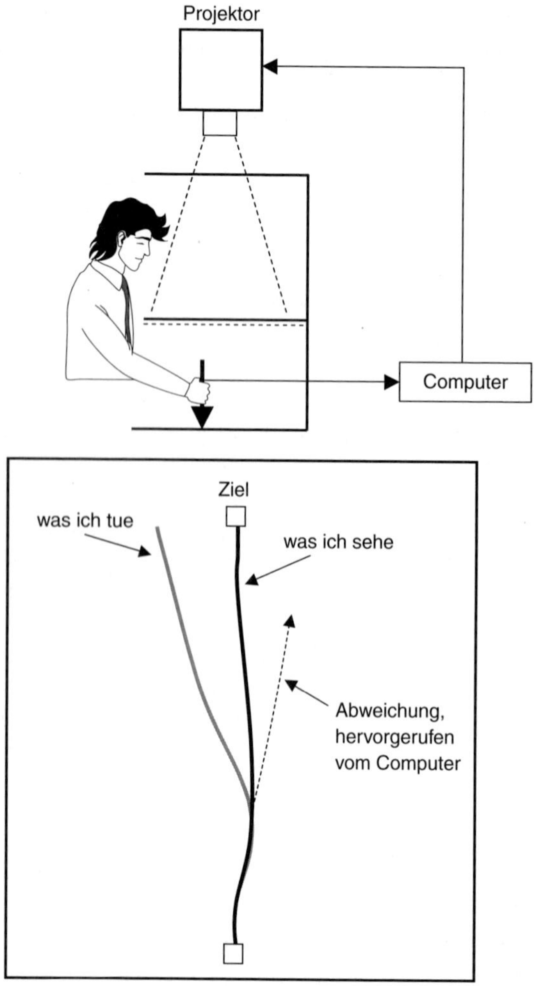

Abb. 3.3 Wir sind uns dessen, was wir tun, nicht bewusst. Ich kann meine Hand nicht sehen, nur den Cursor auf dem Bildschirm. Ich bin mir nicht bewusst, dass ich meine Hand tatsächlich nach links bewege, um den Cursor gerade über den Schirm zu führen.

was der Rechen für den Affen war. Und was das Sich-des-eigenen-Handelns-bewusst-sein angeht, liegt die Grenze offenbar in meinem Körper und endet an dem Punkt, wo ich die Absicht habe, eine senkrechte Linie zu zeichnen. Mein Arm und meine Hand führen dann diese Absicht aus, als seien sie zu einem Werkzeug in der Außenwelt geworden.[7]

Wie viel weiß ich daher wirklich über das, was mein Körper tut?

Wer hat die Kontrolle?

Das meiste von dem, was Wissenschaftler tun, ist außerhalb eines sehr kleinen Kreises von Kollegen kaum von Interesse. Das gilt für Physiker ebenso wie für Psychologen. Es heißt, dass die allermeisten experimentellen wissenschaftlichen Artikel von weniger als zehn anderen Personen gelesen werden. Viele Artikel werden überhaupt nicht gelesen. Gelegentlich ist ein Ergebnis jedoch derart verblüffend, dass es auch außerhalb der Wissenschaft intensiv diskutiert wird. Ein solches Ergebnis wurde 1983 von Benjamin Libet und seinen Kollegen veröffentlicht. Das Experiment ist denkbar einfach. Alles, was die Versuchsperson in diesem Experiment zu tun hatte, war, einen Finger zu heben, wenn sie „den Wunsch dazu verspürte". Gleichzeitig wurde die elektrische Gehirnaktivität mittels eines EEG-Geräts gemessen. Es war bereits wohlbekannt, dass sich diese Aktivität kurz vor einer Spontanbewegung wie dem Heben eines Fingers in charakteristischer Weise verändert. Diese Aktivitätsveränderung (das sogenannte Bereitschaftspotenzial) ist sehr klein, aber nachweisbar, wenn man Messungen vieler Bewegungen kombiniert. Die Veränderung der Gehirnaktivität lässt sich bis zu einer Sekunde *vor* Heben des Fingers nachweisen. Das Neue an Libets Studie war, dass er die Versuchspersonen fragte, *wann* sie „den Wunsch verspürten", den Finger zu heben (Handlungswunsch). Sie taten dies, indem sie sich den „Zeitpunkt" ihres Handlungswunsches merkten, den sie

[7] Ein sehr intelligentes Werkzeug kann seine Funktion je nach Bedarf ändern.

auf einer speziellen Uhr ablesen konnten.[8] Der Wunsch, den Finger zu heben, trat rund 200 Millisekunden *vor* dem Zeitpunkt auf, an dem der Finger tatsächlich gehoben wurde. Das Schlüsselergebnis, das so viel Aufmerksamkeit hervorrief, war jedoch, dass die charakteristische Veränderung der Gehirnaktivität, das Bereitschaftspotenzial, rund 500 Millisekunden vor dem tatsächlichen Heben des Fingers auftrat. Die Gehirnaktivität, die anzeigte, dass die Versuchsperson ansetzte, den Finger zu heben, trat rund 300 Millisekunden vor dem Zeitpunkt auf, an der die Versuchsperson angab, den Wunsch zu verspüren, den Finger zu heben.

Implizit besagen diese Beobachtungen, dass ich durch Messen Ihrer Gehirnaktivität voraussagen kann, dass Sie gleich den Wunsch verspüren werden, Ihren Finger zu heben, und zwar noch bevor Sie es selbst wissen. Dieses Ergebnis hatte außerhalb der Psychologie eine derartig tief greifende Wirkung, weil es offenbar zeigt, dass selbst unsere einfachsten Willkürbewegungen prädeterminiert sind. Wir meinen eine Wahl zu treffen, wenn unser Gehirn tatsächlich längst entschieden hat. Unser Gefühl, eine Wahl zu treffen, ist daher eine Illusion. Und falls wir dazu verleitet werden anzunehmen, wir träfen eine Wahl, dann werden wir auch dazu verleitet anzunehmen, wir hätten einen freien Willen.

Aber zeigt dieses Experiment tatsächlich, dass wir keinen freien Willen haben? Ein Problem ist, dass die Möglichkeiten, zwischen denen es hier zu wählen gilt, sehr trivial sind. Es ist nicht wichtig, was man wählt. In Libets ursprünglichem Experiment ging es nur um den Zeitpunkt des Fingerhebens. In anderen Experimenten haben die Versuchspersonen unter Umständen mehr Wahlmöglichkeiten und können zwischen dem linken und dem rechten Finger wählen. Aber dieser experimentelle Ansatz wurde gerade deshalb gewählt, weil er so trivial ist. Bei solchen Handlungen können wir den Prozess des Wählens untersuchen, ohne dass sozialer Druck

[8] Pedantische Psychologen haben viele Einwände gegen diese Methode zur Messung des Zeitpunktes erhoben, an dem der Handlungswunsch auftritt. Patrick Haggard hat das Libet-Experiment jedoch kürzlich wiederholt und dabei verschiedene Methoden zur Messung des Zeitpunktes des Handlungswunsches eingesetzt und Libets Ergebnisse bestätigt.

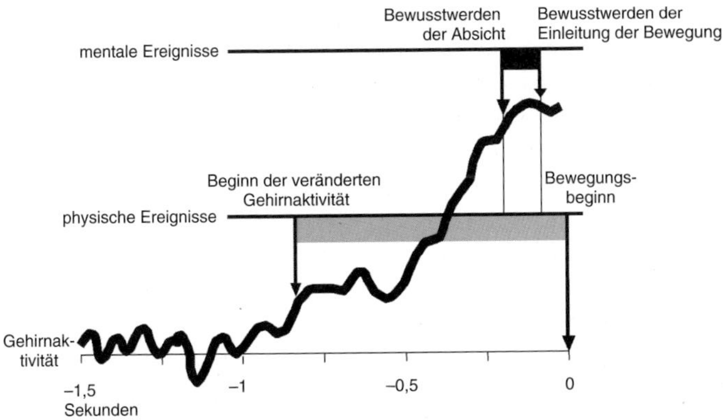

Abb. 3.4 Bei Bewegungsabläufen treten mentale Ereignisse nicht zur selben Zeit ein wie physische Ereignisse. Die Gehirnaktivität, die mit einer Bewegung verknüpft ist, setzt ein, bevor wir uns unserer Bewegungsabsicht bewusst sind, doch die Bewegung setzt erst ein, nachdem wir uns bewusst sind, die Bewegung eingeleitet zu haben. Absicht und Einleitung liegen – zeitlich gesehen – mental enger zusammen als physisch (siehe Kapitel 6).

oder moralische Werte eine störende Rolle spielen. Die Trivialität der Handlung ändert nichts an der Tatsache, dass die Versuchsperson, die an dem Experiment teilnimmt, für sich entscheiden muss, wann genau sie den Finger hebt.

Daher ist Libets Resultat noch immer gültig. In dem Augenblick, in dem wir denken, wir würden uns für eine bestimmte Handlung entscheiden, hat unser Gehirn bereits seine Wahl getroffen. Aber das heißt nicht, dass die Handlung nicht frei gewählt worden ist. Es heißt einfach nur, dass wir uns nicht *bewusst* sind, diese Wahl zu einem früheren Zeitpunkt getroffen zu haben. Wie wir in Kapitel 6 noch sehen werden, weist unser Erleben des Zeitpunktes, zu dem Handlungen stattfinden, keine feste Beziehung zu dem auf, was in der physischen Welt passiert.

Diese unbewussten Entscheidungen ähneln Helmholtz unbewussten Schlussfolgerungen. Wir nehmen das Objekt vor unseren Augen nicht wahr, bevor unser Gehirn unbewusste Schlussfolgerungen gezogen hat, um was es sich bei diesem Objekt handeln könnte. Wir sind uns der Handlung, die wir gleich durchführen werden, nicht bewusst, bis das Gehirn eine unbewusste Entscheidung getroffen hat, wie diese Handlung aussehen sollte. Aber diese Handlung ist durch eine Wahl bestimmt, die wir zuvor frei und willentlich getroffen haben. So haben die Versuchspersonen zugestimmt, sich an dem Experiment zu beteiligen. Wir wissen vielleicht nicht genau, welche Handlung wir in jedem Moment durchführen werden. Aber wir haben bereits einen kleinen Satz Handlungen ausgesucht, aus dem diese spezielle Handlung ausgewählt werden wird.

Mein Gehirn kann problemlos ohne mich auskommen

In Libets Experiment hat es den Anschein, als hinkten wir dem, was unser Gehirn tut, hinterher. In anderen Experimenten kontrolliert unser Gehirn unsere Handlungen, und wir merken noch nicht einmal etwas davon. Das gilt zum Beispiel für die „Doppelschritt"-Aufgabe, die in Lyon entwickelt wurde. Die Aufgabe besteht darin, nach einem Ziel Ausschau zu halten, das ein vertikaler Stab ist. Sobald der Stab erscheint, soll die Versuchsperson danach greifen und ihn packen. Es ist leicht, nach etwas zu greifen und es zu packen, und es geht sehr rasch. In diesem Experiment besteht der Trick darin, dass der Experimentator das Ziel manchmal in eine neue Lage manövriert, sobald die Versuchsperson die Greifbewegung in Gang gesetzt hat. Daran kann sich die Versuchsperson leicht anpassen und das Zielobjekt in seiner neuen Position ergreifen. Oftmals merkt sie nicht einmal, dass sich das Ziel bewegt hat. Ihr Gehirn nimmt diese Bewegung jedoch wahr. Die Hand der Versuchsperson bewegt sich auf die erste Position des Zielobjekts zu, und dann, rund 150 Millisekunden, nachdem sich die Zielposition geändert hat, verändert sich auch die Handbewegung der Versuchsperson, um das Zielobjekt in seiner neuen Position zu ergreifen. Also hat das Gehirn der Versuchsperson registriert, dass sich das Ziel bewegt hat und verändert daraufhin die Greifbewegung der Hand, um sie auf die neue Zielposition auszurichten. Und all das kann geschehen, ohne dass die Versuchsperson irgendetwas davon bemerkt. Sie bemerkt weder die Veränderung der Zielposition noch die Veränderung der Handbewegung, sondern hat den Eindruck, das Ziel habe sich nur ein einziges Mal bewegt.[9]

In diesem Fall kann das Gehirn geeignete Handlungen einleiten, obwohl man gar nicht weiß, dass solche Handlungen überhaupt nötig sind. In anderen Fällen kann das Gehirn geeignete Handlungen einleiten, obgleich diese Handlungen nicht denen entsprechen, die man meint durchführen zu müssen.

In diesem Experiment sitzt die Versuchsperson im Dunkeln. Der Experimentator zeigt ihr (kurz) einen Zielpunkt in einem Rahmen. Direkt anschließend zeigt er ihr (kurz) nochmals das Ziel im Rahmen. Das Ziel befindet sich noch immer am selben Fleck, doch diesmal ist der Rahmen nach rechts gewandert. Wird die Versuchsperson aufgefordert zu beschreiben, was passiert ist, antwortet sie: „Das Ziel ist nach links gewandert." Das ist eine typische optische Täuschung, bei der die Sehrinde irrigerweise zu dem Schluss gekommen ist, der Rahmen sei an Ort und Stelle geblieben, daher müsse sich das Ziel bewegt haben.[10] Wird die Versuchsperson jedoch aufgefordert zu *zeigen*, wo sie den Zielpunkt vermutet, berührt sie die korrekte Stelle auf dem Schirm – diese Zeigebewegung wird von der Bewegung des Rahmens nicht beeinflusst. Die Hand der Versuchsperson „weiß" also, dass sich das Ziel nicht bewegt hat, obgleich die Versuchsperson meint, es habe sich bewegt.

Diese Beobachtungen zeigen, dass unser Körper sehr gut mit der Welt interagieren kann, obgleich wir nicht wissen, was unser Körper tut, und dies selbst dann, wenn das, was wir über die Welt zu wissen meinen, falsch ist. Unser Gehirn mag direkt mit unserem Körper

[9] Dieser Effekt ist noch deutlicher, wenn man das Ziel mit den Augen statt mit der Hand verfolgt.
[10] Diese Täuschung wurde ursprünglich 1935 von Roelofs beschrieben.

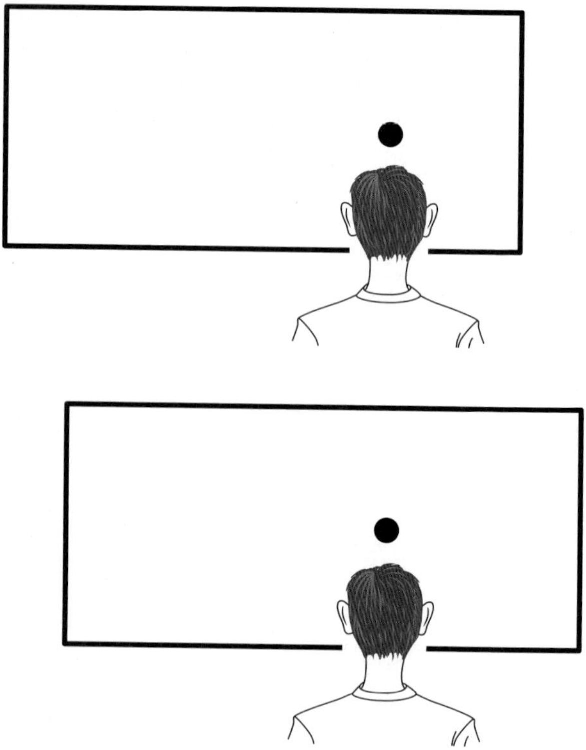

Abb. 3.5 Der Roelofs-Effekt. Wenn sich der Rahmen nach rechts bewegt, hat der Beobachter den Eindruck, der schwarze Punkt bewege sich nach links, obgleich er an Ort und Stelle geblieben ist. Wenn der Beobachter jedoch die Hand ausstreckt, um die erinnerte Position des Flecks zu berühren, macht er diesen Fehler nicht.

verknüpft ein, aber das Wissen, dass unser Gehirn uns über den Zustand unseres Körpers vermittelt, ist offenbar ebenso indirekt wie das Wissen, das es uns über die Außenwelt vermittelt. Unser Gehirn sagt uns nicht, wenn sich unser Körper anders bewegt, als wir beabsichtigt haben. Unser Gehirn kann uns dazu verleiten anzunehmen, dass sich unser Körper an einem anderen Ort befindet, als das tatsächlich der Fall. Und dies sind alles Beispiele eines normalen Gehirns, das mit einem normalen Körper interagiert. Wirklich schöpferisch wird das Gehirn erst, wenn die Dinge so richtig schief laufen.

Phantome im Gehirn

Wenn Sie das Pech hatten, dass einer Ihrer Arme amputiert werden musste, ist es sehr wahrscheinlich, dass Sie das Gefühl entwickeln, einen Phantomarm zu haben. Sie können Ihren Phantomarm an einem bestimmten Ort im Raum spüren. In manchen Fällen können Sie Ihre Phantomhand und Ihre Phantomfinger bewegen. Und dennoch können Sie sehen, dass Sie keinen Arm haben, und die Sinnesorgane in Ihrem Arm existieren nicht mehr. Also sind diese Phantome eine Schöpfung Ihres Gehirns. Mit der Zeit kann sich Ihr Phantomarm auflösen, so dass Sie eine Hand spüren, aber keinen Unterarm. Sie verlieren vielleicht die Fähigkeit, den Arm zu bewegen. Am schlimmsten ist, dass Sie unter Umständen starke Schmerzen in Ihrem Phantomarm verspüren. Manchmal scheint dieser Schmerz daher zu rühren, dass Ihre Phantomhand eine sehr unangenehme Haltung aufweist, die Sie nicht verändern können. Solche Schmerzen sind sehr schwierig zu behandeln.

Bis in die 1980er-Jahre lernten Neuropsychologen, dass unser Gehirn nach Erreichen des 16. Lebensjahrs ausgereift ist und es zu keinem Neuwachstum von Hirngewebe kommt. Wenn die Nervenfasern, die die Neuronen miteinander verbinden, geschädigt waren, dann würden diese Neuronen auf Dauer getrennt bleiben. Wenn ein Neuron verloren geht, wird es nicht wieder ersetzt, so die Lehrmeinung. Inzwischen wissen wir, dass das nicht stimmt. Unser Gehirn ist sehr plastisch, besonders in jungen Jahren, und bleibt es unser ganzes Leben lang. Ständig werden in Antwort auf unsere sich wandelnde Umwelt neue Verbindungen geknüpft und wieder gelöst.[11]

Muskeln bilden sich zurück, wenn sie nicht gebraucht werden, aber unser Gehirn reagiert anders, wenn Teile nicht genutzt wer-

Abb. 3.6 Eine Phantomhand. Nach Amputation einer Extremität entwickelt sich oft eine Phantomextremität. Im Lauf der Zeit kann dieses Phantom schrumpfen und sich verändern. Alexa North und Peter Halligan manipulierten Fotos, um dem Betrachter einen Eindruck zu vermitteln, wie sich eine Phantomextremität „anfühlt". In diesem Fall bleibt das Empfinden für die Hand erhalten, während der Unterarm verschwunden ist.

[11] Bei Singvögeln wächst die Region des Gehirns, die fürs Singen gebraucht wird, in der Paarungszeit, wenn die Männchen singen, und schrumpft dann wieder. In dieser Zeit werden nicht nur neue Verbindungen geknüpft, sondern es entwickeln sich auch neue Neuronen, die nach der Paarungszeit wieder verschwinden.

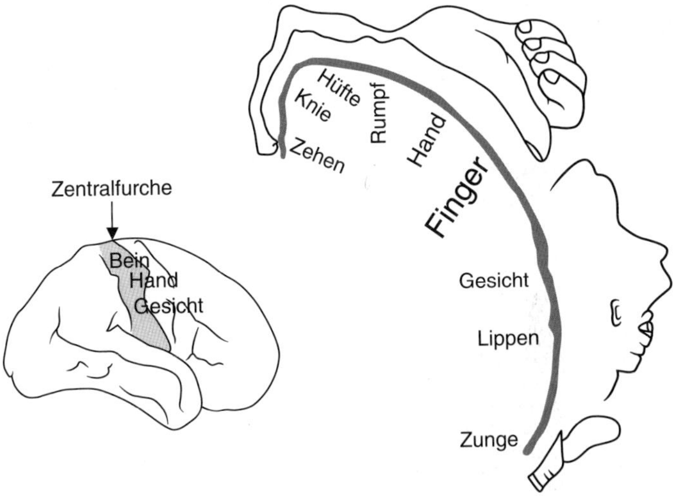

Abb. 3.7 Der sensorische Homunculus im Gehirn. Direkt hinter der Zentralfurche liegt ein Cortexstreifen, der eine „Karte" verschiedener Körperteile enthält. Die linke Körperhälfte liegt auf der rechten Seite des Gehirns und umgekehrt. Wenn Ihr Bein berührt wird, zeigt sich Aktivität ziemlich weit oben am Streifen, während eine Berührung des Gesichts weiter unten gelegene Regionen aktiviert. Die Ausdehnung der Cortexfläche, die den verschiedenen Körperregionen zugeordnet ist, hängt von ihrer Empfindlichkeit ab; daher sind Lippen und Fingern große Flächen gewidmet. Gesicht und Hände liegen auf dieser Karte nahe beieinander.

den. Wenn ein Arm amputiert wird, dann wird ein kleiner Teil des Gehirns nicht länger von den Sinnesorganen dieses Arms aktiviert. Aber diese Neuronen sterben nicht ab. Sie werden „umgewidmet" und übernehmen eine neuen Aufgabe. Direkt neben dieser Hirnregion liegt die Region, die von den Sinnesorganen des Gesichts aktiviert wird.

Wenn das Handareal nicht länger benutzt wird, kann es vom Gesicht übernommen werden. Dann ruft eine Berührung des Gesichts nicht nur dort ein Berührungsgefühl hervor, sondern auch die Phan-

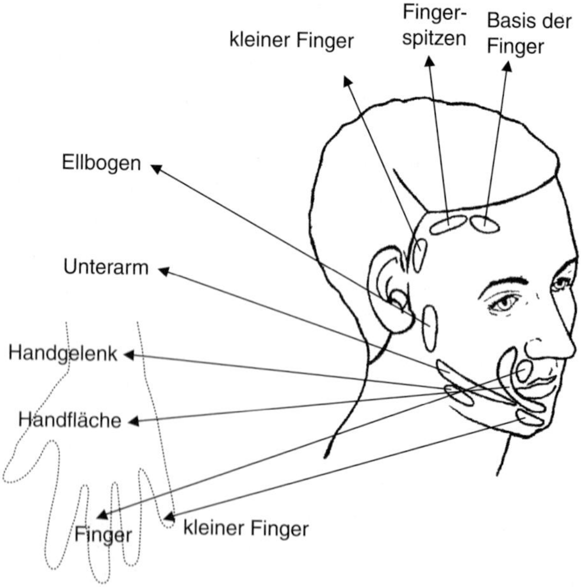

Abb 3.8 Eine Phantomhand im Gesicht. Nach Amputation ihrer rechten Hand entwickelte D. M. eine Phantomhand. Wenn die rechte Seite ihres Gesichts mit einem Wattestäbchen berührt wurde, fühlte sie diese Berührung nicht nur im Gesicht, sondern sie empfand auch ein deutliches Kribbeln an bestimmten Punkten ihrer Phantomhand. Zwischen der Stelle im Gesicht, die stimuliert wird, und der Stelle der Phantomhand, wo sie das Kribbeln spürt, besteht eine feste räumliche Beziehung.

tomhand „spürt" eine Berührung.[12] Peter Halligan und seine Kollegen untersuchten diesen Effekt systematisch bei einer Patientin mit Phantomhand. Halligan berührte jede Region ihres Gesichts und forderte sie auf, genau zu beschreiben, wo an ihrer Phantomhand sie

[12] Dieses Phänomen wurde erstmals von V. S. Ramachandran und seinen Kollegen beschrieben.

die Berührung spürte. Auf diese Weise konnte er eine Karte erstellen, die die Beziehung zwischen Gesicht und Phantomhand zeigte. Obgleich diese Neuronen nun auf Berührungen im Gesicht reagierten, hatte die Patientin immer noch das Gefühl, an einer Hand berührt zu werden, die nicht mehr da war.

Die meisten Phantomgliedmaßen treten auf, weil eine Extremität amputiert wurde. In einem solchen Fall ist das Gehirn des Betroffenen, die dieses Phänomen erlebt, nicht geschädigt. Aber Phantomgliedmaßen können auch nach Hirnschädigungen auftreten. Die Finnin E. P. kam mit starken Kopfschmerzen und Lähmungserscheinungen auf der linken Körperseite ins Krankenhaus. Hervorgerufen wurden diese Symptome von einem Blutgerinnsel im Stirnbereich, und das geplatzte Gefäß wurde operativ wiederhergestellt. Zurück blieb jedoch eine dauerhafte Läsion in einer kleinen Region des Stirnlappens, die für die Bewegungskontrolle eine Rolle spielt. Ich traf E. P. mehrere Jahre nach ihrer Operation. Sie war wieder völlig genesen, wenn man von einer sehr ungewöhnlichen Geschichte absieht. Sie hat nämlich häufig das Gefühl, an der linken Körperseite einen zusätzlichen „Geisterarm“ zu haben. Dieser Phantomarm taucht an derselben Stelle auf, die ihr richtiger linker Arm kurz zuvor eingenommen hat. Dann hat sie das Gefühl, drei Arme zu besitzen. Wenn E. P. ihren echten linken Arm anschaut, verschwindet der Phantomarm. E. P. weiß, dass sie keine drei Arme hat und dass diese seltsame Erfahrung auf eine Schädigung in ihrem Gehirn zurückgeht. Sie empfindet den zusätzlichen Arm jedoch so deutlich, dass sie manchmal Angst hat, Leute beim Einkaufen anzurempeln, weil sie das Gefühl hat, mit jeder ihrer drei Hände eine große Einkaufstüte zu tragen.

Ich traf E. P. auf ihrem Flug von Helsinki nach London. Im Functional Imaging Laboratory in Bloomsbury wollte Dave McGonigle ihr Gehirn scannen, um herauszufinden, welche Region aktiviert wurde, wenn sie einen dritten Arm spürte. Ich traf die beiden, und wir alle hatten einen sehr aufregenden Samstag in McGonigles Labor, was sich in den wenigen Seiten des Artikels, den wir an-

Abb. 3.9 Die Frau mit den drei Armen. Nach einer Schädigung ihres Stirnlappens hat E. P. manchmal das Gefühl, einen zusätzlichen linken Arm (und ein weiteres linkes Bein) zu besitzen. Hier hat sie gezeichnet, wie sie sich fühlt, wenn sie einkaufen geht.

schließend schrieben, nicht widerspiegelt.[13] E. P. wollte sich gerade in den Scanner legen, als wir entdeckten, dass sie eine Klammer im Gehirn trug, die bei der Operation eingesetzt worden war, um ihr geschädigtes Blutgefäß zu reparieren. Wegen des starken Magnetfelds ist es gefährlich, Leute zu scannen, die Metallstücke im Gehirn haben.[14] Woraus bestand die Klammer? Während E. P. ein paar Ein-

[13] Das Verfassen eines wissenschaftlichen Artikels erinnert an das Schreiben von Gedichten in einer alten Versform. Alles, was man sagen möchte, muss in vorgegebene Abschnitte gezwängt werden: Einleitung, Material und Methoden, Ergebnisse, Diskussion. Man darf niemals „ich" sagen, und das Passiv wird bevorzugt. Zwangsläufig bleiben dabei alle wirklich interessanten Sachen auf der Strecke.

[14] Gleiches gilt für Leute mit Tätowierungen und permanentem Eyeliner (die dafür verwendeten Farben können metallische Bestandteile enthalten).

käufe in der Oxford Street machte, versuchten wir, den Chirurgen zu finden, der die Operation durchgeführt hatte. Durch geschickten Handyeinsatz gelang es uns schließlich, ihn auf irgendeinem Golfplatz in Finnland aufzutreiben. Die Klammer bestand aus Titan, einem nichtmagnetischen Metall, daher bestand keine Gefahr. Und das Ergebnis des Experiments? E. P. hatte immer dann das Gefühl, einen dritten Arm zu haben, wenn es zu einer Aktivitätserhöhung in einer kleinen Region in der Mitte ihres Gehirns kam.[15] Aber das ist keine Region, die damit beschäftigt ist, sensorische Empfindungen zu nutzen, um die Position des Körpers im Raum *zu erfassen.* Diese Region hat die Aufgabe, Befehle auszuschicken, die die Position des Körpers im Raum *kontrollieren.* Das ist ein wichtiger Hinweis, um zu verstehen, wie unser schöpferisches Gehirn uns etwas über unseren Körper erzählt.

Mit mir ist alles in bester Ordnung

E. P. ist eine sehr ungewöhnliche Frau, weil sie sich der Tatsache völlig bewusst ist, dass ihre seltsamen Körpererfahrungen nicht real sind und von einer kleinen Läsion in ihrem Gehirn herrühren. Ein ganz anderes Phänomen findet man bei Menschen mit einer Schädigung im hinteren Hirnbereich, gewöhnlich auf der rechten Seite, viel häufiger. Der linke Arm dieser Patienten ist oft gelähmt und unempfindlich für Berührung. Diese Menschen sind sich der Lähmung jedoch offenbar nicht bewusst und streiten ab, dass irgendetwas mit ihnen nicht stimmt (Anosognosie). V. S. Ramachandran hat viele dieser Menschen interviewt. Seine Berichte lassen die bemerkenswerte Diskrepanz zwischen dem erkennen, was diese Menschen glauben, und dem, wozu sie körperlich tatsächlich in der Lage sind.

Die linke Seite von Mrs. F. D.s Körper ist infolge eines Schlaganfalls vollständig gelähmt.

[15] Wenn Sie's genau wissen wollen, die Stelle lag in der rechten medialen Wand im supplementären motorischen Areal.

V. S. R.: Mrs F. D., können Sie laufen?
F. D.: Ja.
V. S. R.: Können Sie Ihre Hände bewegen?
F. D.: Ja.
V. S. R.: Sind beide Hände gleich stark?
F. D.: Ja, natürlich sind sie das.

Einige Patienten bemerken offenbar, dass sie einen Arm nicht benutzen, und müssen begründen, warum.

V. S. R.: Mrs. L. R., warum benutzen Sie Ihren linken Arm nicht?
L. R.: Herr Doktor, die Medizinstudenten haben mich den ganzen Tag herumgeschubst, und ich bin's leid. Ich will meinen linken Arm nicht benutzen.

Besonders verwunderlich ist es, wenn Patienten meinen, ihren gelähmten Arm bewegt zu haben, obgleich gar keine Bewegung stattgefunden hat.

V. S. R.: Können Sie in die Hände klatschen?
F. D.: Natürlich kann ich das.
V. S. R.: Würden Sie einmal für mich in die Hände klatschen?
Sie macht Klatschbewegungen mit ihrer rechten Hand, als gebe es eine imaginäre Hand nahe der Mittellinie.
V. S. R.: Klatschen Sie gerade in die Hände?
F. D.: Ja, das tue ich.

Mrs. F. D.s Gehirn hat ihr offenbar den Eindruck vermittelt, sie bewege ihren linken Arm, obgleich eine solche Bewegung gar nicht stattgefunden hatte.

Wer handelt?

Bei diesen Menschen ist nicht nur das Wissen um die Position ihrer Körperteile im Raum falsch. Ihr Wissen darüber, ob sie auf die Welt einwirken oder nicht, ist ebenfalls falsch. Sie glauben, sie wirkten auf die Welt ein, wenn sie in Wirklichkeit gar nichts tun. Aber stellen Sie sich vor, wie alarmierend es wäre, wenn Sie ruhig dasäßen und plötzlich eine Ihrer Hände begänne, eigenständig zu handeln. Das kommt bei Menschen mit Hirnschädigungen manchmal vor. Diese eigenwillige Hand wird als „anarchisch" bezeichnet. Die anarchische Hand greift nach Türklinken oder nimmt einen Stift und beginnt zu kritzeln. Menschen mit diesem Syndrom sind bestürzt über das Tun ihrer Hand: „Sie will mir nicht gehorchen." Oft versuchen sie zu verhindern, dass sich ihre Hand bewegt, indem sie diese mit der anderen Hand festhalten. In einem Fall griff die Hand der Frau beharrlich nach jedem nahen Gegenstand, zog an der Kleidung der Frau und packte sie im Schlaf sogar an der Kehle. Sie schlief mit festgebundenem Arm, um solche nächtlichen Attacken zu verhindern.

„Aber diese Menschen haben einen Hirnschaden", meint die Englischprofessorin. „Ich habe keine solchen Probleme mit meinem Körper. Ich bin vielleicht ungeschickt, aber ich weiß, was ich zu tun versuche. Und ich weiß, wann ich es tue."

„Ich weiß, dass es sich so anfühlt", antworte ich. „Aber es ist eine Illusion."

Daniel Wegners These zufolge haben wir kein direktes Wissen, dass wir der Urheber unserer Handlungen sind.[16] Alles, was wir *wissen*, ist, dass wir die Absicht haben zu handeln und die beabsichtigte Handlung ein wenig später stattfindet. Daraus *schließen* wir, dass unsere Absicht die Handlung verursacht hat. Aber Wegner blieb nicht bei dieser Vermutung stehen, sondern führte einige Experimente durch, um seine Idee zu testen. Dabei machte er folgende Voraussage: Wenn es zu einer Handlung kommt, nachdem wir die Absicht hatten zu handeln, dann nehmen wir an, dass wir der Urheber der Handlung sind, selbst wenn in Wirklichkeit ein anderer der Urheber dieser Handlung ist. Das Experiment ist in jeder Beziehung des Wortes recht heikel. Wenn Sie an diesem Experiment teilneh-

[16] Lesen Sie zu diesem Thema sein ausgezeichnetes Buch *The Illusion of Conscious Will.*

men, haben Sie einen „Kompagnon“ (der in Wirklichkeit der Assistent des Experimentators ist). Sie und Ihr Kompagnon legen den rechten Zeigefinger auf eine spezielle Maus. Wenn diese Maus bewegt wird, bewegt sich ein Zeiger auf einem Computerbildschirm.[17] Auf dem Bildschirm befinden sich zahlreiche Gegenstände. Durch einen Kopfhörer hören Sie, wie jemand einen der Gegenstände nennt. Sie denken daran, den Zeiger auf diesen Gegenstand zuzubewegen. Wenn ihr Kompagnon in diesem Augenblick den Zeiger auf den Gegenstand zubewegt (er erhält ebenfalls Anweisungen per Kopfhörer), dann denken Sie höchstwahrscheinlich, *Sie* hätten die Bewegung ausgeführt. Natürlich ist die Wahl des Zeitpunkts dabei entscheidend. Wenn sich die Maus kurz vor dem Zeitpunkt bewegt, an dem Sie den Gedanken hatten, haben Sie nicht das Gefühl, Sie hätten die Bewegung ausgelöst. Wenn sich die Maus zu lange danach bewegt, haben Sie ebenfalls nicht das Gefühl, der Urheber der Bewegung zu sein. Wenn das Intervall zwischen dem Fassen des Gedankens und der Bewegung der Maus jedoch ein bis fünf Sekunden beträgt, dann werden Sie glauben, Ihren Arm bewegt zu haben, selbst wenn das gar nicht der Fall ist.

Auch der gegenteilige Effekt kann eintreten. In diesem Fall führen Sie eine Handlung durch, sind aber völlig davon überzeugt, nichts zu tun. Zudem beschränkt sich dieser Effekt nicht auf das Psychologenlabor, sondern kommt auch im „echten Leben“ vor – manchmal mit schlimmen Folgen. Aber ich will an dieser Stelle nicht vorgreifen. Im Augenblick geht es mir nur darum, wie wir Informationen über die physische Welt einschließlich unseres eigenen Körpers sammeln. Die Illusion, nicht Urheber einer Handlung zu sein, tritt auf, weil Sie glauben, ein anderer sei der Urheber dieser Handlung. Dabei spielt die geistige Welt eine Rolle, und die geistige Welt anderer wollen wir erst in Kapitel 6 betreten.

---

[17] Dieses Experiment ist nichts anderes als eine Version des berüchtigten Ouija-Brettes, aber so etwas erwähnt man in einem Antrag auf Fördergelder besser nicht.

Wo bleibt das „Ich"?

Mein Ziel in diesem Kapitel ist es, Sie zu überzeugen, dass Sie keinen privilegierten Zugang zum Wissen über Ihren Körper haben. Zu diesem Zweck habe ich Ihnen meine Beobachtungen von verschiedenen Stufen in der Hierarchie des Wissens präsentiert, durch die Ihr Körper mit der Welt in Wechselwirkung tritt. Auf der Grundebene existiert Wissen über die Position Ihres Körpers im Raum. Dieses Wissen ist entscheidend, wenn man nach Objekten greift. Sie sind sehr gut im Greifen. Aber Sie wissen nur sehr wenig über die genaue Position Ihrer Körperteile im Raum, und was Sie wissen, ist manchmal falsch. Auf der nächsten Ebene ist Wissen über Zeitpunkt und Art der Bewegung gespeichert, was für das Greifen ebenfalls entscheidend ist. Sie sind sehr gut bei raschen Greifbewegungen und können sie noch mitten in der Ausführung korrigieren. Aber unter Umständen wissen Sie nichts von diesen raschen und präzisen Korrekturbewegungen. Auf der nächsthöheren Ebene ist Wissen darüber gespeichert, dass Sie die handelnde Person sind, die die Bewegung ausführt. Selbst in diesem grundlegenden Punkt können Sie sich manchmal irren. Wohin soll das alles führen? Gibt es irgendetwas, das Sie über sich selbst wissen? Was bleibt von dem „Ich", wenn Sie sich weder Ihrer Handlungen noch Ihres Körpers bewusst sind?

Vergessen Sie nicht, dass die Handlungen in all diesen Beispielen sehr einfach sind. Wenn Ihnen jemand einen Ball zuwirft, denken Sie nicht lange nach, sondern fangen ihn. Was ist aber mit Handlungen, über die man nachdenken muss, weil es um eine neuartige Situation geht und man nicht auf feste Routinen zurückgreifen kann?

Elodie Varraine untersucht Menschen auf dem Laufband. Sie kann den Widerstand des Laufbandes verändern, um das Gehen anstrengender bzw. weniger anstrengend zu machen. In einem Experiment erklärt sie der Versuchsperson, der Widerstand des Laufbandes werde sich nach ein paar Minuten Gehen langsam erhöhen. Die Versuchsperson sollte feststellen, wann es zu dieser

Widerstandserhöhung kommt. Zusätzlich sollte sie auf diese Widerstandserhöhung mit einer Verhaltensänderung reagieren: Entweder wurde sie angewiesen, ihre Gehgeschwindigkeit beizubehalten, sich also beim Gehen mehr anstrengen. Oder sie erhielt die Anweisung, ihre Belastung konstant zu halten, also die Gehgeschwindigkeit zu senken. Der wichtige Punkt bei diesem Experiment ist, dass die Handlung der Versuchsperson keine automatische Reaktion auf die Widerstandsänderung des Laufbands ist. Die Handlung muss auf der Basis der gerade erhaltenen Anweisungen bewusst gewählt werden. Wie Dr. Varraine feststellte, veränderten ihre Versuchspersonen ihre Gehweise bereits mehrere Sekunden, *bevor* sie feststellten, dass sich der Widerstand des Laufbands erhöht hatte, in der angewiesenen Weise. Mit anderen Worten war das Gehirn der Versuchspersonen in der Lage, die Widerstandsänderung zu erkennen und ihre Gehweise zu verändern, ohne dass sich die Versuchsperson bewusst war, dass sich der Widerstand des Laufbands oder die eigene Gehweise verändert hatte. Handlungen, die auf beliebigen Anweisungen beruhen, können ohne die Beteiligung des Bewusstseins ausgewählt und implementiert werden.

Die außergewöhnlichsten Beispiele dafür, dass Menschen etwas tun, ohne zu wissen, was sie tun, stammen aus dem Bereich der Hypnose. Hier eine typische Anekdote:[18]

> Wir sitzen mit dem Probanden im Labor. Während wir uns gerade über den letzten Boxkampf unterhalten, klopft der Experimentator mit seinem Stift dreimal auf den Tisch. Augenblicklich – und wir meinen „augenblicklich" – schließen sich die Augen des Probanden, und er ist tief „eingeschlafen". [Der Experimentator führt verschiedene hypnotische Demonstrationen mit dem Probanden in seinem somnambulen Zustand durch.] Dann wecken wir ihn.

[18] Die Passage stammt aus George H. Estabrooks Kapitel über „Hypnose im Krieg" und findet sich in seinem Buch *Hypnotism*. Eastabrook war ein Rhodes Scholar, graduierte in Harvard und war Leiter der Psychologieabteilung an der Colgate University. Er war während des Zweiten Weltkriegs eine Kapazität auf dem Gebiet der Hypnose. Ihm wird die Idee zugeschrieben, Hypnose einzusetzen, um den perfekten Geheimagenten zu schaffen: einen Agenten, der nicht weiß, dass er Agent ist.

Er beginnt sofort wieder, über diesen Boxkampf zu reden!
Ein Besucher des Labors unterbricht ihn. „Was wissen Sie über Hypnose?"
Der Proband schaut überrascht aus. „Nun, nichts."
„Wann wurden Sie das letzte Mal hypnotisiert?"
„Ich bin noch nie hypnotisiert worden."
„Ist Ihnen klar, dass Sie noch vor zehn Minuten in Trance waren?"
„Reden Sie keinen Unsinn! Niemand hat mich jemals hypnotisiert, und niemand wird das jemals schaffen."

Psychologen sind sehr vorsichtig mit Hypnose. Der Technik haftet der Ruf von Mystizismus und Betrug an. Dennoch war es gerade die Untersuchung der Hypnose, die die Psychologie als wissenschaftliche Disziplin etablierte. Das Problem begann mit Anton Mesmer. Mesmer entwickelte auf der Basis seiner Theorie vom animalischen Magnetismus eine Heilmethode, die später als „Mesmerismus" bezeichnet wurde. Er erzielte zunächst in Wien und dann in Paris beträchtliche Erfolge. Im Jahr 1784 berief Ludwig XVI. eine königliche Kommission aus bedeutenden Wissenschaftlern unter Leitung des amerikanischen Botschafters Benjamin Franklin, die Mesmers Behauptungen untersuchen sollte. Die Kommission kam zu dem Schluss, dass Mesmers Heilerfolge echt waren, seine Theorie jedoch falsch. Mesmers Heilerfolge beruhten auf „Imagination und Imitation" (das heißt auf psychologischen Prozessen) statt auf irgendwelchen physikalischen Kräften. Mesmer war diskreditiert und verließ Paris[19], doch seine Technik blieb in Gebrauch, und bis Mitte des 19. Jahrhunderts hatte sich der Mesmerismus zur Hypnose weiterentwickelt. Hypnose wurde eingesetzt, um das Schmerzempfinden von Patienten vor einem chirurgischen Eingriff auszuschalten, und später, um Hysterie zu heilen. Mit Hypnose schien es möglich zu untersuchen, wie aus Ideen bzw. Gedanken Handlungen werden. Dieser psychologische Mechanismus war von enormem Interesse,

[19] Infolgedessen entkam er der Revolution – im Gegensatz zu einigen Mitgliedern der königlichen Kommission, die auf der Guillotine endeten.

und das nicht nur für Kliniker wie Sigmund Freud, sondern auch für Psychologen wie William James.

Während der Blütezeit des Behaviorismus wurde Hypnose zu einem Randthema in der Psychologie. Durch bloßes Hinschauen kann man nicht entscheiden, ob jemand eine bestimmte Handlung aufgrund einer hypnotischen Suggestion ausführt oder nur deshalb, weil ihn jemand in einem weißen Kittel dazu aufgefordert hat. Für Behavioristen war Hypnotismus nichts weiter als Schauspielerei. Wenn man den Betreffenden fragt, wie er die Situation erlebt hat, sind die beiden Situationen natürlich völlig verschieden. Man weiß, wenn man schauspielert. Man weiß nicht, wenn man unter Hypnose handelt.

Studien über Hypnose bleiben ein Randgebiet in der akademischen Psychologie, aber mithilfe dieser Technik werden wichtige Experimente durchgeführt. Hier ist ein Experiment, das mir John Morton beschrieben hat.

Eine Gruppe relativ leicht beeinflussbarer, aber ansonsten völlig normaler Studenten wurde hypnotisiert. Die Studenten erhielten eine Wortassoziationsaufgabe. Der Experimentator las ihnen eine Wortliste vor, und die Versuchspersonen antworteten mit dem ersten Wort, das ihnen in den Sinn kam (Bett – *Kopfkissen*, Brücke – *Fluss*, Garten – *Rasen*, usw.). Während sie noch in Hypnose waren, wurde ihnen gesagt, sie könnten sich nicht mehr daran erinnern, diese Aufgabe durchgeführt zu haben. Dann verlas der Experimentator dieselbe Wortliste erneut, und die Versuchspersonen sollten wiederum mit dem ersten Wort antworten, das ihnen in den Sinn kam.

Die Schlüsselfrage ist: Wenn man aufgrund einer Hirnschädigung einen „echten" Gedächtnisverlust hätte, so dass man sich nicht erinnern kann, diese Wortassoziationsaufgabe schon einmal durchgeführt zu haben, würde man dann mit anderen Begriffen antworten oder erneut dieselben Begriffe nennen?

„Höchstwahrscheinlich würde ich das nächste Mal mit einem anderen Begriff antworten", meint die Englischprofessorin. „Mit welchem Begriff man antwortet, hängt vom Zufall ab. Für den Begriff

Baum gibt es so viele Assoziationen, dass es sehr unwahrscheinlich wäre, denselben Begriff noch einmal zu nennen."

„Das glauben die meisten Leute", erwidere ich selbstgefällig. „Es sei denn, sie haben einige Vorlesungen in Neuropsychologie gehört."

Ich weiß aus Studien mit Menschen, die unter schwerer Amnesie leiden und sich wirklich nicht an die Aufgabe erinnern können, dass sich die Englischprofessorin irrt. Diese Menschen neigen dazu, dieselbe Antwort zu geben wie zuvor. Und sie antworten beim zweiten Mal etwas rascher.[20]

Als die Wortassoziationsaufgabe wiederholt wurde, nannten die Teilnehmer des Hypnoseexperiments andere Begriffe als zuvor. Wie die Englischprofessorin glaubten sie, das sei die normale Reaktion, wenn man sich nicht daran erinnern kann, die Aufgabe schon einmal durchgeführt zu haben, und deshalb verhielten sie sich entsprechend. Aber sie wussten nicht, dass sie dies taten. Und das sind die Schritte, die das Gehirn der Versuchspersonen im Experiment tun mussten, ohne dass diese irgendetwas davon wussten: Erstens musste es eine allgemeine Strategie für die Wortassoziationsaufgabe festlegen: „Antworte mit einem anderen Begriff als letztes Mal." Damit diese Strategie erfolgreich ist, musste es sich zweitens an die Begriffe erinnern, die in der Runde zuvor gefallen waren, um sie nicht ein zweites Mal zu gebrauchen. Und drittens musste es ein strenges Auge auf jedwede Handlung haben, um die starke Neigung, erneut denselben Begriff zu nennen, sofort zu unterdrücken.

Hier befinden wir uns nahe der Spitze einer Hierarchie zur Kontrolle von Handlungen. Und wir stellen fest, dass unser Gehirn eine komplexe Handlungsstrategie aufbauen und überwachen kann, ohne dass wir uns dessen bewusst sind. Mein Wissen über meinen eigenen Körper und dessen Interaktion mit der Welt ist kein direktes Wissen.

---

[20] Das geschieht durch einen unbewussten Priming-Prozess, der von der Schädigung, die zum Gedächtnisverlust der Patienten geführt hat, unberührt bleibt. Jede Antwort, die wir gerade gegeben haben, hinterlässt in unserem Gehirn zeitweilig eine Spur. Das macht es leichter, dieselbe Antwort nochmals zu geben.

Abb. 3.10 Der Autor, wie er wirklich ist.

Es gibt vieles, was mich betrifft, das mein Gehirn vor mir verbirgt, und vieles, das es mir vorspiegelt. Und wenn das so ist, warum zeigt mich mein Gehirn, wenn ich in den Spiegel schaue, nicht so, wie ich wirklich bin – jung, schlank und mit üppigem schwarzem Haar?

Wenn alles nach Plan gelaufen ist, sollten Sie am Ende dieses ersten Teils eine leichte Verwirrung verspüren. Ich habe gezeigt, dass unser Gefühl, durch unsere Wahrnehmungen und Handlungen mühelos mit der Welt zu interagieren, eine Illusion ist. Wir haben keinen direkten Kontakt mit der Außenwelt oder auch nur mit unserem eigenen Körper. Unser Gehirn schafft diese Illusion, indem es all die komplexen Prozesse, die bei der Entdeckung der Welt eine Rolle spielen, vor uns verbirgt. Wir sind uns all der Schlussfolgerungen und Entscheidungen, die unser Gehirn ständig ziehen bzw. treffen muss, einfach nicht bewusst. Wenn etwas schief läuft, kann unser

Erleben der Welt völlig falsch sein. Aber wie können wir uns dessen, was wir erleben, jemals sicher sein? Und wenn unser Kontakt zur physischen Welt so schwach ist, welche Hoffnung haben wir dann überhaupt, in die geistige Welt anderer Menschen einzutreten?

Nun, da ich Gehirn und Geist auseinandergenommen habe, muss ich versuchen, sie wieder zusammenzufügen, um Ihnen die Gewissheit zu geben, dass wir unseren Erfahrungen (meistens) vertrauen können.

Teil II

Wie das Gehirn das alles macht

4

Durch Vorhersagen vorankommen

Alles, was wir über die physische Welt wissen, einschließlich dessen, was wir über unseren eigenen Körper wissen, entstammt unserem Gehirn. Im ersten Teil des Buches habe ich gezeigt, dass unser Gehirn Wissen nicht einfach passiv weitergibt wie ein Fernsehgerät. Unser Gehirn bildet die Welt aktiv ab. Wir wissen, wie schöpferisch das Gehirn ist, weil das Bild der Welt, das es uns vermittelt, manchmal völlig falsch sein kann. Das ist eine schockierende Erkenntnis, denn sie führt zu der Frage, wie wir uns jemals sicher sein können, dass das, was unser Gehirn uns über die Welt sagt, wahr ist. Überraschend ist, dass unser Gehirn überhaupt jemals etwas richtig darstellt. Das Gehirn schafft sich sein Bild der Welt auf Grundlage der sehr begrenzten und unvollkommenen Signale unserer Sinnesorgane. Zum Beispiel hat das visuelle Bild auf unserer Netzhaut nur zwei Dimensionen und dennoch konstruiert unser Gehirn daraus einen lebhaften Eindruck einer dreidimensionalen Welt. Zum Glück sind 99 von 100 Bildern der Welt, die unser Gehirn schafft, korrekt. Wie ist das möglich?

Belohnung und Bestrafung

Ohne Lehrer etwas über die Welt lernen

Unser Gehirn lernt ständig Dinge über die Welt. Jeden Augenblick muss es die Identität von Dingen rund um uns herum klären: Sollte man sich ihnen nähern oder sie besser meiden? Es muss feststellen, wo sich diese Dinge befinden: nah oder weit entfernt? Es muss herausfinden, wie man an die Frucht kommt, ohne von der Wespe gestochen zu werden. Dazu kommt, dass dieses Lernen ohne Lehrer geschieht. Wir haben niemanden, der ständig an unserer Seite ist und uns sagt, ob wir eine Sache richtig oder falsch machen.

Reisen gehört zu den angenehmen Nebenerscheinungen des Wissenschaftlerdaseins. Jeden Monat gibt es eine andere Konferenz, an der ich teilnehmen könnte, und häufig werden alle Kosten übernommen. Und so kommt es, dass ich durch eine fremde Stadt gehe und nach einem Konferenzzentrum suche, wo ich viele Leute treffen werde, die ich noch nie zuvor gesehen habe, und nach denjenigen Ausschau halten werde, die ich schon kenne, um mich mit ihnen zu unterhalten. Steht da hinten nicht die eigensinnige Englischprofessorin? Ich dachte, es sei eine naturwissenschaftliche Konferenz.

Ich bin nie zuvor in dieser Stadt gewesen, und dennoch orientiere ich mich ohne Schwierigkeiten. Ich besuche gern neue Orte und erkunde die Straßen auf eigene Faust. Ich lerne neue Dinge über die Welt, aber ich brauche keinen Lehrer, der mir nicht von der Seite weicht. Das meiste, das wir in der Kindheit lernen, geschieht ohne Lehrer. Niemand kann einem Kind beibringen, Fahrrad zu fahren. Man muss es durch Ausprobieren selbst lernen. Wir lernen die Grundlagen der Sprache, ohne dass sie uns beigebracht würden. Neun Monate alte amerikanische Kleinkinder lernen einfach dadurch, dass sie sich im selben Raum aufhalten wie jemand, der Chinesisch spricht, zwischen verschiedenen chinesischen Lauten zu unterscheiden.

Wie lernen wir also ohne Lehrer?

Etwas über die Zukunft lernen

Wenn Wissenschaftler in die Alltagskultur Eingang finden, dann deshalb, weil die Leute sie oder das, was sie tun, für ungewöhnlich oder exzentrisch befinden. Wir wissen, dass Galileo Galilei Dinge von der Spitze des schiefen Turms von Pisa fallen ließ, wenn wir auch nicht genau wissen warum. Wir glauben, dass Albert Einstein einige sehr wichtige Entdeckungen über Raum und Zeit gemacht hat, obgleich alles, was wir tatsächlich *wissen*, ist, dass er eine komische Frisur hatte.

Iwan Petrowitsch Pawlow war ein weiterer solcher Wissenschaftler. Obgleich er seine Experimente bereits vor 100 Jahren durchführte, weiß jedermann, dass er Hunde mit dem Ton einer Glocke zum Speicheln brachte. Es gibt viele Gründe, dies für ein exzentrisches Experiment zu halten. Warum mit Hunden arbeiten, wenn die meisten Wissenschaftler Ratten nehmen?[1] Warum den Speichelfluss messen, wenn es doch viel einfacher wäre, eine deutlich sichtbare Bewegung zu messen? Warum ein derart beliebiges Signal wie das Läuten einer Glocke? Und die wichtigste Frage: Was in aller Welt ist der Sinn einer solchen Studie?

Pawlows Untersuchungen sind wichtig, weil sie etwas Grundlegendes über das Lernen demonstrieren, das für Tier und Mensch gleichermaßen gilt. Die Effekte, die Pawlow beobachtete, beschränken sich nicht auf Hunde, Speichelfluss oder Glocken.[2] Pawlow

[1] Albinoratten wurden bereits 1828 als Labortiere für physiologische Experimente eingeführt. Die älteste Inzuchtlinie von Ratten stammt aus dem Jahr 1856, als der Jardin des Plantes von einer Kolonie schwarzer Ratten berichtete, die als Futtertiere gehalten wurden. Diese Kolonie existierte 132 Jahre später (im Jahr 1988) noch immer.

[2] Die Bedeutung von Pawlows Arbeit wurde fast sofort erkannt, und er erhielt 1904 den Nobelpreis für Physiologie. Heutzutage wird Pawlows Arbeit manchmal als Teil des Behaviorismus abgetan, der einen Großteil des 20. Jahrhunderts hindurch den Fortschritt der psychologischen Forschung aufhielt, weil er die Möglichkeit einer wissenschaftlichen Untersuchung geistiger Vorgänge leugnete. Tatsächlich unterschied sich Pawlows Ansatz grundlegend vom behavioristischen Ansatz. Im Gegensatz zu den Behavioristen interessierte er sich leidenschaftlich für die Entschlüsselung der

untersuchte den Speichelfluss, weil er sich ursprünglich für die Verdauung interessierte. Wie Hunde beginnen wir alle automatisch rund eine Sekunde, nachdem wir Nahrung im Mund spüren, zu speicheln. Das ist nicht besonders überraschend, denn zwischen Nahrung und Verdauung besteht eine direkte Verbindung. Nahrung hat für uns nur dann einen Wert, wenn wir sie verdauen. Pawlow nannte den Prozess, durch den Nahrung Speichelfluss hervorruft, einen „unbedingten" oder „unkonditionierten Reflex".

Aber Pawlow entdeckte auch – wahrscheinlich durch Zufall –, dass ein beliebiges Signal, das zeitlich gekoppelt mit dem Futter auftrat, beispielsweise der Klang eines tickenden Metronoms, ebenfalls Speichelfluss auslöste. Wenn das Ticken des Metronoms direkt vor der Fütterung des Hundes einsetzte und diese Kopplung vier- oder fünfmal wiederholt wurde, genügte allein das Ticken des Metronoms, um den Hund zum Speicheln zu veranlassen, auch ohne dass

Abb. 4.1 Iwan Petrowitsch Pawlow (1846–1936). Pawlow (Mitte), aufgenommen mit einem seiner Hunde während einer Demonstration. Er entdeckte die klassische Konditionierung, die grundlegendste Form assoziativen Lernens.

---

physiologischen Mechanismen, die psychischen Phänomenen, wie seinem bedingten Reflex, zugrunde liegen.

ihm Futter angeboten wurde. Pawlow nannte dies einen „bedingten“ oder „konditionierten Reflex“. Pawlow nahm an, dass das Ticken des Metronoms zu einem Signal für Futter geworden war. Der Hund speichelte nicht nur beim Ticken des Metronoms. Er wandte sich auch in die Richtung, aus der das Futter gewöhnlich kam, und leckte sich heftig über die Lippen. Wenn der Hund das Ticken hörte, erwartete er, gefüttert zu werden.[3]

Das Ticken eines Metronoms hat normalerweise herzlich wenig mit Futter zu tun – offenbar spielt es keine Rolle, um welche Art Reiz es sich handelt. Pawlow probierte eine ganze Reihe verschiedener Reize aus, zum Beispiel den Geruch von Vanille, das Summen einer elektrischen Klingel, den Anblick eines rotierenden Objektes – all diese Reize konnten Futter signalisieren.

Wenn wir hungrig sind, wollen wir etwas zu essen haben. Nahrung ist eine Belohnung. Wir nähern uns ihr. Wir drängen uns durch die unvermeidliche Menge am Buffet und ignorieren alle Gesprächsversuche, bis wir uns einen Teller voll gesichert haben. Pawlow zeigte, dass beliebige Reize Nahrung signalisieren und Tiere veranlassen konnten, sich diesem Reiz zu nähern. Aus diesem Grund eilen Partygänger automatisch dorthin, wo sich die meisten anderen Gäste drängeln. Wir haben gelernt, dass es dort Speis und Trank gibt.

Pawlow zeigte darüber hinaus, dass genau dieselbe Art von Lernen bei Bestrafung stattfindet. Wenn dem Hund eine schlecht schmeckende Substanz ins Maul geschoben wurde, versuchte er, sie durch heftiges Kopfschütteln, Maulöffnen und Zungenbewegungen (sowie Speichelfluss) loszuwerden. Derartige „Bestrafungen“, die wir, wie Hunde, zu vermeiden suchen, ließen sich ebenfalls durch beliebige Reize wie ein tickendes Metronom signalisieren.

Pawlow hatte eine experimentelle Technik entwickelt, um eine Grundform des Lernens zu untersuchen. Es handelt sich dabei um eine Form des assoziativen Lernens, weil das, was gelernt wird,

---

[3] Streng genommen, bezieht sich die Bezeichnung „klassische Konditionierung“ nur auf die Assoziation zwischen dem Ticken des Metronoms und dem Speichelfluss. Beim Kopfwenden und der Erwartung spielen komplexere Prozesse eine Rolle.

eine Assoziation zwischen einem beliebigen Reiz und einem Belohnungsreiz (Futter im Maul) oder einem Strafreiz (elektrischer Schlag) ist. Solches Lernen ist ein wichtiger Mechanismus, um Wissen über die Welt zu erlangen. Durch diesen Mechanismus können wir lernen, welche Dinge gut und welche schlecht für uns sind. Beispielsweise kann Farbe signalisieren, dass eine Frucht reif ist. Wenn eine Frucht heranreift, wird sie im Allgemeinen roter oder, genauer gesagt, weniger grün, weil das Chlorophyll abgebaut wird. Wir ziehen die gute rote Frucht der schlechten unreifen Frucht vor. So können wir lernen, gute und schlechte Früchte anhand ihrer Farbe zu unterscheiden.

Der Begriff „Assoziation" ist jedoch irreführend. Eine enge zeitliche Kopplung von Glockenton und Futter reicht nicht aus, um einen Lerneffekt hervorzurufen. In einem Experiment, das Pawlow beschreibt, kam es selbst nach 374 Kombinationen von Ton und Futter nicht zu einem Lerneffekt. Denn in diesem Fall ertönte der Ton erst fünf bis zehn Sekunden, *nachdem* das Tier Futter erhalten hatte. Ein beliebiger Reiz ist nur dann interessant, wenn er *vorhersagt*, dass gleich etwas Gutes oder Schlechtes geschehen wird. Wenn der Reiz auf das interessante Ereignis folgt, ist er völlig uninteressant. In diesem Fall wissen wir schon alles über das wichtige Ereignis. Ein solcher Reiz sagt uns nichts Neues, daher ignorieren wir ihn.

Das Lernen, das Pawlow entdeckte, ist genau die Art von Lernen, die wir brauchen, um zu überleben. Dieses Lernen identifiziert all die nützlichen Reize in der Außenwelt, die uns sagen, was in Zukunft passieren wird. Aber auch wenn es sehr hilfreich ist zu lernen, welche Dinge gut und welche schlecht für uns sind, reicht dies zum Überleben nicht aus. Wir müssen auch lernen, was zu tun ist, um die guten Dinge zu bekommen und die schlechten Dinge zu vermeiden.

Etwa um die gleiche Zeit, als Pawlow in St. Petersburg Hunde zum Speicheln brachte, setzte Edward Thorndike in New York Katzen in speziell konstruierte „Problemkäfige". Dabei handelte es sich um Käfige mit einer Tür, die die Katze auf eine bestimmte Weise öffnen konnte, beispielsweise dadurch, dass sie an einer Schnur zog. Thorndike zeigte, dass Katzen lernen konnten, an der Schnur zu ziehen, aus dem Käfig zu entkommen und den vor dem Käfig liegenden Fisch zu fressen. Die Schlüsselfrage, die er beantworten wollte, lautete jedoch: Wie lernen sie? Thorndike erkannte, dass es wichtig war zu zeigen, wie Katzen *nicht* lernten. Er zeigte, dass ein Lehrer nichts half.[4] Die Katzen lernten nicht durch Nachahmen. Wiederholtes Beobachten einer anderen Katze, die bereits gelernt hatte, wie man die Tür durch Ziehen an der Schnur öffnet, war keine Hilfe. Thorndike zeigte auch, dass Katzen nicht durch Vormachen lernten. Er nahm die Pfote der Katze und zog damit an der Schnur, so dass die Katze hinausspazieren und den Fisch fressen konnte. Aber wenn man die Katze nach vielen solchen Demonstrationen allein in der Box ließ, zog sie nicht sofort an der Schnur.

Thorndike kam zu dem Schluss, dass Katzen nur durch Versuch und Irrtum lernen konnten, die Käfigtür zu öffnen. Sobald man die Katze in den Käfig setzte, versuchte sie herauszukommen und an den Fisch zu gelangen. Sie versuchte, sich durch jede Öffnung zu quetschen, sie kratzte und biss in die Gitterstäbe, sie streckte die Pfote durch jede Öffnung und krallte nach allem in Reichweite. Per Zufall bekam sie irgendwann die Schnur zu fassen und öffnete die Tür. Jedes Mal, wenn die Katze zurück in den Käfig gesetzt wurde, kam sie etwas rascher wieder hinaus. Die Katze zog die Schnur immer früher, bis sie schließlich an der Schnur zog, sobald sie in die Box gesetzt wurde.

Thorndike erkannte, dass es sich in diesem Fall ebenfalls um assoziatives Lernen handelt. Die Katze lernte, eine Handlung (an der Schnur ziehen) mit einer Belohnung (aus dem Käfig entkommen und Fisch fressen) zu assoziieren. Alle Tiere lernen auf diese Weise. Wie Katzen führen auch wir Menschen bevorzugt Handlungen durch, auf die etwas Gutes folgt. Und wie bei dem Lerntyp, den Pawlow

[4] Lernen findet häufig ohne Sprache statt. Wir lernen manche Fertigkeiten besser durch Demonstrieren als durch verbales Beschreiben. Ich habe dummerweise mehrere Monate mit dem Versuch verbracht, anhand einer Beschreibung und einer Skizze zu lernen, eine Fliege zu binden, aber ohne Erfolg. Doch selbst diese Art von Unterrichtung scheint es bei anderen Tieren nicht zu geben. Junge Schimpansen lernen Werkzeuge zu gebrauchen, indem sie ihre Mütter beobachten, doch die Mütter versuchen nicht, ihren Kindern den Werkzeuggebrauch beizubringen.

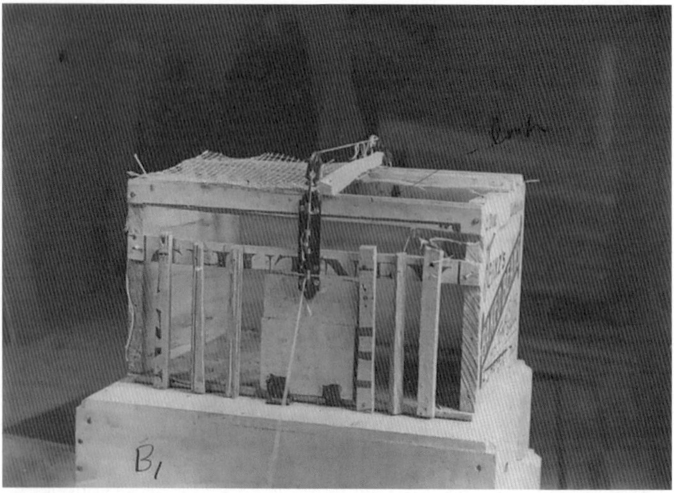

Abb. 4.2 Einer von Edward Thorndikes Problemkäfigen. Thorndike entdeckte das instrumentelle Lernen, die andere grundlegende Form des assoziativen Lernens. Eine Katze soll lernen, sich aus dem Käfig zu befreien, um an den direkt davor liegenden Fisch zu gelangen.

untersuchte, gilt auch die Umkehrung: Wir sind abgeneigt, Handlungen durchzuführen, auf die etwas Schlechtes folgt. Man kann eine Assoziation auch wieder verlernen (das nennt man Extinktion oder Auslöschung). Wenn sich die Käfigtür nicht mehr öffnet, wenn die Katze an der Schnur zieht, hört sie schließlich damit auf.

Durch diesen Lernmechanismus finden wir heraus, welche unserer Handlungen die Zukunft beeinflusst.

Abergläubisches Lernen

Wenn die Katze lernt, aus dem Käfig zu entkommen, indem sie an einer Schnur zieht, heißt das nicht, dass sie herausgefunden hat, wie die Schnur die Tür öffnet. Sie hätte den Türöffnungstrick auch dann gelernt, wenn die Handlung nichts mit der Belohnung zu tun gehabt hätte, wie bei dem Lerntyp, den Pawlow untersuchte. Die Wahrscheinlichkeit, dass eine Handlung wiederholt wird, steigt für *jede* beliebige Handlung, die kurz vor einer Belohnung stattfindet.

Eine Generation nach Thorndike entwickelte Burrhus F. Skinner[5] die nach ihm benannte Skinner-Box, bei der es sich im Grunde um eine verfeinerte und mechanisierte Version von Thorndikes Problemkäfig handelte. Das Tier in der Box drückt einen Hebel herunter (wenn es sich um eine Ratte handelt) oder pickt auf eine bestimmte Stelle (wenn es sich um eine Taube handelt), und Belohnung oder Bestrafung folgen automatisch. Der Zeitpunkt all dieser Ereignisse wird ständig aufgezeichnet.

Mit seiner Box demonstrierte Skinner die beliebige Natur des Reaktionslernens in einem höchst eleganten Experiment über „Aberglauben" bei Tauben. Eine hungrige Taube wurde in die Box gesetzt, und in regelmäßigen Abständen, *die nichts mit dem Verhalten der Taube zu tun hatten*, erhielt die Taube ein paar Futterkörner. Schon nach kurzer Zeit konnte man beobachten, dass die Taube wiederholt irgendeine bestimmte Handlung ausführte. Eine Taube drehte in dem Intervall zwischen den Futtergaben im Käfig zwei bis drei Runden gegen den Uhrzeigersinn. Eine andere stieß mit dem Kopf wiederholt in eine der oberen Käfigecken. Eine dritte entwickelte eine „Schleuderreaktion", als stecke sie den Kopf immer wieder unter einen unsichtbaren Balken, den sie dann emporwarf. Die Tauben hatten gelernt, diejenige Handlung zu wiederholen, die sie zufälligerweise gerade vor der Futterausgabe ausgeführt hatten. Skinner nannte dies „abergläubisches" Verhalten, weil die Tauben so taten, als ob sie glaubten, ihr Verhalten führe zu der Futterbelohnung, was tatsächlich gar nicht der Fall war. Er nahm an, dass abergläubisches Verhalten beim Menschen auf dieselbe Weise entsteht.

---

[5] B. F. Skinner war der berühmteste aller behavioristischen Psychologen. Er hatte ein interessantes Leben, um das sich viele Legenden ranken. Er wollte einen Bewusstseinsstrom-Roman schreiben, wurde dann aber stattdessen Behaviorist (stimmt). Er erzog seine Tochter in einer Skinner-Box, und sie beging später Selbstmord (stimmt nicht). Ich hatte das Privileg, Skinner persönlich zu begegnen, als er das Labor besuchte, wo ich promovierte. Er muss von meinen Versuchen, ihm mein Interesse an einer Verknüpfung von Behaviorismus und Informationstheorie zu erklären, völlig verwirrt gewesen sein. Sein höflich vorgetäuschtes Interesse ist seitdem für mich ein wichtiges Rollenmodell.

Das könnte erklären, warum so viele Sportler und ihre Fans Maskottchen haben und ihnen Rituale vor Spielbeginn so wichtig sind. Zum Beispiel lässt ein Tennisspieler den Ball vor einem Aufschlag vielleicht in einer ganz bestimmten Weise auf den Boden springen. Angeblich vermied es Goran Ivanisevic während eines Tennisturniers seine Kopf- oder Gesichtsbehaarung zu berühren.

Diese Erkenntnisse über abergläubisches Verhalten sind von Psychologiestudenten begeistert aufgenommen worden. Ein zuverlässiger Informant aus dem Cambridger Psychologiejahrgang von '68 hat mir erzählt, dass sie einen renommierten Neuropsychologen dazu bringen konnten, seine Vorlesung von einer Linksaußen-Position im Hörsaal aus zu halten, indem sie, wann immer er sich nach rechts bewegte, gähnten und ihren Stift fallen ließen. Interessant bei solchen Experimenten ist, dass sie nur dann funktionieren, wenn das Zielobjekt nicht weiß, dass es etwas über Belohnungskontingenzen in der Umwelt lernt. Wir müssen uns bestimmter Assoziationen nicht bewusst sein, um sie zu lernen – ganz im Gegenteil, oft hilft es sogar, wenn wir uns ihrer nicht bewusst sind.

Im ersten Teil dieses Buches habe ich gezeigt, wie viel unser Gehirn über die Welt weiß, ohne dass dieses Wissen jemals bis in unser Bewusstsein vordringt. Das gilt besonders für alles, was unser Gehirn durch Assoziation lernt. Und das lässt Wahrnehmen und Handeln so einfach erscheinen. Wir sind uns nicht all des Wissens bewusst, das wir erworben haben, um mit der Welt zu interagieren. Wenn ich sage, dass wir „lernen, die Zukunft vorherzusagen", dann sollten Sie im Hinterkopf haben, dass dieses Vorhersagentreffen normalerweise nichts ist, das wir bewusst oder vorsätzlich tun.

Wie lernt das Gehirn?

Bei beiden Formen des Assoziationslernens geht es um die Zukunft. Wir lernen, dass uns bestimmte Signale sagen, was in Zukunft passieren wird. Wir lernen, dass gewisse Handlungen dazu führen, dass in Zukunft bestimmte Dinge geschehen. Natürlich sind es nicht die Signale, die vorhersagen, was geschehen wird. Es ist das Gehirn, das diese Vorhersagen macht. Wir können beobachten, wie das Gehirn auf diese Weise Vorhersagen macht, wenn wir uns die Aktivität in den Nervenzellen direkt anschauen.[6]

Neuronen sind im Grunde nichts anderes als Signalvorrichtungen. Information wird mithilfe von Elektrizität vom einen Ende des Neurons zum anderen weitergeleitet, ganz ähnlich wie Information durch eine Telefonleitung weitergeleitet wird (siehe Kapitel 5). Aber was geschieht, wenn das Signal das Ende des Neurons erreicht? Wie gelangt das Signal von einem Neuron zum nächsten? Beim Telefon gibt es ein ähnliches Problem. Zwischen dem Telefon und meinen Ohr gibt es keine elektrische Verbindung. Es existiert eine Lücke. Beim Telefon wird dieses Problem mithilfe der Luftmoleküle gelöst, die das Signal weiterleiten. Der Empfänger im Hörer versetzt die Luftmoleküle in Schwingungen, und diese Schwingungen überbrücken die Lücke und werden von meinem Trommelfell aufgefangen. Bei Neuronen ist der Mechanismus, mit dessen Hilfe das Signal die Lücke zwischen zwei Neuronen überwindet, deutlich komplexer. Einfach gesagt: Wenn das elektrische Signal das Ende des Neurons erreicht, setzt es eine chemische Verbindung frei. Diese chemische Verbindung diffundiert durch die Lücke und stimuliert das nächste Neuron. Die Lücke zwischen einem Neuron und dem nächsten nennt man den synaptischen Spalt. Die chemischen Verbindungen, die den Spalt überbrücken, werden als Neurotransmitter bezeichnet. Im Gehirn gibt es zahlreiche verschiedene Neurotransmitter, und man kann Neuronen aufgrund des Neurotransmitters, den sie verwenden, in verschiedene Klassen einteilen.

---

[6] Die Technik, die Aktivität einzelner Neurone abzuleiten, war ein großer Fortschritt und ermöglichte es, die Funktionsweise des Gehirns besser zu verstehen. Im Jahr 1958 gelang es Hubel und Wiesel als Ersten zu zeigen, dass Zellen in der Sehrinde darauf ausgelegt sind, auf spezifische visuelle Reize zu reagieren; beide erhielten 1981 für ihre Arbeit den Nobelpreis. Manche Zellen reagieren zum Beispiel stark auf vertikale, aber nicht auf horizontale Linien.

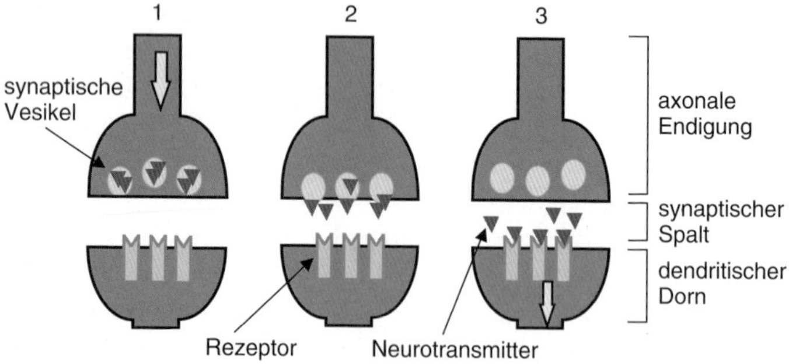

Abb. 4.3 Die Synapse ist eine Kontaktstelle, an der zwei Neuronen miteinander kommunizieren. 1) Ein Nervenimpuls (Aktionspotenzial) trifft an der präsynaptischen Endigung des Neurons ein. 2) Das führt dazu, dass sich Vesikel zum Rand der Endigung bewegen und die Neurotransmittermoleküle, die sie tragen, in den synaptischen Spalt freisetzen. 3) Die Neurotransmittermoleküle diffundieren durch den Spalt und binden an die Rezeptoren in der postsynaptischen Membran (an einem dendritischen Dorn). Ist die Synapse stark und wirkt erregend (exzitatorisch), löst dies einen Nervenimpuls im postsynaptischen Neuron aus. Wenn es sich um eine hemmende (inhibitorische) Synapse handelt, sinkt die Aktivität des postsynaptischen Neurons. In der Regel ist es jedoch so, dass jedes Neuron mit zahlreichen anderen Neuronen in synaptischem Kontakt steht; daher hängt das, was im postsynaptischen Neuron geschieht, von der Gesamtwirkung dieser vielen verschiedenen Inputs ab. Anschließend werden die Neurotransmittermoleküle reabsorbiert und wieder in die präsynaptische Endigung geschafft, und das ganze Spiel kann von vorn beginnen.

Eine wichtige Klasse von Neuronen setzt den Neurotransmitter Dopamin frei. Diese Neuronen werden oft als „Belohnungszellen" bezeichnet, denn sofort nachdem ein Tier zu fressen oder zu trinken erhalten hat, steigt die Aktivität dieser Zellen an. Eine Ratte drückt einen Hebel, um diese Neuronen zu stimulieren und findet diese Stimulation offenbar sogar noch wichtiger als Nahrung und Sex. Das bezeichnet man als Selbststimulation.[7]

[7] In Michael Crichtons Roman *The Terminal Man* (deutsch: *Endstation*) lässt sich ein Mann Elektroden in sein Lustzentrum einpflanzen – mit verheerenden Folgen.

Wolfram Schultz leitete während eines Konditionierungsexperiments Aktivität von diesen Zellen ab und stellte fest, dass sie eigentlich gar keine Belohnungszellen sind. Wie in Pawlows Experiment folgte auf ein beliebiges Signal (einen Lichtblitz) nach einer Sekunde ein Fruchtsaftspritzer in den Mund des Affen. Zunächst verhielten sich die Dopaminzellen wie Belohnungszellen, die auf den Fruchtsaftspritzer reagierten, aber nach dem Training hörten sie auf, zu diesem Zeitpunkt zu reagieren. Stattdessen reagierten sie sofort nachdem der Affe den Lichtblitz sah, eine Sekunde vor dem Saftspritzer. Die Aktivität in den Dopaminneuronen signalisierte offenbar, dass der Saft gleich kommen würde. Statt auf die Belohnung zu reagieren, sagten sie die Belohnung voraus.

Die Bedeutung der Vorhersage wurde noch deutlicher, als der Affe das Licht sah und die erhoffte Fruchtsaftbelohnung ausblieb. Zu dem Zeitpunkt, als der Saft hätte eintreffen sollen, *verringerten* die Dopaminneuronen ihre Aktivität. Das Gehirn des Affen hatte genau vorhergesagt, wann die Saftbelohnung eintreffen sollte, und die Dopaminneuronen signalisierten, dass die Belohnung ausgeblieben war, indem sie ihre Aktivität drosselten.

Wie man aus Fehlern lernen kann

Die Aktivität in diesen Zellen signalisiert keine Belohnung. Sie signalisiert nicht einmal, dass bald eine Belohnung kommen wird. Die Aktivität in diesen Zellen signalisiert uns, dass es bei der Vorhersage der Belohnung einen Fehler gibt. Wenn der Saft wie erwartet eintrifft, war die Vorhersage richtig, und die Dopaminzellen schweigen. Trifft der Saft unerwartet ein, ist die Belohnung stärker als erwartet, und die Dopaminzellen feuern stärker.

Bleibt die erwartete Saftbelohnung aus, fehlt die Belohnung, und die Aktivität in den Dopaminzellen sinkt. Diese Aktivität, die uns etwas über Fehler in unseren Vorhersagen sagt, ermöglicht es uns, ohne Lehrer etwas über die Welt zu lernen. Wenn unsere Vorhersage über die Welt falsch ist, ist das ein Zeichen für uns, dass wir etwas tun müssen, um unsere Vorhersagen in Zukunft zu verbessern.

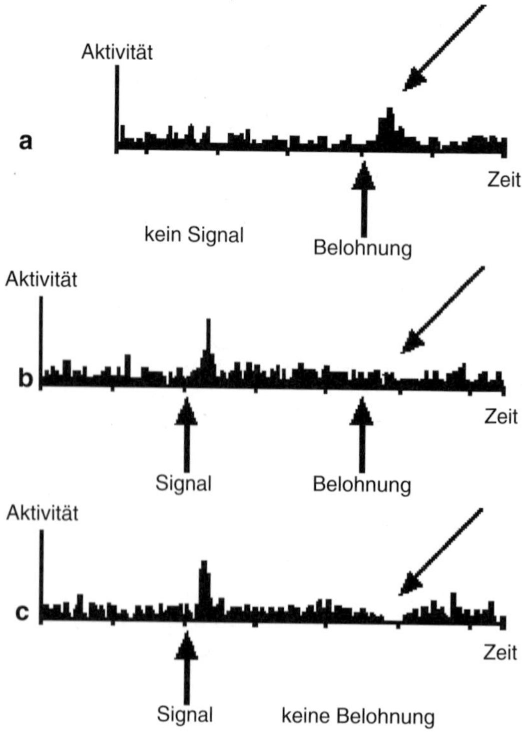

Abb. 4.4 Die Aktivität in den Dopaminneuronen repräsentiert den Fehler bei der Vorhersage einer Belohnung. Die Aktivität von Dopaminneuronen (in den Basalganglien) wurde abgeleitet, während Affen lernten, dass eine halbe Sekunde nach einem Lichtblitz (das Signal) ein wenig Fruchtsaft (die Belohnung) in ihren Mund gespritzt wurde. a) Kein Signal, daher weiß der Affe nicht, wann die Belohnung kommt. Die unvorhersehbare Belohnung führt zu einer Aktivitätssteigerung. b) Der Affe weiß, wann die Belohnung kommt. Die Belohnung führt nicht zu einer Aktivitätsveränderung. Der Affe weiß jedoch nicht, wann das Signal kommt. Das unvorhersehbare Belohnungssignal führt zu einer Aktivitätssteigerung. c) Der Affe erwartet die Belohnung, doch diese kommt nicht. Das Ausbleiben der vorhergesagten Belohnung führt zu einer Aktivitätsverminderung.

Schon bevor erkannt wurde, dass die Aktivität von Dopaminzellen einen Vorhersageirrtum anzeigt, haben Mathematiker Algorithmen entwickelt, die es Maschinen ermöglichen, auf genau dieselbe Weise zu lernen.

Ein wichtiges Konzept im Rahmen dieses assoziativen Lernmechanismus ist der „Wert“. Der unbedingte Reiz in Pawlows Experiment besitzt einen intrinsischen Wert – einen positiven Wert für Futter (Belohnung) und einen negativen Wert für Elektroschock (Strafe). Diese Form eines Assoziationsmechanismus funktioniert so, dass immer dann, wenn wir eine Belohnung erhalten, all das, was kurz vor der Belohnung geschah, wertvoller wird. Selbst Dinge, die recht lange Zeit vor der Belohnung geschahen, gewinnen ein wenig an Wert. Einige dieser Dinge geschahen zufällig zu diesem Zeitpunkt und sind irrelevant. Wenn das nächste Mal derart irrelevante Dinge geschehen, folgt anschließend höchstwahrscheinlich keine Belohnung. Das löst das Fehlersignal aus. Die erwartete Belohnung ist nicht eingetroffen, und das irrelevante Ereignis wird entwertet. Wenn jedoch etwas geschieht, das eine Belohnung richtig voraussagt, bleibt das Fehlersignal aus, und der Wert des Ereignisses steigt. Auf diese Weise lernt unser Gehirn, allen Ereignissen, Orten und Objekten um uns herum einen Wert zuzuordnen. Vieles bleibt neutral, anderes erhält einen hohen oder einen geringen Wert.

Wir erleben diese Wertekarte in unserem Gehirn, wenn wir von einer langen Auslandsreise zurückkehren – wir verspüren eine steigende emotionale Reaktion, wenn uns die Straßen, durch die wir gehen, immer vertrauter werden.

Wenn wir auf die Dinge mit hohem Wert zugehen und diejenigen mit geringem Wert meiden, sammeln wir Belohnungen und vermeiden Strafen. Dieser assoziative Lernmechanismus teilt uns jedoch nur mit, welche Dinge wertvoll sind. Er sagt uns nicht, wie wir diese wertvollen Dinge erlangen können. Thorndikes Katze im Problemkäfig weiß wohl, dass der Fisch wertvoll ist, aber zunächst nicht, wie sie an ihn herankommen soll.

Es gibt auch einen Mechanismus, der uns lehrt, was genau zu tun ist, um Belohnungen zu erhalten (bzw. Strafen zu meiden). Man bezeichnet ihn als TD-Algorithmus (*TD = temporal difference*, zeitlicher Unterschied). Dieses Verfahren erlaubt einer Maschine, die Handlungssequenz zu finden, die optimal ist, um etwas Wertvolles zu erhalten. Dieses Verfahren ist auch als Actor-Critic-Modell bekannt. Ein Teil des Programms, der Actor (Handelnde), wählt die nächste Handlung, die ausgeführt werden soll. Der andere Teil des Programms, der Critic (Kritiker), zeigt an, wie gut diese Handlung war. Dieser Kritiker informiert den Handelnden über sämtliche Fehler in seiner Vorhersage. Eine gute Handlung ist eine Handlung, bei der die Situation nach der Handlung einen Wert hat, der über demjenigen vor der Handlung liegt. Der Kritiker kommentiert die Veränderung des Wertes vor und nach der Handlung (daher „zeitlicher Unterschied"). Der Wert steigt, wenn die Handlung den Handelnden näher an die Belohnung herangebracht hat. Auf diese Weise lässt sich ein Pfad finden, der zur Belohnung führt. Am Ort direkt neben der Belohnung ist der Wert am höchsten. Entfernt man sich von der Belohnung, sinkt der Wert. Diese Werte haben natürlich keine direkte Entsprechung in der realen Welt. Sie haben nur für das innere Modell der Welt in unserem Gehirn Bedeutung, das Modell, das durch Lernen und Erfahrung aufgebaut wurde.

Wolfram Schultz hat zusammen mit den Computerwissenschaftlern Peter Dayan und Reed Montague gezeigt, dass das Verhalten von Dopaminzellen genau dem entspricht, was zu erwarten wäre, wenn das Gehirn der Affen denselben Lernmodus benutzen würde wie eine Maschine mit einem TD-Algorithmus. Die Aktivität in den Dopaminzellen ist der Vorhersagefehler, der den Affen erlaubt, ohne Lehrer zu lernen. Diese Form des Lernens gibt es nicht nur in den Nervenzellen von Affen. Lernen durch Vorhersage kann das Verhalten von Bienen erklären, die nach den besten Blüten suchen, und das Verhalten von Menschen, die um Geld spielen.[8] In beiden Fällen schafft Lernen durch Vorhersage eine Karte möglicher Hand-

[8] Ein Computerprogramm, das die TD-Methode benutzt, kann lernen, Backgammon ebenso gut zu spielen wie die besten menschlichen Spieler.

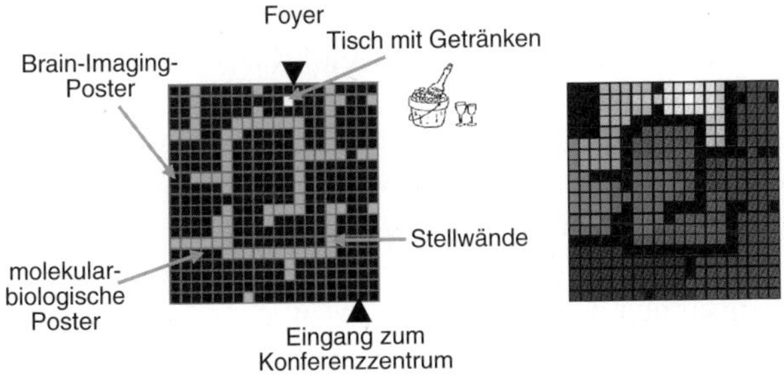

Abb. 4.5 Das Gehirn stellt die Welt als Belohnungsraum dar. *Linkes Bild*: Karte eines Konferenzzentrums. Die Karte des Konferenzzentrums in meinem Gehirn als Belohnungsraum. *Rechtes Bild*: Ich bin ohne Karte zu einem unbekannten Konferenzzentrum gelangt. Der Tisch mit den Drinks ist hinter vielen Stellwänden verborgen. Ich kann ihn nur nach dem Prinzip von Versuch und Irrtum finden. Nachdem ich den Getränketisch ein paar Mal gefunden habe, hat mein Gehirn eine Karte des Konferenzzentrums als Belohnungsraum angelegt. Die Helligkeit zeigt den Wert an. Solange ich mich in Richtung einer helleren Farbe bewege, werde ich schließlich am Getränketisch landen. Ich bin mir dieser Karte nicht bewusst. Ich suche lediglich den Getränketisch auf.

lungen, die vorhersagt, welche Handlungen mit der höchsten Wahrscheinlichkeit zum Ziel (Belohnung) führen.

Die Weltkarte im Gehirn

Durch assoziatives Lernen konstruiert das Gehirn eine Karte der Welt. Das ist im Grunde eine Wertekarte. Die Karte lokalisiert Objekte von hohem Wert, wo eine Belohnung zu erwarten ist, und Objekte von geringem Wert, wo die Wahrscheinlichkeit für eine Belohnung gering ist. Die Karte zeigt auch Handlungen von hohem Wert an, die wahrscheinlich erfolgreich sein werden, und Handlungen von geringem Wert, die wahrscheinlich fehlschlagen werden.

An der Schwelle zum Refektorium des College stehend, begebe ich mich instinktiv dahin, wo es das beste Essen und die besten Getränke gibt. Ich steuere die Tische an, wo meine Freunde sitzen, und meide Tische mit Molekularbiologen und Englischprofessorinnen. Ich stoße automatisch die Tür auf, statt daran zu ziehen, und gehe ohne weiteres Nachdenken auf die Theke mit dem warmen Essen zu.[9] Von Zeit zu Zeit entschließt sich der Verwalter, die Tische neu anzuordnen und die Türen umzuhängen. Anschließend drücke ich eine Weile lang weiterhin gegen die Tür, statt daran zu ziehen, aber schließlich passt sich die Karte in meinem Kopf automatisch an die neuen Gegebenheiten an.

Nachdem ich mir mein Essen geholt habe, finde ich mich zu meiner nicht geringen Überraschung neben der Englischprofessorin wieder und versuche, sie zu überzeugen, dass diese neuen Erkenntnisse über die Art und Weise, wie das Gehirn lernt, interessant und wichtig sind. Denn unser Gehirn, erkläre ich ihr, ist nicht das summende, wuselige Durcheinander, das wir um uns herum sehen, sondern eine Karte voller Hinweise, die etwas über zukünftige Möglichkeiten aussagen. Und über diese Karte mit zukünftigen Möglichkeiten ist unser Körper eng mit der Welt direkt um uns herum verbunden. Ich muss den Becher dort nur anschauen, und mein Gehirn beginnt, meine Muskeln anzuspannen und meine Finger zu krümmen für den Fall, dass ich danach greifen möchte.

Auf diese Weise ist unser Gehirn in die physische Welt eingebettet, erkläre ich der Professorin. Auf diese Weise lernt unser Gehirn, ohne einen Lehrer zu brauchen. Vor allem möchte ich sie davon überzeugen, dass diese Vorstellungen nicht einfach so daherfantasiert sind, sondern von strengen mathematischen Gleichungen gestützt werden.

---

[9] Das ist ein völlig wirklichkeitsfremdes Beispiel. In der wettbewerbsorientierten Welt der heutigen Akademiker diskutiere ich beim Lunch keine aufregenden neuen Ideen mit meinen Kollegen, sondern sitze mit einer Tasse kalorienfreier Suppe allein in meinem Arbeitszimmer und schreibe einen weiteren Antrag auf Fördermittel.

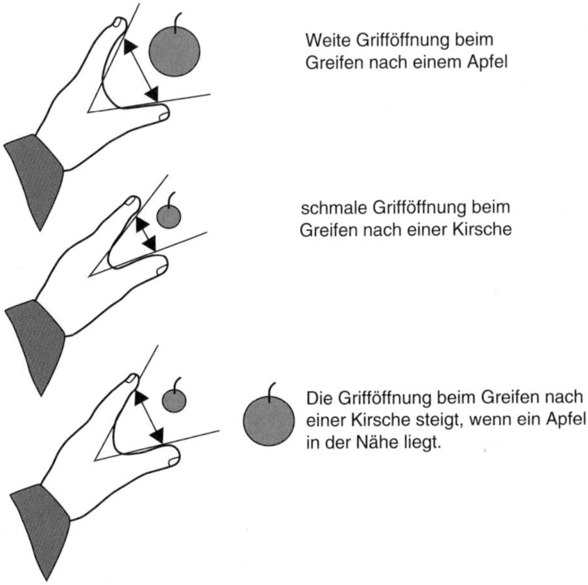

Abb. 4.6 Unser Gehirn bereitet automatisch Handlungsprogramme für die Objekte um uns herum vor. In einer Reihe von Experimenten haben Umberto Castiello und seine Kollegen gezeigt, wie verschiedene Objekte in einem visuellen Szenario automatisch die Reaktionen aktivieren, die nötig sind, die Hand nach ihnen auszustrecken und sie zu ergreifen (Handlungsprogramm), und zwar ohne bewusste Handlungsabsicht. Dazu vermaßen sie sehr genau die Handbewegungen, wenn ihre Probanden nach Objekten griffen. Beim Greifen nach Objekten wird der Abstand zwischen Fingern und Daumen (Griffweite) im Vorhinein an die Größe des Objekts angepasst. Wenn ich nach einem Apfel greife, öffne ich meine Hand weiter, als wenn ich nach einer Kirsche greife. Greife ich aber nach einer Kirsche, wenn auch ein Apfel auf dem Tisch liegt, öffne ich meine Hand weiter, als für eine Kirsche üblich. Die Handlung, die nötig ist, um eine Kirsche zu ergreifen, kommt meiner Handlung, den Apfel zu ergreifen, in die Quere. Diese Ablenkung, die von anderen Objekten in der visuellen Welt ausgeht, zeigt, dass das Gehirn parallel auf Handlungsprogramme für all diese Objekte zurückgreifen kann.

„Wollen Sie damit wirklich sagen", entgegnet die Englischprofessorin, „dass es irgendwo in meinem Gehirn eine Karte von sämtlichen Plätzen gibt, an denen ich jemals gewesen bin, und Instruktionen für das Ergreifen eines jeden Objektes, das ich jemals gesehen habe?"

Ich erkläre ihr, dass dies wohl der cleverste Aspekt dieser Lernalgorithmen ist. Es gibt nur eine einzige Karte, keine Folge von Karten, die in eine ferne Vergangenheit führen. Diese Karte hat kein Gedächtnis. Es ist, als schaue man sich die Welt durch ein Kaleidoskop an. Solange unsere Vorhersagen korrekt sind, bleibt das Muster stabil. Eine falsche Vorhersage verändert das Muster so, dass ein neues entsteht, das das alte ersetzt. Auf diese Weise können wir unser Verhalten an eine sich ständig verändernde Welt anpassen.

„*Sie* mögen in einer ewigen Gegenwart feststecken", erwidert sie. „Meine Erfahrung ist eine ganz andere. Mein Geist ist von vergangenen Ereignissen, die ich bedauere, und von Hoffnungen für die Zukunft erfüllt, statt von gegenwärtigen Empfindungen. Und daher kann es sein, dass Ihr Gehirn in die physische Welt eingebettet ist, doch mein Gehirn ist eingebettet in die Welt der Kultur, die Welt, die vom Geist Vieler geschaffen wird. Wenn ich mir der physischen Welt überhaupt bewusst bin, dann nur deshalb, weil sie nicht ich ist. Sie ist das, was mich schmerzt, wenn ich mir das Schienbein stoße." Und bevor ich antworten kann, setzt sie zu einem Vortrag über den „Bewusstseinsstrom" an.[10]

Dieser Einwurf der Englischprofessorin erinnert uns an die dramatische Diskrepanz zwischen dem, was unser Gehirn über die Welt weiß, und unserem bewussten Erleben der Welt.

---

[10] Sie beginnt mit William James' Versuch, das Innenleben eines Babys zu beschreiben – ein summendes, wuseliges Durcheinander –, geht über zum Versuch von Williams Bruder Henry James, Charaktere zu schaffen, indem er ihre Gedanken und Gefühle beschreibt, und endet mit Virginia Woolfs Roman *The Waves* (deutsch: *Die Wellen*), in dem Realität das ist, was Individuen subjektiv als solche wahrnehmen. Das führt zu einem Paradox. In diesem Roman existieren die Charaktere in subjektiver und einsamer Isolation voneinander, doch der Leser wird mit ihnen allen aufs Engste vertraut.

Assoziatives Lernen kann erklären, wie unser Gehirn Wissen über die Welt erwirbt, aber wir sind uns dieses Wissens oder seines Erwerbs kaum bewusst. Welches Erleben der Welt ist es dann, das unser Gehirn schafft?

Wie uns das Gehirn in die Welt einbettet und uns dann verbirgt

Aber ich erkenne, dass sie Recht hat. Was auch immer mein *Gehirn* tun mag – wie sie empfinde ich mich nicht eingebettet in die physische Welt. Ich erlebe mich selbst *in* der physischen Welt, aber abgehoben von ihr. Mein Gehirn mag mich geschickt in die physische Welt eingebettet haben, ich bin mir dieser Einbettung aber nicht bewusst.

Das Problem beim Studium von Hunden, Katzen und Tauben ist, dass wir nur ihr *Verhalten* sehen. Wir wissen nichts über ihr Erleben. Assoziatives Lernen beim Menschen ist nicht derart ausführlich untersucht worden, aber wir wissen, dass es bei uns wie bei anderen Tieren zu einem solchen Lernen kommt. Wie wird solches Lernen erlebt? Der Psychologieprofessor, der lernt, nach links zu gehen, damit seine Studenten ihm zuhören, lernt offenbar, ohne sich dessen gewahr zu werden. Auch wissenschaftlich durchgeführte Experimente zeigen diesen Effekt.

In Kapitel 2 habe ich gezeigt, wie verschwiegen unser Gehirn manchmal sein kann. Ich habe das Experiment von Paul Whalen beschrieben, in dem unser Gehirn auf ein ängstliches Gesicht reagiert, selbst wenn wir uns nicht bewusst sind, das Gesicht gesehen zu haben. John Morris und seine Kollegen haben ein zweites Experiment durchgeführt, bei dem sie Gesichter als bedingte Reize in einem Experiment à la Pawlow einsetzten. Sie zeigten zwei ärgerliche Gesichter. Auf eines folgte stets ein lautes Geräusch, auf das andere nicht. Die Versuchspersonen wurden bald auf das Gesicht konditioniert, dem das laute Geräusch folgte. Das Gehirn der Versuchsperson reagierte nun auf das ärgerliche Gesicht, als sei es ein lautes Geräusch. Die Versuchsperson war sich aber nicht bewusst, das ärgerliche Gesicht gesehen zu haben, weil es durch ein anderes Gesicht maskiert worden war. Sie lernte eine bedingte Reaktion, obgleich sie sich nicht bewusst war, den Reiz gesehen zu haben, der diese bedingte Reaktion auslöste.[11]

Assoziatives Lernen ist für unser Überleben entscheidend wichtig. Es bettet uns in die physische Welt ein und erlaubt uns, rasch und effizient auf sie zu reagieren. Durch assoziatives Lernen erwerben wir wichtige Kenntnisse über die physische Welt. Wir sind uns dieser Kenntnisse jedoch kaum bewusst; unser Geist schwebt in höheren Sphären. Und gewöhnlich geht es dabei um unsere privaten Wünsche und Begierden.

Das Selbst und die Welt

Wie erlebe ich mich also in der Welt? Stellen Sie sich eine sehr einfache Handlung wie das Herumgehen im Zimmer vor, während ich den nächsten Satz zu formulieren suche. Da bin ich, und da ist die Welt, in der ich mich bewege und die nicht ich ist. Der große Unterschied ist, dass ich mich bewege und die Welt genau da bleibt, wo sie ist. Und das ist sehr seltsam, denn jedes Mal, wenn ich mich bewege, führt diese Bewegung zu dramatischen Veränderungen dessen, was mein Gehirn über die Welt wahrnimmt. Selbst wenn ich nur meine Augen bewege, hat dies dramatische Auswirkungen. Auf meine Netzhaut und auch auf meine Sehrinde im hinteren Gehirnpol wird ein Bild der Welt projiziert. Wenn ich jedoch meine Augen bewege, verändert sich dieses Bild vollständig. Während ich meine Augen von links nach rechts über die Tanne im Garten schweifen lasse, bewegt sich die Projektion der Tanne von der rechten Seite meiner Netzhaut auf die linke Seite. Das ist eine dramatische Veränderung des sensorischen Empfindens. Und es stellt mein Gehirn vor ein

[11] Nach der Konditionierung führte das „ungesehene“ Gesicht, das für das laute Geräusch stand, zu einer erhöhten Aktivität der Amygdala und zu gesteigerter Schweißproduktion – beides Zeichen von Furcht.

Problem – kommt es zu dieser Veränderung, weil sich meine Augen bewegen, oder weil sich der Baum bewegt?

Wir alle haben schon einmal erlebt, wie doppeldeutig Bewegungen sein können, wenn man mit dem Zug fährt. Ich denke, mein Zug hat sich wieder in Bewegung gesetzt, und stelle dann fest, dass es der Zug auf dem Nebengleis war, der in die Gegenrichtung fährt. Aber wir sind selten im Zweifel, ob sich der Baum an unseren Augen vorbeibewegt oder ob sich unsere Augen über den Baum bewegen. Vor mehr als 100 Jahren machte sich Helmholtz über dieses Problem Gedanken. Er zeigte, dass wir uns manchmal selbst unserer eigenen Augenbewegungen nicht sicher sein können. Wenn er sein Auge bewegte, indem er mit dem Finger dagegen drückte, schien es, als bewege sich die Welt ruckartig von der einen zur anderen Seite.[12] Warum bleibt die Welt also stabil, wenn wir unsere Augen auf normale Weise bewegen?

Helmholtz erkannte, dass unser Gehirn bereits über detaillierte Informationen über eine Augenbewegung verfügt, bevor diese Bewegung ausgeführt wird. Denn es ist unser Gehirn, das die Signale an die Augenmuskeln schickt, die zur Augenbewegung führen. Diese Signale können dazu verwendet werden, genau vorauszusagen, wie sich unsere visuelle Welt verändern wird, wenn sich die Augen bewegen.[13] Wiederum lernt das Gehirn durch Vorhersage wichtige Dinge über die Welt.

Unser Gehirn kann diese Vorhersage benutzen, um uns die Welt als stabil erscheinen zu lassen, obgleich das Bild der Welt wie wild auf unserer Netzhaut herumhüpft, wenn wir die Augen bewegen. Diese Illusion von Stabilität ist für unser Überleben wesentlich. Alle Tiere reagieren sehr empfindlich auf plötzliche Veränderungen in ihrem Sehfeld. Sämtliche derartige Veränderungen werden wahrscheinlich

---

[12] Wenn Sie nicht zu fest gegen Ihr Auge drücken, können Sie dieses Experiment zu Hause durchführen. Es funktioniert tatsächlich.

[13] Warum kann das Gehirn dann nicht genau voraussagen, was passieren wird, wenn wir unser Auge mit dem Finger zur Seite drücken? Nun, zum einen hat unser Gehirn sehr wenig Erfahrung mit dieser Handlung und hatte keine Gelegenheit zu lernen, wie das Ergebnis aussieht. Und zum anderen werden wir unser Auge mit dem Finger jedes Mal wohl etwas anders verschieben, so dass das Ergebnis immer etwas anders ausfällt.

durch die Bewegung eines kleinen Tieres hervorgerufen, das wir fangen wollen, oder eines großen Tieres, dem wir aus dem Weg gehen wollen. Aber Veränderungen in unserem Sehfeld, die durch unsere eigenen Bewegungen hervorgerufen werden, sind ohne Bedeutung. Indem das Gehirn diese unwichtigen visuellen Veränderungen vorhersagt, kann es unsere Antwort darauf unterdrücken. Wir können dann unsere ganze Aufmerksamkeit den Dingen widmen, die in der Außenwelt geschehen.

Warum man sich nicht selbst kitzeln kann

Es gab einmal eine Zeit, da waren Wissenschaftler sehr ernsthafte Leute, Hüter eines Spezialwissens, das normale Menschen nicht zu verstehen erwarteten. Heute ist das anders. Wir müssen der Öffentlichkeit über unser Tun Rechenschaft ablegen. Unsere Forschung muss relevant und verständlich sein, und vor allem muss sie Spaß machen.[14] Wenn es daher viele Möglichkeiten gibt, einen interessanten Prozess zu untersuchen, warum nicht diejenige mit dem höchsten Spaßfaktor? Dies im Hinterkopf, entschlossen sich Sarah-Jayne Blakemore, Daniel Wolpert und ich, das „Kitzeln" zu untersuchen. Es gehört zum wissenschaftlich gesicherten Erfahrungswissen, dass man sich nicht selbst kitzeln kann. Der Grund liegt in der Vorhersage. Unser Gehirn kann vorhersagen, was wir gleich fühlen werden, weil es die Kommandos an die Fingermuskulatur schickt, die die Kitzelempfindung auslösen.

Bestimmte Rezeptoren in unserer Haut stellen fest, wenn es zu einer Berührung des Körpers kommt. Diese Rezeptoren senden Signale in Gehirnregionen, die dem Berührungsempfinden gewidmet sind. (Abbildung 3.7 zeigt den primären somatosensorischen

[14] Mit anderen Worten, sie sollte von der populären Presse aufgegriffen werden. Aber Vorsicht: Wenn der Spaßfaktor zu groß ist, kann es sein, dass man den IgNobelpreis [englisches Wortspiel: *ignobel* = nicht ehrenhaft; Anm. d. Ü.] erhält. Diese Preise werden 1. für „Forschung [vergeben], die einen zunächst zum Lachen und dann zum Nachdenken bringt", und 2. für „Forschung, die nicht reproduziert werden kann und es auch nicht sollte".

Cortex). Wenn ich Ihre Handfläche streichele, während Ihr Gehirn gescannt wird, lässt sich eine dramatische Zunahme der neuronalen Aktivität in diesen Gehirnregionen beobachten, während Sie auf die Berührungssignale reagieren. Aber wenn Sie Ihre eigene Handfläche auf dieselbe Weise streicheln[15], erhöht sich die neuronale Aktivität kaum. Wenn man sich selbst berührt, unterdrückt das Gehirn die entsprechende Reaktion.

Gerade als ich versuche, ihre Hand zu kitzeln, zieht die Englischprofessorin sie zurück. „Das ist nicht besonders überraschend", meint sie. „Es fühlt sich viel weniger intensiv an, wenn ich meine eigene Hand kitzele. Offensichtlich korrespondiert meine Gehirnaktivität mit meinem subjektiven Erleben. Sie erzählen mir doch die ganze Zeit, dass mein Erleben von meinem Gehirn abhängt."

Die Brain-Imaging-Studien zeigen den Ort im Gehirn, wo die Unterdrückung auftritt: in der Cortexregion, wo die Berührungssignale zuerst eintreffen. Damit das möglich ist, muss das Gehirn diese Aktivität vorhersagen, so dass es dem Signal, sobald es eintrifft, entgegenwirken kann.

Am Kitzeln ist nichts Besonderes. Wenn wir uns bewegen, rufen wir ständig sensorische Empfindungen hervor, selbst wenn wir weder uns selbst noch irgendetwas anderes berühren. In unseren Muskeln und Gelenken sitzen Rezeptoren, die uns die Stärke unserer Muskelspannung signalisieren und die Beugung unserer Gelenke messen. Diese Rezeptoren werden bei jeder Extremitätenbewegung aktiviert, doch die Reaktion des Gehirns auf diese Bewegungen wird unterdrückt, wenn es sich um Eigenbewegungen handelt. Wenn jemand anders unser Bein bewegt (eine passive Extremitätenbewegung), sind die corticalen Reaktionen viel stärker. Unser Gehirn kann nicht vorhersagen, was passieren wird, wenn jemand anders unser Bein bewegt, daher wird unser Bewegungsempfinden nicht unterdrückt.

---

[15] Sie fragen zu Recht: Wie kann ich sicher sein, dass Sie Ihre eigene Handfläche in *genau* derselben Weise streicheln wie ich? Wir verwenden eine Kombination empfindlicher Bewegungsdetektoren und Roboterarme. Ein Computer registriert die Bewegungen, die Sie machen, und reproduziert sie dann exakt, indem er einen Roboterarm kontrolliert, der Sie kitzelt.

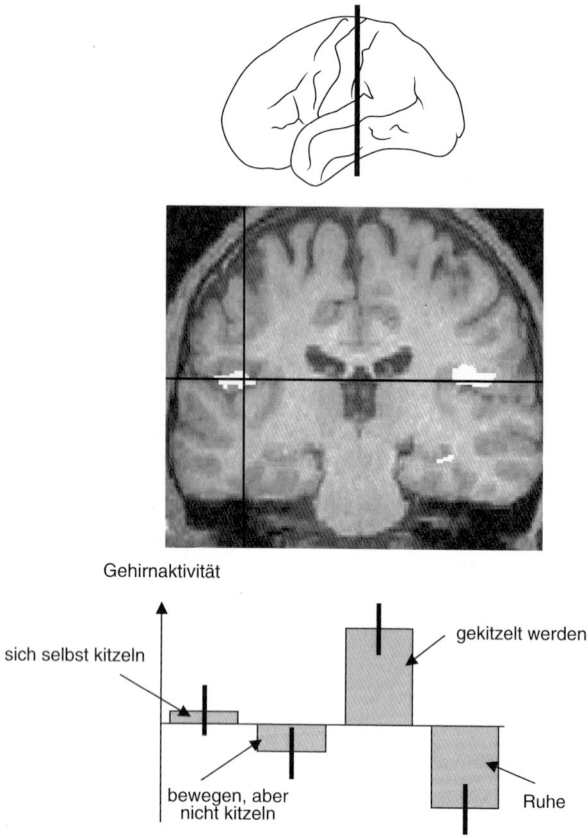

Abb. 4.7 Die Reaktion des Gehirns auf Kitzeln. Ein Schnitt durch die Mitte des Gehirns zeigt eine Region, die auf Berührung reagiert: den sekundären somatosensorischen Cortex. Wenn jemand anders Sie kitzelt, ist die Aktivität in dieser Region des Gehirns stärker als wenn Sie sich selbst kitzeln, obwohl die Berührung dieselbe ist. Die schwarzen vertikalen Balken sind *Fehlerbalken*, die die Schwankungsbreite der Ergebnisse angeben. Seien Sie misstrauisch, wenn eine Grafik keine Fehlerbalken hat.

Das Gefühl, die Dinge unter Kontrolle zu haben

Vorhersage ist aus vielen Gründen eine gute Sache. Wenn wir wissen, was geschehen wird, können wir uns entspannen. Wir müssen nicht ständig aufs Neue planen, was zu tun ist. Ändern müssen wir unsere Pläne nur dann, wenn etwas Unerwartetes passiert. Wenn wir wissen, was geschehen wird, haben wir zudem das Gefühl, die Situation zu kontrollieren.

Wir alle schätzen das Gefühl, die Dinge unter Kontrolle zu haben. Und das, was wir am besten kontrollieren können, ist unser eigener Körper. Aber weil unser Gehirn die Körperempfindungen unterdrückt, die es vorhersagen kann, haben wir paradoxerweise dann das stärkste Gefühl von Kontrolle, wenn wir nichts fühlen. Ich greife nach meinem Glas, und alles, was ich empfinde, sind Anblick und Geschmack des Weins, den ich trinke. Die verschiedenen Bewegungskorrekturen, die mein Gehirn durchführt, während es meine Hand durch die verschiedenen Hindernisse auf dem Tisch zum Weinglas navigiert, erlebe ich nicht bewusst. Ich empfinde nicht, wie sich der Beugungswinkel meines Ellbogengelenks ändert oder wie meine Fingerspitzen den Stiel des Weinglases umfassen. Ich habe das Gefühl, meinen Körper zu kontrollieren, weil ich weiß, was ich will (einen Drink), und weil ich dieses Ziel mühelos erreichen kann. Solange ich alles im Griff habe, muss ich mich nicht um die physische Welt von Handlungen und sensorischen Empfindungen kümmern. Ich kann in der subjektiven Welt der Wünsche und Begierden verweilen.

Die Welt der Vorstellung

Die Englischprofessorin ist der Meinung, ich rede Unsinn. „*Sie* gehen vielleicht wie ein Zombie durch die Welt", meint sie, „aber ich bin mir sicherlich bewusst, was ich tue." „Nein", entgegne ich. „Den größten Teil der Zeit sind Sie sich dessen, was Sie tun, nicht bewusst. Was Sie wissen, ist, was Sie zu tun *beabsichtigen*. Solange Ihre Absichten erfüllt werden, nehmen Sie Ihre Bewegungen nicht bewusst wahr.“ Erinnern Sie sich an Pierre Fournerets Experiment aus Kapitel 3 (Abbildung 3.3)? Die Versuchspersonen in diesem Experiment dachten, sie bewegten ihre Hand in einer geraden Linie, während ihre Hand tatsächlich zur Seite abwich. Sie beabsichtigten, ihre Hand in einer geraden Linie zu bewegen, um das Ziel zu erreichen. Und sie erreichten das Ziel auch tatsächlich. Sie nahmen die Abweichung vom geraden Kurs, die ihre Hand machen musste, um das Ziel zu erreichen, nicht bewusst wahr. Bewusst waren sie sich nur der beabsichtigten Bewegung.

Wir können in dieser imaginären Welt der Absichten leben, weil unser Gehirn die Folgen unserer Bewegungen vorhersagen kann. Unser Gehirn weiß im Voraus, wie lang eine Bewegung dauern wird, wie unsere Hand danach aussehen wird, und wie sich die Bewegung anfühlen sollte. Und selbst wenn wir uns gar nicht bewegen, können wir uns Bewegungen vorstellen.

Seit Aufkommen des Behaviorismus ist Psychologen die Welt der Vorstellungen suspekt. Wir trauen subjektiven Berichten nicht recht. Wir möchten irgendein objektives Maß, das diese Aussagen stützt. Daher sind wir froh, zeigen zu können, dass das Sichvorstellen einer Bewegung genauso lange dauert wie die tatsächliche Durchführung dieser Bewegung. Noch besser ist, dass wir Aktivität in den relevanten motorischen Arealen des Gehirns sehen können. Und am besten ist: Wir können zeigen, dass das Sichvorstellen von Bewegungen die motorischen Fertigkeiten bei realen, objektiven Bewegungen tatsächlich verbessern kann.

Yue und Cole forderten eine Gruppe von Freiwilligen auf, vier Wochen lang fünf Trainingssitzungen pro Woche einen Muskel zu trainieren, der den Kleinfinger beugt. Eine andere Gruppe stellte sich die entsprechenden Kontraktionen im entsprechenden Zeitraum lediglich vor. Eine dritte Gruppe, die als Kontrolle diente, trainierte gar nicht. Nach fünf Wochen war die durchschnittliche Kraft, die vom Kleinfinger ausgeübt werden konnte, bei der echten Trainingsgruppe um 30 Prozent und bei der mentalen Trainingsgruppe um 22 Prozent gewachsen. Die Veränderung in der Kontrollgruppe betrug nur triviale 2,3 Prozent. Diese Studie zeigt, dass das Trainieren von Bewegungen in der Vorstellung einen fast ebenso großen Kraftgewinn mit sich bringt wie ein wirkliches Training. Wie ist das möglich?

Wir lernen durch Vorhersage. Mein Gehirn sagt voraus, was passieren wird, wenn ich mich bewege, und benutzt Fehler in seiner Vorhersage, um es das nächste Mal besser zu machen.[16] Aber wenn wir uns nicht bewegen, gibt es kein Endergebnis, das mit der Vorhersage verglichen werden könnte. Es gibt keinen Fehler. Wie ist es daher möglich, durch einfaches Sichvorstellen eine Bewegung zu erlernen? Lernen durch Sichvorstellen ist möglich, weil mein Gehirn zwei verschiedene Vorhersagen über meine Bewegungen macht. Erstens kann es vorhersagen, welche bestimmte Befehlsfolge, die an meine Muskulatur geschickt wird, die Bewegung generieren wird, die ich machen will. Diese Vorhersage wird als das *inverse Modell* bezeichnet, weil mein Gehirn vom Output meines motorischen Systems (mein sich bewegender Finger) auf seinen Input (die zu den Fingermuskeln geschickten Kommandos) „zurückschließen“ muss. Zweitens kann mein Gehirn vorhersagen, welche exakten Bewegungen auftreten werden, wenn es eine bestimmte Folge von Kommandos an meine Muskeln sendet. Diese Vorhersage wird als *Vorwärts-Modell* bezeichnet, da mein Gehirn vom Input (die zu den Fingermuskeln geschickten Kommandos) zum Output (den Fingerbewegungen) „vorausdenken“ muss. Ohne dass es zu einer Bewegung kommt, kann mein Gehirn nicht testen, wie gut die eine oder die anderer dieser Vorhersagen ist. Aber es bedarf keiner Bewegungen, um zu

[16] Ich bleibe bei meiner Formulierung „mein Gehirn tut ...“, um Situationen anzuzeigen, in denen ich mir nicht bewusst bin, was mein Gehirn gerade tut. Im Gegensatz dazu zeigt die Formulierung „Ich tue ...“ diejenigen Situationen an, die in denen ich mir dessen bewusst bin, was mein Gehirn tut. Aber das „Ich“ ist in diesem Fall immer noch mein Gehirn (siehe Nachwort).

prüfen, ob diese beiden Vorhersagen miteinander kompatibel sind. Die Vorhersage des Vorwärts-Modells, welche Fingerbewegungen auftreten werden, sollte mit dem Ausgangspunkt des inversen Modells übereinstimmen, welche Fingerbewegungen ich machen möchte. Mein Gehirn kann diese beiden Vorhersagen machen und sie aneinander angleichen, bis sie passen, ohne dass ich tatsächlich eine Fingerbewegung mache. Infolge eines solchen rein geistigen Trainings verbessern sich meine realen Bewegungen.[17]

Wenn das System versagt

Sich in der Welt zu bewegen und nach Dingen zu greifen, die wir haben wollen, erscheint einfach. Wir sehen es als gegeben an. Im Normalzustand ist unser Gefühl, unsere Handlungen zu kontrollieren, durch einen Mangel an Details in Bezug auf die Handlungen gekennzeichnet, die wir durchführen. Wir sind uns unserer sensorischen Empfindungen kaum bewusst, wenn wir uns bewegen; Gleiches gilt für die Bewegungskorrekturen, die wir ständig durchführen. Im Hintergrund arbeitet unser Gehirn jedoch hart daran, uns dieses Gefühl der Leichtigkeit zu verschaffen.

Ein täglicher Marathon

Aufgrund einer Virusinfektion hat I. W. sämtliches sensorisches Empfinden in seinen Extremitäten verloren, mit Ausnahme von

[17] Auch Maschinen können auf diese Weise lernen, Objekte zu erkennen (siehe Kapitel 5). Sie werden manchmal als Helmholtz-Maschinen bezeichnet, weil sie dieselben unbewussten Schlussfolgerungen benutzen, über die Helmholtz spekulierte. Sie verwenden eine Technik, die als Wach-Schlaf-Algorithmus bezeichnet wird und ebenfalls zwei Arten von Vorhersagen macht: *Wiedererkennen*, das heißt vorhersagen, welches Objekt diese sensorischen Empfindungen auslösen wird (inverses Modell), und *Generieren*, das heißt vorhersagen, welche sensorischen Empfindungen dieses Objekt hervorrufen wird (Vorwärts-Modell). Das passiert im Schlaf, wenn es keinen sensorischen Input gibt.

Wärmeempfindung und einem Gefühl der Muskelermüdung. Die Stellung seiner Extremitäten im Raum kennt er nur aufgrund seines Sehsinns. Nach einer solchen Schädigung bewegen sich die Betroffenen meist nicht mehr, obgleich sie ihre Muskulatur noch immer kontrollieren können. Das ist so, weil unser Gehirn von Körpersignalen abhängig ist, um unsere Bewegungen zu kontrollieren. Um die richtigen Kommandos an die Muskulatur zu schicken, muss das Gehirn vor Bewegungsbeginn wissen, wo sich eine Hand befindet und ob sie nach Beendigung der Bewegung die richtige Position erreicht hat. Bei Menschen wie I. W. ist diese Information nicht länger verfügbar, außer über den Sehsinn.

I. W. ist sehr ungewöhnlich. Nach jahrelangem Bemühen und harter Arbeit hat er gelernt, wieder zu gehen, stürzt aber, sobald das Licht ausgeschaltet wird. Er hat gelernt, Objekte zu ergreifen, solange er die Objekte und seine Hand sehen kann. Er ist von seinen Augen abhängig, um zu wissen, wo sich seine Hand vor Bewegungsbeginn befindet, und er muss hinschauen, um zu überprüfen, ob seine Hand bei Bewegungsende den richtigen Ort erreicht hat. Das ist nicht die normale Art und Weise, in der das Gehirn Bewegungen kontrolliert.

Die Kontrolle, die I. W. erreicht hat, tritt nicht automatisch ein. Er muss die ganze Zeit hindurch sorgfältig über seine Bewegungen nachdenken. Eine automatische Korrektur findet nicht statt. Den ganzen Handlungsablauf hindurch muss er sich ständig auf die Kontrolle seiner Bewegungen konzentrieren.

Das unterscheidet sich deutlich von unserem üblichen Gefühl, unsere Körperbewegungen zu kontrollieren. Am besten können wird uns I. W.s Situation vielleicht vorstellen, wenn wir uns daran erinnern, wie es ist, wenn man sich trotz extremer Erschöpfung dazu zwingt, sich zu bewegen. Jede noch so kleine Bewegung ist dann außerordentlich mühsam. So beschreibt I. W. selbst seine Situation. Er meint, sein Leben sei ein täglicher Marathon.

Fremde Mächte

P. H. leidet an Schizophrenie. Eines ihrer verstörendsten Symptome ist das Gefühl, ihre eigenen Handlungen nicht kontrollieren zu können. „Meine Finger ergreifen den Stift, doch ich kann sie nicht kontrollieren. Was sie tun, hat nichts mit mir zu tun." Psychiater bezeichnen dies als „Beeinflussungswahn", weil die Person glaubt, ihre Handlungen würden von fremden Mächten kontrolliert. Natürlich mögen viele von uns sagen, dass wir nicht Herr über unser Handeln sind. Wir fühlen uns vielleicht von der Regierung oder unserem Arbeitgeber kontrolliert. In einem durchaus realen Sinne werden viele meiner Handlungen vom Wellcome Trust[18] kontrolliert. P. H.s Gefühl, kontrolliert zu werden, ist viel direkter als dies. Wenn sie ihren Arm bewegt, hat sie das Gefühl, als sei nicht sie es, die diese Bewegung kontrolliert.

P. H.s Erleben unterscheidet sich deutlich von I. W.s. Sie kann ihre Bewegungen ohne viel Nachdenken kontrollieren. Wenn sie nach einem Objekt greift, macht ihr Gehirn all die nötigen automatischen Korrekturen. Warum meint sie dann, ihre Bewegungen würden von fremden Mächten kontrolliert?

Zu Beginn des 20. Jahrhunderts vertrat Karl Jaspers die These, viele der Erfahrungen, die psychiatrische Patienten beschrieben, seien einfach nicht zu verstehen. Angst und Depression sind stärker ausgeprägte Versionen von Zuständen, die wir alle schon einmal erlebt haben, aber dass unsere Handlungen und Gedanken direkt von anderen Leuten kontrolliert werden, liegt jenseits der Erfahrungen, die die meisten von uns schon einmal gemacht haben. Jaspers misstraute Behauptungen, die eine Verbindung zwischen Gehirnfunktionen mit psychologischen Prozessen herstellten. Diese Behauptungen waren seiner Ansicht nach „Gehirnmythologie" und

[18] Diese wunderbare karitative medizinische Organisation, die meine Forschung in den letzten zehn Jahren finanziell unterstützt hat.

würden uns nicht helfen, die Erfahrungen von Psychiatriepatienten zu verstehen.

„Er hat Recht", wirft die Englischprofessorin ein. „Man braucht psychologische Theorien, um psychische Erfahrungen zu erklären." Nicht ohne ein gewisses maliziöses Vergnügen weise ich sie darauf hin, dass Jaspers auch die „Mythologie der Psychoanalyse" kritisiert hat.

Ich denke, wir können P. H.s Erfahrungen heute besser verstehen als früher, weil wir inzwischen deutlich mehr über die Funktionsweise des Gehirns wissen. In unserem normalen Zustand sind wir uns der sensorischen Empfindungen, die auftreten, wenn wir uns bewegen, kaum bewusst, denn unser Gehirn kann diese Empfindungen vorhersagen und verhindern, dass sie in unser Bewusstsein vordringen. Aber was ist, wenn mit der Vorhersage etwas schief geht und wir uns der Empfindungen bewusst werden? Normalerweise werde ich mir der Empfindung nur bewusst, wenn jemand anders meine Hand bewegt. Eine solche Gehirnanomalie könnte erklären, warum P. H. das Gefühl hat, jemand anders bewege ihre Hand. Sie ist sich ihrer körperlichen Empfindung anomal bewusst, wenn sie ihre Hand bewegt. Für sie fühlt es sich tatsächlich so an, als bewege jemand anders ihre Hand.

Die Englischprofessorin schaut sehr skeptisch. „Wollen Sie damit sagen, dass P. H. sich selbst kitzeln kann?"

„Ganz genau!" Ich bin höchst erfreut, dass sie sofort auf das Schlüsselexperiment zu sprechen kommt. Im Labor stellte sich heraus, dass P. H. und Menschen wie sie sich selbst kitzeln können. Es machte für sie keinen Unterschied, ob sie ihre Handfläche selbst streichelten oder der Experimentator dies tat. Sie berichteten, das Kitzelgefühl sei dasselbe. Wir mögen die zugrunde liegende Gehirnanomalie noch nicht völlig verstehen, doch wir beginnen zu verstehen, wie diese Menschen Bewegung erleben. Ihr Gehirn unterdrückt die sensorischen Empfindungen, die unausweichlich mit jeder Bewegung einhergehen, nicht länger, und diese Empfindungen gelangen ins Bewusstsein der Betroffenen. Für sie fühlt es sich tatsächlich so an, als bewege jemand anders ihre Gliedmaßen.

Der unsichtbare Akteur im Zentrum der Welt

Durch seine Fähigkeit, zu lernen und vorherzusagen, verbindet mich mein Gehirn mit vielen starken Fäden mit der Welt. Wegen dieser Verbindungen ist die Welt kein summendes, ungeordnetes Chaos von Empfindungen, sondern alle Dinge und alle Ereignisse um mich herum üben eine anziehende oder abstoßende Kraft aus, weil mein Gehirn gelernt hat, ihnen Werte zuzuordnen. Und mein Gehirn tut noch mehr. Es spezifiziert sogar die Handlungen, die ich

Abb. 4.8 Manchmal gelingt uns ein kurzer Blick auf uns selbst und wir sehen, wie wir uns durch die Welt bewegen.

unter Umständen durchführen muss, um mache Dinge zu erlangen und andere zu meiden. Ich bin mir dieser starken Verbindungen jedoch nicht bewusst – mein Gehirn schafft die Illusion, dass ich ein unabhängiges, von der physischen Welt weitgehend getrenntes Wesen bin.

Wann immer ich in der Welt handele, meine Gliedmaßen bewege und mich von einem Ort zum andere bewege, rufe ich massive Veränderungen in den Signalen hervor, die meine Sinnesorgane aufnehmen. Alle paar Sekunden verändert sich das visuelle Muster auf meiner Netzhaut vollständig. Aber die Außenwelt hat sich in Wirklichkeit nicht verändert. Und mein Gehirn schafft es, mir den Eindruck einer konstanten, unveränderlichen Welt zu vermitteln, in der ich mich bewege. Ich kann mich auf die verschiedenen Teile meines Körpers konzentrieren, und dann werden sie ebenfalls zu Teilen dieser äußeren Welt. Doch meistens bewege ich, der Akteur, mich unsichtbar durch die Welt, ein Schatten, auf den ich manchmal aus den Augenwinkeln einen kurzen Blick werfen kann, bevor er weitergeht.

Durch assoziatives Lernen entdeckt unser Gehirn die wertvollen Dinge in der Welt und lernt, wie wir uns verhalten müssen, um sie zu erlangen.

5

Unsere Wahrnehmung der Welt ist eine Fantasie, die mit der Realität in Einklang steht

Die Form des Lernens, die Pawlow und Thorndike entdeckt haben, mag sehr nützlich sein, ist aber sehr grob. Die ganze Welt wird in nur zwei Kategorien unterteilt: vorteilhaft oder unvorteilhaft. Doch wir erleben die physische Welt nicht in so groben Kategorien. Wenn ich aus dem Fenster in meinen Garten schaue, werde ich augenblicklich einer solchen Fülle an Farben und Formen gewahr, dass es unmöglich erscheint, diese Erfahrung in ihrer Gesamtheit einem anderen Menschen mitzuteilen. Aber im selben Moment, in dem ich all die Farben und Formen erlebe, sehe ich sie auch als Objekte, die ich erkenne und benennen kann: das frisch geschnittene Gras, die Primeln, die alten Ziegelpfeiler und – genau in diesem Augenblick – einen wunderschönen Grünspecht mit seiner roten Kappe. Dieses Erleben und Erkennen geht weit über die einfachen Kategorien von vorteilhaft und unvorteilhaft hinaus. Wie stellt unser Gehirn fest, was dort draußen in der Welt ist? Wie stellt unser Gehirn fest, was unsere sensorischen Empfindungen hervorruft?

Unser Gehirn schafft eine mühelose Wahrnehmung der physischen Welt

Das Bemerkenswerte an unserer Wahrnehmung der physischen Welt in all ihrer Schönheit und Detailfülle ist, dass diese Wahrnehmung so einfach erscheint. Wir erleben Wahrnehmung nicht als Problem. Aber genau diese Erfahrung einer einfachen und direkten Wahrnehmung der physischen Welt ist eine Illusion, geschaffen von unserem Gehirn. Und wir sind uns dieser Illusion nicht bewusst, bis wir versuchen, Maschinen zu bauen, die Wahrnehmung „machen" können.

Die einzige Möglichkeit herauszufinden, ob Wahrnehmung einfach oder schwierig ist, besteht darin zu versuchen, ein künstliches Gehirn zu bauen, das Dinge wahrnimmt. Um ein solches Gehirn zu schaffen, müssen wir die Komponenten identifizieren, aus denen es sich zusammensetzt, und wir müssen wissen, was diese Komponenten tun.

Die Informationsrevolution

Die Komponenten oder Bauteile des Gehirns wurden Ende des 19. Jahrhunderts von Neurophysiologen entdeckt. Diese klärten die Feinstruktur des Gehirns mithilfe dünner Hirnschnitte auf, die sie unter dem Mikroskop betrachteten. Die Schnittpräparate wurden auf verschiedene Weise angefärbt, um unterschiedliche Aspekte der Gehirnstruktur zu zeigen (siehe Abbildung E.4 in der Einleitung). Wie Untersuchungen gezeigt haben, enthält das Gehirn eine große Zahl von Nervenzellen (Neuronen)[1] und ein sehr komplexes Netzwerk verbindender Fasern. Die Schlüsselerkenntnis zu den grundlegenden Bausteinen des Gehirns geht auf den Neuroanatomen

[1] Die menschliche Großhirnrinde enthält Schätzungen zufolge 12–15 Milliarden Neuronen, das Kleinhirn weitere 70 Millionen, was insgesamt einer Zahl von 100 Milliarden (10^{11}) Neuronen nahe kommt.

Santiago Ramón y Cajal zurück. Durch sorgfältige Beobachtungen zeigte er, dass dieses Netzwerk von Fasern aus Fortsätzen von Nervenzellen bestand und, was besonders wichtig war, dass es in diesem Netzwerk Lücken gab. Eine Faser, die aus einem Neuron herauswuchs, näherte sich dem nächsten Neuron bis auf einen sehr geringen Abstand, vereinigte sich aber nicht mit ihm. Bei diesen Lücken handelt es sich um die bereits erwähnten Synapsen (siehe Abbildung 4.3). Aus seinen Untersuchungen schloss Cajal, dass der Grundbaustein des Gehirns das Neuron ist: die Nervenzelle mit all ihren Ausläufern. Diese Theorie wurde allgemein akzeptiert und unter der Bezeichnung „Neuronentheorie" bekannt.[2]

Aber was tun die Neuronen, diese Bausteine des Gehirns, tatsächlich? Mitte des 19. Jahrhunderts hatte Emil du Bois-Reymond die elektrische Basis der Impulsfortleitung in Nervenzellen nachgewiesen. Und Ende des Jahrhunderts hatten David Ferrier und andere gezeigt, dass die elektrische Stimulation bestimmter Gehirnareale bestimmte Bewegungen und Empfindungen auslöst. Die elektrischen Impulse in den Nerven transportieren Energie von einer Gehirnregion zur anderen, wo die Aktivität in anderen Nervenzellen verstärkt oder gehemmt werden kann. Aber wie kann eine derartige Aktivität die Basis einer Maschine bilden, die Objekte wahrnehmen kann?

Der Hauptfortschritt kam nicht von Hirnphysiologen, sondern von Telefoningenieuren. Telefonleitungen ähneln Neuronen: Beide leiten elektrische Impulse weiter. Die elektrischen Impulse in einer Telefonleitung aktivieren den Lautsprecher am anderen Ende,

---

[2] Die Existenz der Lücken wurde erst 1954 mithilfe des Elektronenmikroskops definitiv bestätigt. Santiago Ramón y Cajal erhielt den Nobelpreis 1906 zusammen mit Camillo Golgi, der eine Methode zur Anfärbung von Hirngewebe entwickelt hatte, mit der sich dessen Feinstruktur sichtbar machen ließ. In seiner Dankesrede wies Golgi die Neuronentheorie zurück und verteidigte seine Vorstellung eines Gehirns, das aus einem Netzwerk durchgehend miteinander verbundener Fasern bestand („Nervennetzhypothese"). Cajal war wütend auf Golgi wegen dessen „Zurschaustellung von Stolz und Eigenlob" und eines Egos, „das hermetisch versiegelt war und völlig unzugänglich für die unablässigen Veränderungen, die in der intellektuellen Welt rundum stattfinden".

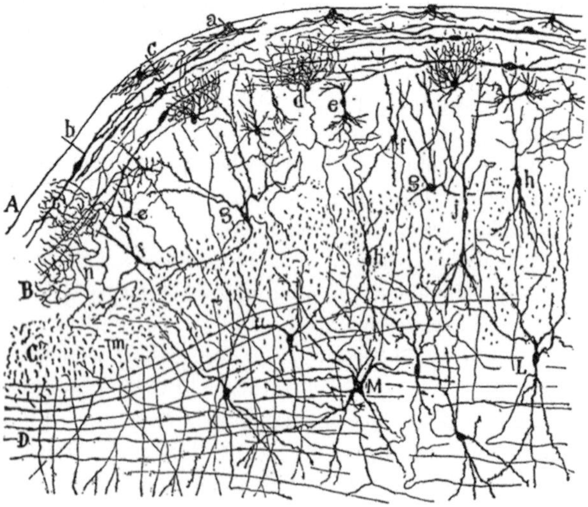

Abb. 5.1 Der große gelöste Knoten. Nervenzellen (Neuronen) sind die Grundbausteine des Gehirns. Diese Zeichnung von Santiago Ramón y Cajal zeigt Nervenzellen im Cortex, die durch eine von Golgi entwickelte Färbetechnik sichtbar gemacht wurden. Zu sehen sind viele verschiedene Neuronentypen und die von ihnen ausgehenden Fortsätze.

genauso wie die elektrischen Impulse in Neuronen die Muskeln aktivieren können, mit denen sie in Verbindung stehen. Aber wie wir wissen, übermitteln Telefonleitungen nicht Energie, sondern Botschaften, ob in Form von Sprache oder von Strichen und Punkten wie beim Morsealphabet.

Ingenieure der Bell Telephones Laboratories wollten herausfinden, wie man telefonische Mitteilungen am effektivsten übermittelt. Diese Studien führten zu der Idee, dass es *Information* ist, die da weitergegeben wird.[3] Zweck einer Nachricht ist, dass wir nach ihrem

[3] Vorgeschlagen von Hartley im Jahr 1928.

Erhalt mehr wissen als zuvor. Die *Informationstheorie*[4] bietet eine Methode, mit der sich messen lässt, wie viel mehr wir nach Empfang der Nachricht wissen.

Zu Beginn eines Kricketspiels wissen wir nicht, wer zuerst schlagen wird, bevor der Schiedsrichter eine Münze geworfen hat. Vor diesem Münzwurf gibt es zwei Möglichkeiten: Entweder wird England zuerst schlagen oder Australien. Nach dem Münzwurf sind diese beiden *Möglichkeiten* auf eine einzige *Gewissheit* reduziert worden: Wir wissen, dass England als Erster schlagen wird. Eine solche Wissenszunahme, bei der zwei Möglichkeiten auf eine einzige reduziert werden, wird als ein Bit Information bezeichnet. Wenn wir statt einer Münze einen Würfel werfen, bei dem es sechs Möglichkeiten gibt, gewinnen wir mehr Information, weil sechs Möglichkeiten auf eine einzige reduziert werden. In diesem Fall gewinnen wir 2,58 Bit an Information.[5] Mithilfe dieser Definition können wir messen, wie viel Information via Telefonleitung weitergegeben wird, und die Geschwindigkeit bestimmen (angegeben in Bits pro Sekunde oder „Baud“), mit der das geschieht. Bei 300 Baud überträgt die Leitung rund 60 Buchstaben pro Sekunde, weil jeder Buchstabe durchschnittlich rund fünf Bit an Information trägt.

Natürlich übermitteln einige Buchstaben weniger Information als andere. Im Schriftenglisch tragen häufige Buchstaben wie E viel weniger Information als seltene Buchstaben wie Z. Am schlimmsten ist es bei einem U nach einem Q; in dieser Position trägt U überhaupt keine Information. Dieses U bezeichnet man als „redundant“. Wäre unsere Kommunikation nicht viel effizienter, wenn

---

[4] Entwickelt von Shannon im Jahr 1948.

[5] Die Bezeichnung „Bit“ steht für *binary digit* (Binärziffer). 2,58, was dem Logarithmus von 6 zur Basis 2 entspricht, ist die durchschnittliche Zahl von Ja-oder-nein?-Fragen, die man stellen müsste, um herauszufinden, welche Zahl der Würfel nach dem Wurf zeigt. Zuerst fragt man: „Ist die Zahl größer als 3?“Lautet die Antwort „ja“, muss es 4, 5 oder 6 sein. Dann fragt man: „Ist sie größer als 4?“, Lautet die Antwort „nein“, muss der Würfel eine Vier zeigen, und ich habe die Antwort mit zwei Fragen herausgefunden. Lautet sie „ja“, dann zeigt der Würfel eine 5 oder eine 6, und ich muss eine weitere Frage stellen. Wenn es sechs Alternativen gibt, muss ich immer zwei bis drei solcher Fragen stellen.

redundante Buchstaben eliminiert und Buchstaben wie E viel seltener eingesetzt würden?

In der Realität ist eine solche Effizienz keineswegs hilfreich, denn die wirkliche Welt ist nie perfekt: Handschriftliche Texte sind voller Fehler und Mehrdeutigkeiten, Setzer machen Fehler, Telefonverbindungen sind verrauscht.[6] Wenn die Nachricht das andere Ende der Leitung erreicht hat, sind unterwegs einige Bruchteile verloren gegangen und einige irrelevante Geräusche dazugekommen. Für die perfekte Nachricht, in der es keine redundanten Buchstaben gibt, ist dieses Rauschen eine Katastrophe. Am anderen Ende der Leitung käme eine andere Nachricht an, und es gäbe keine Möglichkeit zu erkennen, dass es zu einem Fehler gekommen ist.

Enthält die Nachricht hingegen Bits an redundanter Information, dann lassen sich Fehler entdecken, und die ursprüngliche Nachricht kann rekonstruiert werden. Beispielsweise könnten wir dieselbe Nachricht zweimal schicken. Die zweite Nachricht ist völlig redundant, aber wenn die beiden eintreffenden Nachrichten unterschiedlich sind, wissen wir, dass es bei der Übermittlung Fehler gegeben hat. Natürlich wissen wir noch immer nicht, welches die richtige Nachricht ist. Wenn wir dieselbe Nachricht dreimal senden und zwei der beiden Nachrichten übereinstimmen, können wir dies als Regel benutzen, um zu entscheiden, welches die richtige Nachricht ist.

Ich erinnere mich an die Zeiten, als es weder Computer noch elektronische Taschenrechner gab. Komplizierte mathematische Berechnungen mussten per Hand durchgeführt werden, und es kam fast zwangsläufig zu Fehlern. Das Standardverfahren, um sich vor solchen Fehlern zu schützen, bestand darin, die Berechnung dreimal zu wiederholen. Wenn zweimal das Gleiche herauskam, war die Antwort wahrscheinlich richtig, weil es unwahrscheinlich war, in einer Berechnung zweimal exakt den gleichen Fehler zu machen.

---

[6] Eine des fundamentalsten Naturgesetze lautet: Ganz gleich, wie sehr man sich auch bemüht, ein Teil der Bemühungen ist vergeudet. Die Wärme, die eine Glühlampe abgibt, die Reibung, die ein Rad verursacht, das Rauschen im Telefon, vielleicht auch menschliche Fehler, lassen sich niemals völlig abstellen.

Unser Gehirn muss sich mit genau dem gleichen Problem herumschlagen. Die Botschaften aus der Außenwelt, die uns durch unsere Augen und Ohren zugetragen werden, sind verrauscht und voller Fehler; daher kann unser Gehirn nicht sicher sein, was „real" und was ein „Fehler" ist. Um dies zu vermeiden, macht sich unser Gehirn die Redundanz voll zunutze. Wenn wir mit jemanden von Angesicht zu Angesicht sprechen, hören wir nicht nur auf das, was unser Gegenüber sagt, sondern wir beobachten auch genau, wie es seine Lippen bewegt. Indem unser Gehirn diese beiden Informationsstränge auswertet, erhält es eine bessere Vorstellung von der Originalnachricht, die verschickt wurde. Wir sind uns gewöhnlich nicht bewusst, dass wir uns die Lippenbewegungen auf diese Weise zunutze machen, aber wenn wir einen synchronisierten ausländischen Film anschauen, merken wir sofort, dass irgendetwas nicht stimmt, weil die Lippenbewegungen nicht mit den Sprachlauten übereinstimmen.

Mithilfe der Informationstheorie lässt sich die Effizienz von Telefonleitungen bei der Nachrichtenübermittlung verbessern.[7] Aber die Informationstheorie hat Auswirkungen, die weit über Kostenersparnis beim Telefonieren hinausgeht. Die Definition von Information in Form von einfachen physikalischen Zuständen (wie dem On-oder-off-Zustand eines elektronischen Schalters) bedeutet, dass es nun möglich ist, Information maschinell zu speichern: ein digitales Gedächtnis. Lange Zeit ist Information in Büchern in Form von Zeichen, den „Buchstaben", gespeichert worden. Die neuen Speichereinheiten konnten jedoch von Maschinen geschrieben und gelesen werden, die die Bedeutung der Zeichen nicht verstehen mussten. Daher konnte der Inhalt der neuen Speichereinheiten auf der Stelle verändert werden.

[7] Zwar kann man Redundanz einsetzen, um das Problem von Rauschen und Übermittlungsfehlern in der Leitung zu überwinden, aber das hat seinen Preis, weil mehr Zeichen übertragen werden müssen. Mithilfe der Informationstheorie war es möglich, einen optimalen Weg zu finden, um Redundanz mit minimalen Kosten einzusetzen. Ein Beispiel ist die zyklische Redundanzprüfung, die bei den Modems eingesetzt wird, welche uns mit dem Internet verbinden.

Bereits 1943 hatten McCulloch und Pitts eine neue Neuronentheorie vorgeschlagen, der zufolge das Neuron die fundamentale Einheit der Informationsverarbeitung im Gehirn war. Die beiden nahmen zudem an, aus großen Netzwerken simpler elektronischer „Neuronen" lasse sich ein künstliches Gehirn konstruieren. Diese künstlichen neuronalen Netze würden Information speichern und verarbeiten. Die ersten Computer waren nicht als neuronale Netze konstruiert, aber wie die künstlichen neuronalen Netze waren sie Geräte, die Information gemäß bestimmter Regeln speichern, übermitteln und modifizieren konnten. Als in den 1940er-Jahren erstmals Computer konstruiert wurden, wurden sie sofort als „Elektronengehirne" bezeichnet. Diese Maschinen würden irgendwann das tun können, was ein Gehirn tut.

Was können clevere Maschinen wirklich?

1956 wurde für die Wissenschaft vom Bau cleverer Maschinen der Begriff „künstliche Intelligenz" geprägt. Wie bei allen anderen Forschungsprogrammen sollten auch bei der KI-Forschung die einfachsten Probleme zuerst in Angriff genommen werden. Wahrnehmung erschien einfach. Da fast jeder Mensch Handschriften lesen und Gesichter erkennen kann, sollte es nicht schwierig sein, Maschinen zu bauen, die so etwas auch können. Schach spielen hingegen ist sehr schwierig. Nur sehr wenige Menschen können Schach auf dem Niveau eines Großmeisters spielen. Der Bau von Maschinen, die Schach spielen können, wurde daher auf später verschoben.

Seitdem sind 50 Jahre vergangen, und ein Schachcomputer hat den Schachweltmeister besiegt.[8] Die Wahrnehmung hatte sich als das schwierigere Problem herausgestellt. Menschen sind Maschinen

[8] Im Jahr 1997 schlug der Supercomputer „Deep Blue" Garry Kasparow, der von vielen als einer der besten Schachspieler aller Zeiten angesehen wird. Der Erfolg des Computers ging vor allem auf die Verarbeitung von großen Zahlenmengen zurück. Er kann 200 Millionen Züge pro Sekunde prüfen. Das ist nicht die Art und Weise, wie Menschen Schach spielen.

beim Erkennen von Gesichtern und Lesen von Handschriften immer noch weit voraus. Warum ist Wahrnehmung so schwierig?

Wie sich gezeigt hat, ist selbst meine Fähigkeit zu sehen, dass der Garten vor meinem Fenster voll verschiedener Objekte ist, Maschinen nur sehr schwer „beizubringen". Dafür gibt es viele Gründe. Zum Beispiel überlappen Objekte einander, und einige bewegen sich. Woher weiß ich, ob dieser braune Fleck Teil eines Zaunes, eines Vogels oder eine Baumes ist? Mein Gehirn löst all diese überraschend schwierigen Probleme und lässt mich annehmen, ich könne die Welt mühelos wahrnehmen. Wie macht mein Gehirn so etwas?

Die Entwicklung der Informationstheorie und von digitalen Computern hat gezeigt, dass Wahrnehmung ein schwieriges Problem ist. Aber unser Gehirn hat dieses Problem gelöst. Heißt das, dass der digitale Computer keine gute Metapher für unser Gehirn ist? Oder müssen wir neue Formen des Rechnens für Computer finden?

Ein Problem mit der Informationstheorie

Die Entwicklung der Informationstheorie war sehr wichtig. Sie ermöglichte uns zu verstehen, wie ein physisches Ereignis, ein elektrischer Impuls, zu einem mentalen Ereignis, einer Nachricht, werden kann. Bei der ursprünglichen Formulierung gab es jedoch ein fundamentales Problem. Die Menge an Information in einer Nachricht oder, allgemeiner formuliert, in einem beliebigen Reiz wurde gänzlich von diesem Reiz bestimmt. Diese Art, Information zu definieren, ist durchaus in Ordnung, kann aber zu paradoxen Resultaten führen.

Erinnern Sie sich, dass ein Buchstabe in einer Nachricht mehr Information trägt, wenn er überraschender ist. Daher trägt der Buchstabe Q gewöhnlich viel Information, das ihm folgende U hingegen keine. Dasselbe Argument können wir auf ein Bild übertragen. Ein Bild besteht nicht aus Buchstaben, sondern aus Bildpunkten (oder

Pixeln), die unterschiedlich gefärbt sein können. Stellen Sie sich ein einfaches Bild von schwarzen Quadraten auf weißem Untergrund vor. Welche Elemente dieses Bildes sind am informativsten? Wenn wir unsere Augen über eine einheitlich gefärbte Fläche wandern lassen, gibt es keine Überraschung, weil es keine Veränderung gibt. Wenn unsere Augen auf eine Kante treffen, kommt es zu einem abrupten Farbwechsel, und wir sind „überrascht". Der Informationstheorie zufolge sind die Kanten im Bild am informativsten. Das stimmt mit unserer Intuition überein. Wenn wir ein Objekt durch seine Umrisse ersetzen, also nur die informativen Kanten stehen lassen, können wir es noch immer erkennen.

Aber diese Formulierung führt zu einem Paradox. Nach dieser Definition ist das Bild mit dem höchsten Informationsgehalt dasjenige, bei dem wir niemals vorhersagen können, was als Nächstes zu sehen ist, während wir unsere Augen darüber wandern lassen. Das ist ein Bild, das gänzlich aus zufälligen Punkten besteht. Solche Bilder erhalten wir, wenn der Fernsehempfang gestört ist und wir nur „Schnee" sehen. Wie die Englischprofessorin richtig anmerkt, als ich ihr meine computererzeugten Bilder zeige, sind dies die langweiligsten Bilder, die sie je gesehen hat.

Das Problem mit dem von der Informationstheorie gelieferten Schema ist, dass es den Betrachter nicht einbezieht.[9] In diesem Schema sind alle Betrachter identisch und dementsprechend erleben sie den Reiz auch identisch. Wir wissen jedoch, dass sämtliche Betrachter verschieden sind. Sie haben in der Vergangenheit unterschiedliche Erfahrungen gemacht und haben unterschiedliche Erwartungen. Diese Unterschiede beeinflussen unsere Sicht der Dinge.

Schauen Sie sich das schwarze Quadrat in Abbildung 5.4 an. Für einige Betrachter ist dies nicht nur ein schwarzes Quadrat. Es ist das *Schwarze Quadrat*, das von Kasimir Sewerinowitsch Malewitsch 1923 gemalt wurde, das erste Beispiel der visionären, nichtobjektgebundenen Kunst des russischen Suprematisten. Bei diesem Beispiel

[9] Ich habe das Versagen der Informationstheorie übertrieben. Der ideale Bayes'sche Beobachter, dem wir gleich begegnen werden, lässt sich ebenfalls im Sinne der Informationstheorie beschreiben: Er maximiert die wechselseitige Information zwischen der Welt und sich selbst.

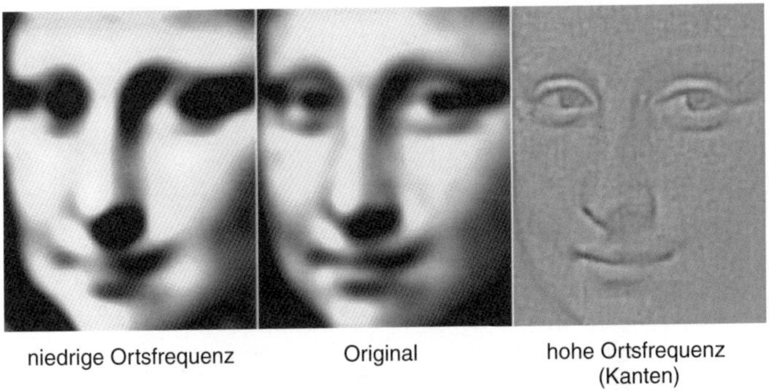

Abb. 5.2 Wir erkennen ein Objekt am besten anhand seiner Kanten. Das Gesicht lässt sich anhand der Kanten gut erkennen (rechts), das Lächeln hingegen leichter auf dem verschwommenen Bild (links). (Als „Ortsfrequenz" wird die Anzahl der Kanten pro Grad Sehwinkel bezeichnet.)

Abb. 5.3 Ein informatives Bild mit zufällig angeordneten Punkten. Dieses Bild hat einen maximalen Informationsgehalt, da man (beim Abtasten mit den Augen) nicht voraussagen kann, welche Farbe der jeweils nächste Punkt hat.

Abb. 5.4 *Schwarzes Quadrat* von Kasimir Sewerinowitsch Malewitsch (ca. 1923).

verändert das Wissen, dass es sich um ein bedeutendes Kunstwerk handelt, Ihre Wahrnehmung des Objekts[10], obgleich sein Informationsgehalt unverändert geblieben ist. Das ist ein extremes Beispiel, das illustriert, wie Vorwissen unsere Wahrnehmung beeinflusst.

Reverend Thomas Bayes

Wie können wir daher die Informationstheorie so modifizieren, dass sie die unterschiedlichen Erfahrungen und Erwartungen der Betrachter berücksichtigt? Wir müssen im Hinterkopf behalten, dass eine Nachricht (oder ein Bild) dann informativ ist, wenn sie (es) unerwartet und überraschend ist. Aber wir müssen nun zusätzlich

[10] Oder vielleicht auch nicht.

berücksichtigen, dass die Nachricht für den einen überraschender ist als für den anderen. Eine objektiv überraschende und unerwartete Nachricht lässt sich als eine Nachricht definieren, die unsere Sicht der Welt und damit auch unser Verhalten verändert.

An diesem Abend wollte ich eigentlich ein Seminar über Neuroästhetik besuchen, aber es wurde abgesagt. Ich kann mir stattdessen einen Drink genehmigen. In der Bar treffe ich die Englischprofessorin. Für sie war die Nachricht ohne Bedeutung. Sie besucht niemals neurowissenschaftliche Seminare.

Man kann auch sagen, dass eine Nachricht in dem Maße informativ ist, wie sie die Auffassungen[11] des Empfängers von der Welt verändert. Um zu wissen, welchen Informationsgehalt die Nachricht für den Empfänger hat, müssen wir etwas über die Auffassung des Empfängers vor Empfang der Nachricht wissen. Dann kann man feststellen, wie stark sich diese Auffassung nach Empfang der Nachricht verändert hat. Aber wie kann man vorherige Überzeugungen und Veränderungen von Überzeugungen messen?

Die Lösung für dieses Problem stammt von dem wohl unwahrscheinlichsten aller wissenschaftlichen Helden in diesem Buch. Reverend Thomas Bayes war ein nonkonformistischer Pfarrer, der Zeit seines Lebens (1702–1761) keinen einzigen wissenschaftlichen Artikel publizierte; dennoch wurde er 1742 in die Royal Society aufgenommen. Erst zwei Jahre nach seinem Tod wurde sein klassischer Artikel schließlich in den *Philosophical Transactions of the Royal Society* publiziert. Die nächsten hundert Jahre verschwand er in der Versenkung. Erst in den 1920er-Jahren begann Bayes' Reputation zu wachsen. Für R. A. Fisher, damals Präsident der Royal Statistical Society, war Bayes ein Held, und nach erfolgreicher Lobbyarbeit von Statistikern wurde er schließlich in das britische *Dictionary of National Biographies* aufgenommen. Außerhalb von statistischen Zirkeln blieb Bayes jedoch weitgehend unbekannt. Und selbst diejenigen, die schon einmal vom Bayes- Theorem gehört hatten, glaubten häufig, ihm mangele es an wirklicher Objektivität.

[11] Der Begriff „Auffassung" wird hier im Sinne von „Glauben", „Überzeugung" gebraucht: Das Maß, in dem ich eine Behauptung glaube, spiegelt wider, für wie wahrscheinlich ich es halte, dass die Behauptung wahr ist.

In den letzten zehn Jahren ist Bayes zu einem Superstar geworden. Zahlreiche Webseiten erläutern das Bayes-Theorem (auch „Satz von Bayes“ genannt) und erklären uns: „Was zählt, ist, dass Bayes cool ist, und wer Bayes nicht kennt, der ist einfach nicht cool.“ Und wenn Sie nicht glauben, was das Internet sagt, wie ist es mit der *New York Times* vom 20. Januar 2004? „„In der akademischen Welt ist die Bayes'sche Revolution dabei, zum Standpunkt der Mehrheit zu werden, was noch vor zehn Jahren undenkbar gewesen wäre', erklärt Bradley P. Carlin, Professor für Public Health [Gesundheitswesen] an der Universität von Minnesota.“

Also, worum geht es denn eigentlich?

Abb. 5.5 Grabstein von Reverend Thomas Bayes. Reverend Thomas Bayes ist in Bunhill Fields in der City of London begraben. Im 18. Jahrhundert wurden auf diesem Friedhof Nonkonformisten beerdigt, doch heute ist es ein öffentlicher Park. Die Grabstätte wurde 1968 durch Spenden „von Statistikern aus aller Welt“ restauriert.

Hier ist das Bayes-Theorem:

$$p(A \mid X) = \frac{p(X \mid A) * p(A)}{p(X)}$$

Gegeben sei ein Phänomen (A), über das wir etwas wissen wollen, und eine Beobachtung (X), die eine Information im Hinblick auf A liefert. In diesem Fall sagt uns Bayes' Theorem, in welchem Umfang wir unser Wissen über A angesichts der *neuen Information X aktualisieren* sollten. Um die Details der Formel brauchen wir uns nicht zu kümmern. Wichtig dabei ist, dass diese Gleichung genau die mathematische Formulierung zur Beschreibung von Auffassungen bzw. Überzeugungen ist, nach der wir suchen. Die mathematische Bezeichnung für „Auffassung" ist in diesem Fall „Wahrscheinlichkeit". Die Wahrscheinlichkeit (englisch *probability*, abgekürzt p) liefert ein Maß dafür, wie sehr ich von etwas überzeugt bin. Wenn ich mir einer Sache völlig sicher bin (zum Beispiel, dass jeden Morgen die Sonne aufgeht), ist die Wahrscheinlichkeit 1 [das lässt sich mit der Gleichung p(Sonnenaufgang) = 1 ausdrücken]. Oder die Wahrscheinlichkeit ist 0, wenn ich mir sicher bin, dass ein Ereignis niemals eintreten wird [p(C. Frith gewinnt den Eurovision Song Contest) = 0]. Bei den meisten anderen Dingen bin ich mir nicht so sicher, und ihre Wahrscheinlichkeit liegt irgendwo zwischen 0 und 1 [p(meine Bahn zur Arbeit wird Verspätung haben) = 0,5]. Und diese Auffassungen mit einem Wert irgendwo zwischen 0 und 1 unterliegen ständigen Veränderungen durch neue Informationen. Bevor ich mich auf den Weg zur Arbeit mache, informiere ich mich im Internet über den gegenwärtigen Zustand des Londoner U-Bahn-Netzes, und diese neue Information verändert meine Einschätzung des Verspätungsrisikos (wenn auch nicht sehr …).

Bayes' Theorem gibt präzise an, wie sehr ich meine Überzeugung im Hinblick auf A angesichts neuer Information X verändern sollte. Schaut man sich die Gleichung an, so ist $p(A)$ meine A-priori-Meinung im Hinblick auf A *vor* Erhalt der neuen Information X. $p(X \mid A)$ ist die Wahrscheinlichkeit, dass Information X zutrifft, falls

A tatsächlich wahr ist. $p(A|X)$ ist meine A-posteriori-Meinung im Hinblick auf A nach Erhalt der neuen Information. All das wird an einem konkreten Beispiel klarer.

Sie haben sich vielleicht gefragt, warum Bradley P. Carlin, der Professor für Gesundheitswesen an der Universität von Minnesota, so begeistert von Bayes' Theorem ist. Das liegt daran, dass das öffentliche Gesundheitswesen einer der vielen Bereiche ist, in dem Bayes' Theorem angewandt werden kann.

Nehmen wir zum Beispiel Brustkrebs[12]. Uns geht es in diesem Zusammenhang vor allem um das Problem von Reihenuntersuchungen zur Früherkennung von Brustkrebs. Wir wissen (das ist die A-priori-Meinung), dass 1 Prozent aller Frauen ab 40 Brustkrebs bekommen ($p(A)$). Wir haben auch einen guten Test (das ist die neue Information), der Brustkrebs nachweist – die Mammographie. 80 Prozent aller Frauen mit Brustkrebs werden bei der Mammographie positiv getestet ($p(X|A)$, richtig-positiv), während nur 9,6 Prozent der Frauen ohne Brustkrebs positiv getestet werden ($p(X|\sim A)$, falsch-positiv). Das ist die Wahrscheinlichkeit, dass die Information zutrifft, falls unsere Meinung zutreffend ist. Aus diesen Zahlen erscheint offensichtlich, dass Reihenuntersuchungen zur Früherkennung von Brustkrebs eine gute Sache sein sollten. Falls also alle Frauen untersucht werden, wie hoch ist der Anteil derjenigen mit positiven Testresultat, die tatsächlich Brustkrebs haben, mathematisch ausgedrückt als $p(A|X)$?

Angesichts der Tatsache, dass der Test offensichtlich gut ist, wie hoch würden Sie das Risiko schätzen, dass eine Frau mit einem positiven Testergebnis tatsächlich krank ist? Die meisten Menschen halten diese Wahrscheinlichkeit für sehr hoch. Wendet man das Bayes-Theorem an, sieht man, dass das nicht stimmt. Wir können dies sehr rasch sehen, ohne uns um Wahrscheinlichkeiten zu kümmern. Stattdessen wollen wir uns eine Gruppe von 10 000 Frauen anschauen.

---

[12] Dieses Beispiel stammt aus einem Artikel von Eliezer Yudkowsky: „An Intuitive Explanation of Bayes' Reasoning“, zu finden unter *http://yudkowsky.net/rational/bayes*

Vor der Reihenuntersuchung kann man die 10 000 Frauen in zwei Gruppen einteilen:

Gruppe 1: 100 Frauen *mit* Brustkrebs.

Gruppe 2: 9900 Frauen *ohne* Brustkrebs.

Gruppe 1 umfasst das 1 Prozent, das Krebs hat: $p(A)$.

Nach der Reihenuntersuchung kann man die Frauen in vier Gruppen einteilen:

Gruppe A: 80 Frauen *mit* Brustkrebs und mit *positivem* Mammographieergebnis.

Gruppe B: 20 Frauen *mit* Brustkrebs, aber mit *negativem* Mammographieergebnis.

In Gruppe A sind die 80 Prozent der richtig-positiven Fälle: $p(X|A)$

Gruppe C: 950 Frauen *ohne* Brustkrebs, aber mit *positivem* Mammographieergebnis.

Gruppe D: 8950 Frauen *ohne* Brustkrebs und mit *negativem* Mammographieergebnis.

In Gruppe C sind die 9,6 Prozent falsch-positiven Fälle: $p(X|\sim A)$.

Also ergibt der Test bei 950 Frauen, die *keinen* Brustkrebs haben, und bei nur 80 Frauen, die *tatsächlich* Brustkrebs haben, ein positives Resultat. Um die Frage zu beantworten „Wie hoch ist der Anteil derjenigen Frauen mit positiven Testresultat, die tatsächlich Brustkrebs haben?", dividieren wir Gruppe A durch die Summe von Gruppe A und Gruppe C (Gesamtzahl der positiv getesteten Frauen). Das Ergebnis beträgt 7,8 Prozent. Mit anderen Worten haben mehr als 90 Prozent der positiv getesteten Frauen *keinen* Brustkrebs. Obgleich die Mammographie ein guter Test ist, sagt uns Bayes' Theorem, dass diese neue Information nicht besonders hilfreich ist.[13] Das Problem liegt darin, dass die Reihenuntersuchung blindlings bei *allen* Frauen über 40 angewandt wird. Bei dieser Gruppe ist die A-priori-Erwartung von Brustkrebs sehr gering. Bayes-Theorem zeigt, dass es sinnvoller wäre, diesen Mammographie-Test bei einer „Hochrisiko"-

[13] Obgleich Brustkrebs-Reihenuntersuchungen auf den ersten Blick eine gute Idee zu sein scheinen, wird dieses Thema deshalb sehr kontrovers diskutiert.

Gruppe anzuwenden, beispielsweise bei Frauen, die eine familiäre Vorbelastung im Hinblick auf Brustkrebs haben.

Vielleicht haben Sie jetzt das Gefühl, mehr als nötig über die Anwendung des Bayes-Theorems gelernt zu haben. In welcher Weise ist dieses Theorem für die Lösung des Problems relevant, etwas über die Außenwelt herauszufinden?

Der ideale Bayes'sche Beobachter

Die Bedeutung des Bayes-Theorems liegt darin, dass es ein sehr präzises Maß dafür liefert, wie sehr eine neue Information unsere Vorstellungen von der Welt beeinflussen sollte. Bayes' Theorem gibt uns einen Maßstab an die Hand, mit dessen Hilfe wir beurteilen können, ob wir neue Information in der richtigen Weise benutzen. Das führt zum Konzept des *idealen Bayes'schen Beobachters*, ein mystisches Wesen, das Information stets auf optimale Weise einsetzt. Wie wir in dem Brustkrebsbeispiel gerade gesehen haben, können wir Informationen schlecht einordnen, wenn es um seltene Ereignisse und große Zahlen geht. Psychologen haben viel Spaß daran und profitieren davon, Probleme zu entwerfen, bei deren Lösung Studenten – selbst solche, die Statistik und Logik studieren – völlig in die Irre gehen.[14] Aber obgleich wir keine „idealen Beobachter" sind, wenn wir uns mit solchen Problemen auseinandersetzen, spricht inzwischen viel dafür, dass unser Gehirn nicht durch große Zahlen oder seltene Ereignisse in die Irre geführt wird. Unser Gehirn *ist* ein idealer Beobachter, wenn es die von den Sinnesorganen eintreffende Information verwertet.

[14] Stuart Sutherland hat darüber ein höchst unterhaltsames Buch geschrieben.

Reverend Thomas Bayes und der Heimatschutz (Homeland Security)

Solange wir nicht eingreifen, verhält sich unser Gehirn wie ein idealer Bayes'scher Beobachter. Warum sollte dieses ideale System daher versagen, wenn wir beginnen, über das Problem nachzudenken? Könnte es sein, dass es gewisse Umstände gibt, unter denen der „ideale Beobachter" nicht ideal funktioniert? Ein gutes Beispiel liefert eine Studie von Jeremy Wolf und seinen Kollegen in Boston. Sie benutzten eine Aufgabe, die sich die Arbeit der Sicherheitskräfte zum Vorbild nahm, die am Flughafen Gepäck durchleuchten und am Bildschirm unter Objekten aller Art nach Messern und Sprengstoff suchen. Wenn das Zielobjekt häufig präsent war, schnitten die Versuchspersonen recht gut ab und übersahen nur sieben Prozent der gesuchten Objekte, doch wenn die Zielobjekte sehr selten waren, sank die Erfolgsquote drastisch. In einem Experiment, bei dem nur ein Prozent der Gepäckstücke Zielobjekte enthielten, übersahen die Versuchspersonen mehr als 50 Prozent der Zielobjekte. In diesem Experiment verhielten sich die Versuchspersonen wie „ideale Beobachter". Wenn ein Zielobjekt sehr selten ist, benötigt ein idealer Beobachter viel mehr Information, bevor er glaubt, dass es tatsächlich da ist. Wenn es sich bei dem Zielobjekt jedoch um eine Bombe handelt, ist der ideale Beobachter nicht länger ideal. Die Folgen beim Übersehen des Zielobjekts sind zu groß.

Ein Problem, das unser Gehirn lösen muss, besteht darin, wie es die Information von verschiedenen Sinnesorganen miteinander kombiniert. Wenn wir jemandem zuhören, kombiniert unser Gehirn die Information, die es von unseren Augen – Lippenbewegungen – und von unseren Ohren – Sprachlaute – erhält. Wenn wir ein Objekt ergreifen, kombiniert unser Gehirn dessen Aussehen (optische Information) mit dem Gefühl beim Ergreifen (taktile Information). Beim Zusammenfügen dieser Information verhält sich unser Gehirn genau wie ein idealer Bayes'scher Beobachter. Wenn ich mich auf einer sehr lauten Party mit der Englischprofessorin unterhalte, beobachte ich ihre Lippenbewegungen genau, denn in dieser Situation verlasse ich mich stärker auf die optische als auf die akustische Information.

Wie ein Bayes'sches Gehirn Modelle der Welt herstellen kann

Aber es gibt einen weiteren Aspekt des Bayes-Theorems, der noch wichtiger für unser Verständnis der Funktionsweise des Gehirns ist. Das Theorem weist zwei entscheidende Komponenten auf: $p(A|X)$ und $p(X|A)$. $p(A|X)$ sagt uns, wie stark wir unsere Auffassung von der Welt (A) angesichts der neuen Information (X) verändern müssen. $p(X|A)$ sagt uns, welche Information (X) wir angesichts unserer Auffassung von der Welt (A) erwarten sollten. Wir können diese beiden Komponenten als Hilfsmittel ansehen, die Vorhersagen machen und Vorhersagefehler feststellen. Nun kann mein Gehirn auf der Basis seiner Auffassung von der Welt das Aktivitätsmuster vorhersagen, das von meinen Augen, Ohren und anderen Sinnen wahrgenommen werden sollte: $p(X|A)$. Was passiert also, wenn ein Fehler bei der Vorhersage festgestellt wird? Diese Fehler sind sehr wichtig, weil das Gehirn sie dazu benutzen kann, seine Auffassung von der Welt auf den neusten Stand zu bringen und so zu einer besseren Auffassung zu kommen: $p(A|X)$. Sobald diese Aktualisierung stattgefunden hat, hat mein Gehirn eine neue Auffassung von der Welt und kann den Prozess wiederholen. Es macht eine andere Vorhersage über das Aktivitätsmuster, das von meinen Sinnen wahrgenommen werden sollte. Jedes Mal, wenn das Gehirn diese Schleife absolviert, wird der Vorhersagefehler kleiner. Sobald er klein genug ist, „weiß" das Gehirn, was draußen ist. Und all das geschieht so rasch, dass man sich dieses komplexen Prozesses nicht bewusst wird. Zu wissen, wie es in der Welt draußen aussieht, erscheint uns vielleicht einfach, doch unser Gehirn durchläuft diesen Prozess von Vorhersage und Aktualisierung unaufhörlich immer wieder.

Ist da ein Nashorn im Zimmer?

Es gibt zahlreiche Möglichkeiten, über die Auffassungen zu sprechen, die mein Gehirn von der Welt hat. Beispielsweise kann ich über Ursachen reden. Wenn ich glaube, dass sich ein Nashorn im Zimmer befindet, dann ist dieses Nashorn die Ursache für die sensorischen Empfindungen in meinen Augen und Ohren. Mein Gehirn hat nach den Gründen für meine sensorischen Empfindungen gesucht und ist zu dem Schluss gekommen, die wahrscheinlichste Ursache sei ein Nashorn. Ich kann auch über Modelle reden. Mein Gehirn kann voraussagen, welche sensorischen Empfindungen ein Nashorn hervorrufen würde, weil es eine gewisse A-priori-Vorstellung vom Wesen eines Nashorns hat. Dieses Vorwissen hat ein mentales Modell eines Nashorns geschaffen. In meinem Fall ist dies ein sehr eingeschränktes Modell. Es repräsentiert die Größe des Tieres, seine Stärke, sein ungewöhnliches Horn, und das ist auch schon fast alles. Es macht nichts, dass mein Wissen begrenzt ist, denn ein Modell ist keine umfassende Liste von Fakten über ein Objekt. Ein Modell ist wie eine Landkarte, eine Repräsentation der realen Welt in kleinerem Maßstab.[15] Viele Aspekte der Welt sind auf einer Karte nicht abgebildet, aber Entfernungen und Richtungen sind sehr präzise dargestellt. Mithilfe einer Karte kann ich vorhersagen, dass ich nach etwa 50 Metern links abbiegen kann, und wenn die Karte ein Lageplan eines Zoos ist, kann sie sogar voraussagen, dass ich dort wahrscheinlich auf ein weiteres Nashorn treffen werde. Mithilfe einer Karte kann ich voraussagen, wie lang eine Fahrt vermutlich dauern wird, ohne die Fahrt tatsächlich zu unternehmen. Mit einem Schrittmesser kann ich die Fahrtstrecke auf der Karte abfahren, die reale Fahrt simulieren und ablesen, wie viele Kilometer es sind. Mein Gehirn enthält viele solcher Karten und Modelle und

[15] Borges stellte sich ein Land vor, in dem die Geografen so mächtig wurden, dass sie Forschungsgelder erhielten, um eine Karte zu erstellen, die „ebenso groß war wie das Land und mit ihm an jedem Punkt übereinstimmte". Diese Karte war völlig nutzlos.

benutzt sie, um Vorhersagen zu treffen und Handlungen durchzuspielen.

Die Englischprofessorin schaut ein wenig ratlos. „Da ist kein Nashorn im Zimmer“, meint sie.

„Können Sie es nicht sehen?“ frage ich. „Ihnen fehlt einfach die rechte A-priori-Auffassung.“

In meinem Gehirn hängt Wahrnehmung von meiner A-priori-Auffassung ab. Dabei handelt es sich nicht um einen linearen Prozess wie derjenige, der ein Bild auf einem Foto oder einem TV-Schirm erzeugt. Für mein Gehirn ist Wahrnehmung eine Schleife. In einer linearen Version der Wahrnehmung reizt Energie in Form von Licht- oder Schallwellen die Sinne, und diese Schlüsselreize aus der Außenwelt werden auf irgendeine Weise vom Gehirn in Objekte in bestimmten räumlichen Positionen übersetzt und klassifiziert. Dieser Ansatz war es, der Wahrnehmung für die erste Computergeneration zu schwierig machte. Ein Gehirn, das auf Voraussagen setzt, geht fast genau ungekehrt vor. Wenn wir etwas wahrnehmen, beginnen wir tatsächlich innen: mit einer A-priori-Auffassung, die ein Modell der Welt ist, in der es Objekte in gewissen Raumpositionen gibt. Mithilfe dieses Modells kann mein Gehirn voraussagen, welche Signale meine Augen und Ohren empfangen sollten. Diese Vorhersagen werden mit den tatsächlichen Signalen verglichen, und natürlich werden Fehler festgestellt. Mein Gehirn begrüßt diese Fehler, weil sie es eine bessere Wahrnehmung lehren. Die Existenz von Fehlern sagt meinem Gehirn, dass sein Modell der Welt verbesserungsbedürftig ist. Die Art der Fehler sagt ihm, wie es ein besseres Modell der Welt konstruieren kann. Und so wiederholen wir den Schleifenprozess so lange, bis die Fehler so klein sind, dass sie nicht mehr stören. Gewöhnlich reichen ein paar Schleifenzyklen aus, die das Gehirn vielleicht nur rund 100 Millisekunden kosten.

Ein System, das auf diese Weise Modelle der Außenwelt konstruiert, benutzt jede verfügbare Information zur Verbesserung seiner Modelle. Dabei gibt es keine Bevorzugung von Sehsinn, Hörsinn oder Berührungssinn, solange sie Informationen liefern. Und das

Abb. 5.6 Ist da ein Nashorn im Zimmer? Dieser Stich eines Nashorns von Conrad Gesner wurde 1551 publiziert und geht auf einen früheren Stich von Albrecht Dürer zurück. Dürer selbst hatte nie ein solches Tier gesehen, zeichnete es aber nach einer Skizze und einer Beschreibung in einem Brief.

System macht Vorhersagen, in welcher Weise sich die Signale all dieser Sinne verändern, wenn ich auf die Welt einwirke. Wenn ich daher ein Glas Wein sehe, macht mein Gehirn bereits Vorhersagen darüber, wie sich das Glas anfühlen und wie der Wein schmecken wird. Stellen Sie sich den Schrecken vor, wenn man ein Glas Rotwein an die Lippen setzt und feststellt, dass der Inhalt eiskalt und süß ist!

Woher kommt das Vorwissen?

Aber wenn Wahrnehmung eine Schleife ist, die von innen her mit Vorwissen beginnt, woher kommt dann das Vorwissen? Stehen wir da nicht vor einem Problem à la Huhn und Ei? Wir können nichts wahrnehmen, über das wir nicht bereits etwas wissen, aber wir können nichts über etwas wissen, bevor wir es wahrgenommen haben.

Wie erwirbt unser Gehirn das Vorwissen, das für Wahrnehmung notwendig ist? Einiges davon ist durch Millionen Jahre Evolution fest im Gehirn verdrahtet. So ist bei einigen Affen die Farbempfindlichkeit ihrer Sehzellen ideal daran angepasst, die Früchte zu finden, die in ihrem Lebensraum wachsen. Die Evolution hat in das Gehirn dieser Affen eine A-priori-Hypothese über die Farbe reifer Früchte eingebaut. Unser Gehirn wird in den ersten Monaten unseres Lebens als Ergebnis unserer visuellen Erfahrungen fest verdrahtet. Gewisse Fakten über die Welt verändern sich kaum und werden daher zu starken A-priori-Hypothesen. Wir können ein Objekt nur sehen, wenn Licht von seiner Oberfläche reflektiert wird und in unsere Augen fällt. Dieses Licht schafft auch Schatten, die Hinweise auf die Form des Objekts geben. Millionen Jahre lang gab es nur eine Hauptlichtquelle auf der Welt – die Sonne. Und Sonnenlicht fällt stets von oben ein. Das heißt, dass konkave Objekte oben dunkel und unten hell erscheinen, während es bei konvexen Objekten genau umgekehrt ist. Unser Gehirn hat diese simple Regel fest eingebaut. Es benutzt diese Regel, um zu entscheiden, ob ein Objekt konkav oder konvex ist, was Sie an Abbildung 5.7 feststellen können. Die Objekte erscheinen unzweideutig: Der Dominostein oben hat fünf konvexe und einen konkaven Punkt, derjenige unten zwei konvexe und vier konkave Punkte. Oder so sieht es zumindest aus – tatsächlich ist die Buchseite völlig flach. Wir deuten die Punkte als konkav und konvex, weil die Schattierung dafür spricht, dass es Schatten gibt, hervorgerufen durch von oben einfallendes Licht. Wenn Sie die Seite auf den Kopf stellen, verwandeln sich die konvexen in konkave Punkte, weil wir annehmen, dass das Licht noch immer von oben kommt. Wenn Sie die Seite um 90 Grad drehen, ergeben die Schatten keinen Sinn mehr, und die Punkte sehen eher wie Löcher aus, durch die man eine komplex schattierte Materialschicht sieht.

Wenn das Gehirn ein falsches Vorwissen hat, wird auch unsere Wahrnehmung getäuscht. Mithilfe moderner Technik können wir zahlreiche neuartige Bilder schaffen, für deren Deutung unser Gehirn nicht ausgelegt ist. Wir können nicht umhin, diese Bilder falsch wahrzunehmen.

Ein Objekt, das fast unmöglich korrekt wahrzunehmen ist, ist die Innenseite einer hohlen Gesichtsmaske.

Wenn wir in das Innere dieser Hohlmaske schauen (Abbildung 5.8), können wir nicht verhindern, dass wir darin ein normales konvexes Gesicht sehen. Unsere A-priori-Auffassung, dass Gesichter konvex (erhaben) und nicht konkav (hohl) sind, ist so stark, dass sie sich nicht modifizieren lässt. Wenn sich die Maske langsam dreht, kommt es zu einer zusätzlichen Illusion. Da wir die Maske invertiert sehen, scheint die Nasenspitze der Teil des Gesichts zu sein, der uns

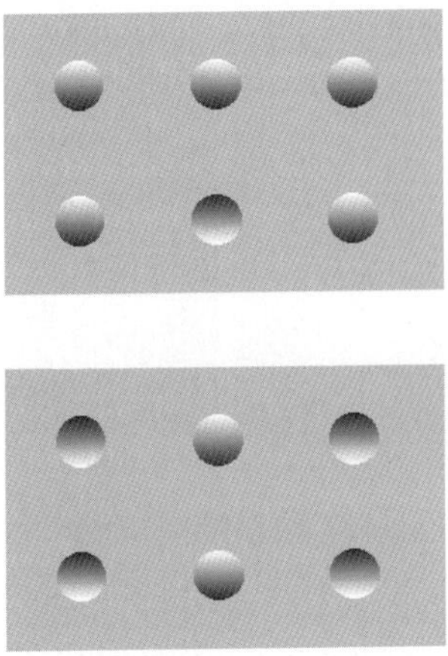

Abb. 5.7 Die Domino-Täuschung. Der obere Dominostein hat fünf konvexe und einen konkaven Punkt, der unten hat zwei konvexe Punkte. In Wirklichkeit schauen Sie auf ein flaches Blatt Papier. Die Punkte sehen wegen der Schattierung konkav oder konvex aus. Man erwartet, dass das Licht von oben kommt, so dass der untere Bereich eines konvexen Objekts und der obere Bereich eines konkaven Objekts beschattet werden. Wenn Sie die Seite umdrehen, erscheinen die konkaven Punkte konvex und umgekehrt.

am nächsten ist, obgleich sie tatsächlich der am weitesten entfernte Teil ist. Infolgedessen interpretieren wir die Bewegung der Maske falsch und sehen die Richtung der Rotation umgekehrt, wann immer wir in die Höhlung blicken.[16]

Abb. 5.8 Die Hohlmasken-Täuschung. Die Charly-Chaplin-Maske dreht sich, während wir uns von oben links nach unten rechts bewegen. Das Gesicht im Bild unten rechts ist konkav, denn wir sehen auf die Innenseite der Maske, aber wir können nicht verhindern, dass es uns konvex, mit hervortretender Nase, erscheint. In diesem Fall schaltet unser Wissen, dass Gesichter konvex sind, unser Wissen über Licht und Schatten aus.

[16] Die in diesem Kapitel vorgestellten Ideen beruhen auf den Arbeiten von Richard Gregory, dessen wunderbare Vorlesungen ich in den 1960ern besucht habe. Die Hohlmaske und andere hübsche Demonstrationen finden sich auf seiner Webseite *http://www.richardgregory.org/experiments/index.htm*

Wie uns Handlungen etwas über die Welt sagen

Für das Gehirn sind Wahrnehmung und Handlung eng miteinander verknüpft. Wir benutzen unseren Körper, um etwas über die Welt zu lernen. Wir wirken mit unserem Körper auf die Welt ein und sehen, was passiert. Das ist ein weiteres Merkmal, das frühen Computern fehlte. Sie schauten die Welt nur an. Sie wirkten nicht auf sie ein. Sie hatten keinen Körper. Sie machten keine Vorhersagen. Das ist ein weiterer Grund, warum Wahrnehmung für sie so schwierig war.

Selbst eine einfache Bewegung kann uns helfen, unsere Wahrnehmung eines Objekts von derjenigen eines anderen Objekts zu trennen. Wenn ich in meinen Garten schaue, sehe ich vor einem Baum einen Zaun. Woher weiß ich, welcher braune Fleck zum Zaun und welcher zum Baum gehört? Wenn mein Modell der Welt sagt, dass sich der Zaun vor dem Baum befindet, dann kann ich vorhersagen, dass sich die sensorischen Empfindungen, die mit dem Zaun und dem Baum verknüpft sind, auf unterschiedliche Weise verändern, wenn ich meinen Kopf bewege. Weil der Baum weiter entfernt ist als der Zaun, bewegen sich zum Baum gehörige Teile langsamer an meinen Augen vorbei als zum Zaun gehörige. Mein Gehirn kann alle zum Baum gehörigen Teile aufgrund ihrer gemeinsamen Bewegung miteinander verknüpfen. Aber ich, der Beobachter, bin es, der sich bewegt, nicht der Baum oder der Zaun.

Einfache Bewegung unterstützt unsere Wahrnehmung. Aber Bewegungen mit einem Ziel, die ich als „Handlungen" bezeichnen möchte, helfen unserer Wahrnehmung noch mehr. Wenn vor mir ein Weinglas steht, bin ich mir seiner Form und Farbe bewusst. Nicht bewusst ist mir, dass mein Gehirn bereits ausgearbeitet hat, wie ich meine Hand halten muss, um den Stiel zu ergreifen, und voraussieht, wie er sich in meiner Hand anfühlt. Diese Vorbereitung einer Handlung und diese Erwartung eines sensorischen Gefühls geschehen selbst dann, wenn ich nicht die Absicht habe, das Glas aufzunehmen (siehe Abbildung 4.6). Ein Teil meines Gehirns repräsentiert die Welt um mich herum im Hinblick auf Handlungen: die Handlung, die nötig ist, um von hier zum Ausgang zu gelangen; die Handlung, die nötig ist, um die Flasche auf dem Tisch zu ergreifen. Mein Gehirn sagt ständig und automatisch die besten Bewegungen für die Handlungen voraus, die ich vielleicht durchführen muss. Wenn ich eine Handlung durchführe, werden diese Vorhersagen getestet, und mein Modell der Welt wird auf der Basis von Vorhersagefehlern

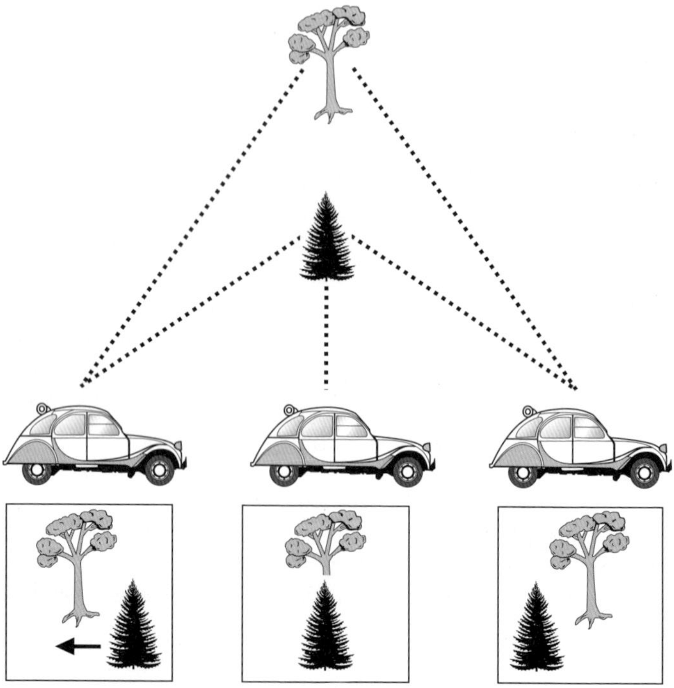

Abb. 5.9 Durch Bewegung können wir feststellen, wo sich Dinge befinden. Wenn wir uns an den beiden Bäumen vorbeibewegen, bewegt sich die nahe Tanne rascher als der weiter entfernte bekronte Baum.

optimiert. Durch meine Handhabung des Weinglases gewinne ich eine bessere Vorstellung von seiner Form. In Zukunft kann ich seine Form durch das unvollkommene und mehrdeutige Medium Sehen besser „begreifen“.

Mein Gehirn entdeckt die Außenwelt, indem es Modelle dieser Welt entwickelt. Diese Modelle sind nicht willkürlich. Sie sind darauf abgestimmt, meine sensorischen Empfindungen beim Einwirken auf die Welt bestmöglich vorherzusagen. Aber ich bin mir dieses komplexen Mechanismus nicht bewusst. Wessen bin ich mir eigentlich bewusst?

Ich nehme nicht die Welt wahr, sondern das Weltmodell meines Gehirns

Was ich wahrnehme, sind nicht die kruden und mehrdeutigen Reize, die von der Außenwelt auf meine Augen, meine Ohren oder meine Finger treffen. Ich nehme etwas viel Reichhaltigeres wahr – ein Bild, das all diese kruden Signale mit einer Fülle vergangener Erfahrungen kombiniert.[17] Meine Wahrnehmung ist eine Vorhersage dessen, was in der Außenwelt sein sollte. Und diese Vorhersage wird ständig durch Handeln getestet.

Nun macht jedes System gewisse typische Fehler, wenn es versagt. Zum Glück sind diese Fehler sehr informativ. Sie sind nicht nur wichtig für das System, damit es lernt, sondern sie sind auch wichtig für uns, wenn wir verstehen wollen, wie das System arbeitet. Sie geben uns Hinweise darauf, um welche Art von System es sich handelt.

[17] Als Whistler sein Gemälde *Nocturne in Black and Gold: The Falling Rocket* (siehe Abbildung FT5 im Tafelteil) ausstellte, schrieb Ruskin, es sei unverschämt von dem Künstler, 1000 Guineen dafür zu verlangen, „dem Publikum einen Topf Farbe ins Gesicht zu schleudern“. Als Whistler ihn wegen Verleumdung verklagte, gab er vor Gericht an, das Malen habe nur „ein paar Stunden“ gedauert, woraufhin ihn Ruskins Anwalt fragte: „Und Sie verlangen 1000 Guineen für ein paar Stunden Arbeit?“ Whistler entgegnete: „Nein, ich verlange sie für die Erfahrungen eines ganzen Lebens.“

Welche Art Fehler macht ein System, das mittels Vorhersagen arbeitet? Es wird Probleme haben, sobald es um Doppeldeutigkeit geht: wenn zwei unterschiedliche Objekte in der Außenwelt dieselbe sensorische Empfindung hervorrufen.[18] Dieses Problem lässt sich gewöhnlich lösen, weil ein Modell sehr viel wahrscheinlicher ist als das andere. Es ist sehr unwahrscheinlich, dass sich in meinem Zimmer ein Nashorn befindet. Aber es bedeutet, dass das System getäuscht wird, wenn die unwahrscheinliche Situation tatsächlich korrekt ist! Viele der optischen Täuschungen, die Psychologen so lieben, funktionieren, weil sie das Gehirn auf diese Weise austricksen.

In dem sehr seltsam zugeschnittenen Ames-Raum ist die Ausstattung so gewählt, dass in unseren Augen dieselben sensorischen Eindrücke entstehen wie bei einem gewöhnlichen rechteckigen Raum (siehe Abbildung 2.8). Ein Modell eines seltsam zugeschnittenen Raums und ein Modell eines rechteckigen Raums sagen beide die sensorischen Eindrücke in unseren Augen gleich gut voraus. Aber weil wir so viel mehr Erfahrung mit rechteckigen Räumen haben, sehen wir den Ames-Raum ebenfalls als rechteckig an, wobei die Menschen darin in unmöglicher Weise wachsen und schrumpfen, wenn sie von einer Seite auf die andere gehen. Die A-priori-Wahrscheinlichkeit (Erwartung), dass wir auf einen Ames-Raum schauen, ist so klein, dass unser Bayes'sches Gehirn diese seltsame Information kaum in Rechnung zieht.

Aber was passiert, wenn wir keinen A-priori-Grund haben, eine Deutung einer anderen vorzuziehen? Das ist beim Necker-Würfel der Fall. Wir können diese Zeichnung als ziemlich komplexe zweidimensionale Figur ansehen, aber wir haben viel mehr Erfahrung mit Würfeln. Daher sehen wir einen Würfel. Das Problem ist, dass es zwei mögliche Würfel gibt. Bei dem einen liegt die Vorderseite oben rechts, bei dem anderen unten links. Wir haben keinen Grund, die eine Version der anderen vorzuziehen, daher springt unsere Wahrnehmung spontan von dem einen möglichen Würfel zum anderen um.

---

[18] In Wirklichkeit sind Situationen stets mehrdeutig. Für das Aktivitätsmuster in unseren Sinnensorganen gibt es stets mehr als einen möglichen Grund. Das ist das „inverse Problem". Aus diesem Grund ist Vorwissen so wichtig.

FT1 Synästhetisches Erleben. Bei der häufigsten Form der Synästhesie ruft das Hören eines Wortes neben einem Höreindruck auch einen Farbeindruck hervor. Jeder Buchstabe und jede Ziffer hat ihre eigene Farbe und oft auch eine eigene Position im Raum. In dieser Abbildung zeigt eine Synästhetin, wie sie die Farben und Positionen von Buchstaben und Ziffern erlebt.

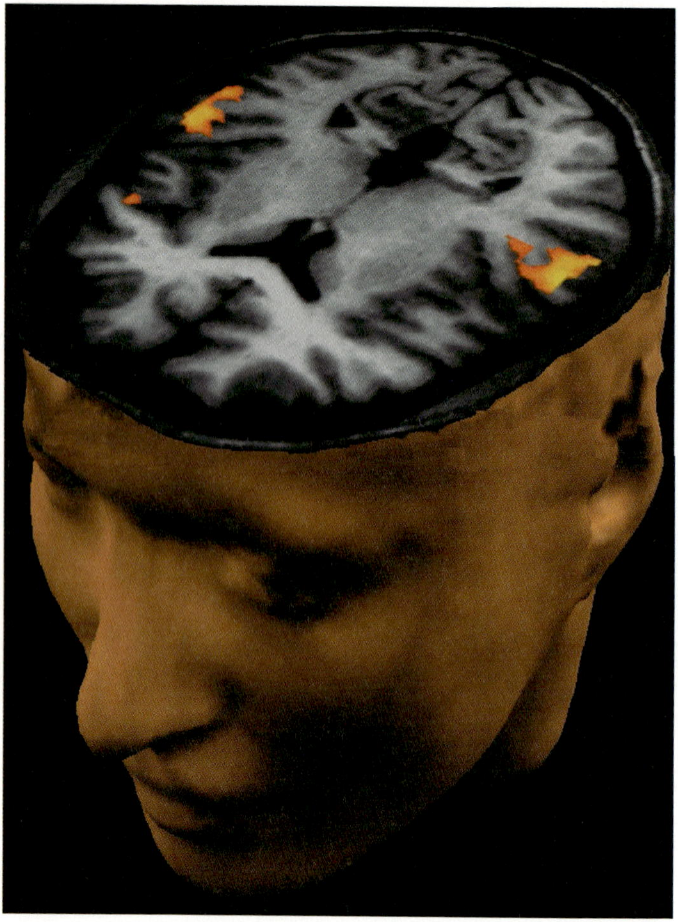

FT2 Wie man funktionelle Hirnscans liest. Diese Freiwillige lag im MRT-Scanner und hörte einfache Geräusche. Die Geräusche ließen ihren auditorischen Cortex (Hörrinde) „aufleuchten" (orange Farbtupfer an beiden Seiten des Gehirns). Aber nicht alles ist so, wie es scheint.

Das Schwarzweißbild des Gehirns stammt von einem strukturellen Scan. Die Farbtupfen stammen von einem funktionellen Scan (fMRT), der ein viel verschwommeneres Bild ergibt; sie sind auf die Schwarzweißaufnahme aufgelagert.

Alle Nerven im Gehirn sind die ganze Zeit über aktiv. Die farbigen Regionen zeigen, wo es zu einer Aktivitätsveränderung kam, wenn man die Situation „kein Geräusch" (abgesehen vom ständigen lauten Brummen des Scanners) mit der Situation „Geräusch" (ein wiederholtes Piepen zusätzlich zum Scannergeräusch) vergleicht.

Das per fMRT gemessene Signal rührt nicht von Veränderungen der neuronalen Aktivität her, die sehr rasch erfolgen, sondern von Veränderungen im Blutfluss (oder genauer, Veränderungen in der Sauerstoffsättigung des Blutes), die sehr langsam erfolgen. Neuronale Aktivität erfordert Energie, die via Blutstrom geliefert wird. Tierstudien zeigen, dass die Veränderung der Durchblutung ein sehr guter Indikator für Veränderungen in der neuronalen Aktivität ist.

Die farbigen Regionen zeigen die Aktivität in einer Gehirnregion nicht direkt an, sondern machen eine statistische Aussage über diese Aktivität: Sie geben an, wie wahrscheinlich es ist, dass es sich um eine echte Veränderung und nicht nur um eine zufällige Fluktuation handelt. Wenn man weniger strenge statistische Verfahren benutzt, sind die Farbtupfer größer und treten in mehr Gehirnregionen auf.

FT3 Eine epileptische Gehirnaktivität kann zu visuellen Wahrnehmungen führen. Die Zeichnungen geben die visuellen Eindrücke bei einem epileptischen Anfall wieder, wenn der Anfallsherd in der Sehrinde liegt.

1) Die Dinge sind nicht so, wie sie scheinen.
„Ich erkenne A.s Schwester … und wundere mich über ihren Bart …“

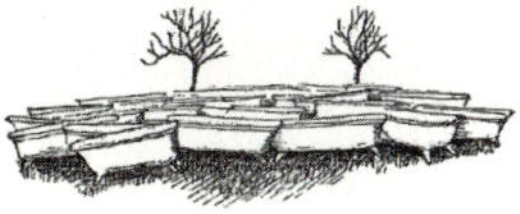

2) Bilder vervielfältigen sich.
Multiple Bilder von Badewannen.

3) Größen sind verzerrt.
Der Mann am Ende des Tisches wirkt winzig.

4) Falsche Farben.
In der linken Hälfte des Raums fehlt die Farbe.

FT4 Visuelle Verzerrungen in Träumen.

FT5 Ein paar Stunden Arbeit und die Erfahrungen eines ganzen Lebens. J. M. Whistler, *Nocturne in Black and Gold: The Falling Rocket*, 1875.

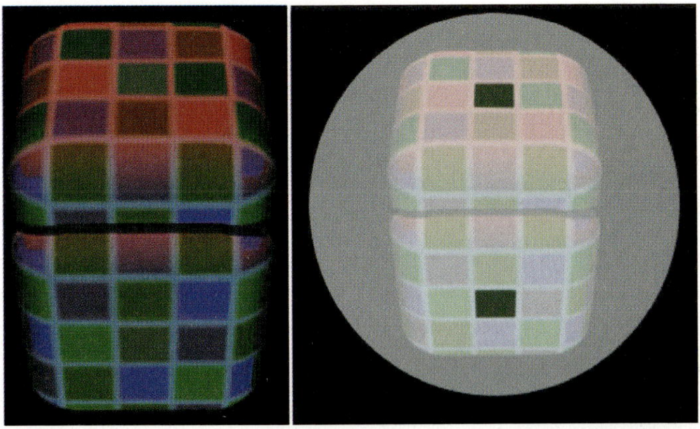

FT6 Die Farbe ist im Gehirn, nicht auf der Buchseite. Die zentralen Quadrate auf der oberen und der unteren Fläche des linken Objekts erscheinen ganz unterschiedlich gefärbt: oben grün und unten orange. Tatsächlich sind sie physikalisch identisch, wie am rechten Objekt zu sehen. Wenn Sie mir nicht glauben, schneiden Sie zwei Löcher in ein Stück Papier, so dass Sie nur die beiden Quadrate sehen können.

FT7 Das Erleben eines Sturms auf See. J. M. W. Turner, *Snow Storm – Steaming Boat off a Harbour's Mouth Making Signals in Shallow Water, and Going by the Lead*, 1842.

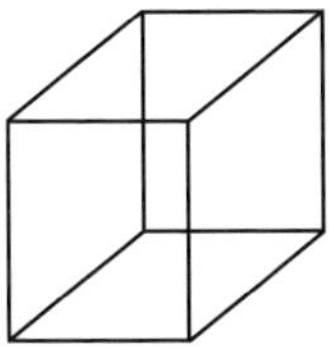

Bildet das Quadrat links oder das Quadrat rechts die Vorderseite des Würfels?

Ist das eine Vase oder sind es zwei Gesichter, die sich anschauen?

Ist dies eine junge oder eine alte Frau?
(Das Kinn der jungen Frau wird zur Nase der alten.)

Abb. 5.10 Doppeldeutige Figuren.

Selbst komplexere Figuren, wie die Rubin-Vase und die Junge-oder-alte–Frau?-Figur, zeigen dasselbe spontane Umschalten von einem Perzept zum anderen, weil beide gleich plausibel sind. Die Tatsache, dass unser Gehirn so auf doppeldeutige Figuren reagiert, ist ein weiterer Beweis dafür, dass unser Gehirn eine Bayes'sche Maschine ist, die Wissen über die Welt sammelt, indem sie Vorhersagen macht und nach den Ursachen von sensorischen Eindrücken sucht.

Farbe steckt im Gehirn, nicht in der Welt

Aber all diese doppeldeutigen Figuren sind von Psychologen erfunden worden, könnte man einwenden. In der wirklichen Welt treffen wir nicht auf solche Objekte. Das stimmt. Aber die wirkliche Welt ist ebenfalls inhärent doppeldeutig. Nehmen wir das Problem der Farbe. Wir erkennen die Farbe eines Objekts lediglich anhand des

Lichts, das von dessen Oberfläche reflektiert wird. Die Wellenlänge des Lichts bestimmt die Farbe des Objekts. Langwelliges Licht erscheint rot, kurzwelliges blau; alle anderen Farben liegen dazwischen. Im Auge gibt es spezielle Rezeptoren, die für die unterschiedlichen Wellenlängen des Lichts empfindlich sind. Sagt uns also die Aktivität in diesen Rezeptoren, welche Farbe eine Tomate hat? Da gibt es ein Problem. Die Farbe steckt nicht in der Tomate. Sie steckt in dem Licht, das von ihr reflektiert wird. Wenn eine Tomate mit weißem Licht beleuchtet wird, reflektiert sie rotes Licht. Darum sehen wir sie als rot. Aber was ist, wenn eine Tomate mit blauem Licht beleuchtet wird? Sie kann in diesem Fall kein rotes Licht reflektieren – sieht sie also jetzt blau aus? Nein. Wir nehmen sie noch immer als rot wahr. Aus den Farben sämtlicher Objekte der Szenerie zieht unser Gehirn den Schluss, dass die Szene mit blauem Licht beleuchtet wird, und sagt die „wahre" Farbe der verschiedenen Objekte voraus. Was wir wahrnehmen, wird von dieser vorhergesagten Farbe bestimmt, nicht von der Wellenlänge des Lichts, das in unsere Augen fällt. Weil wir die vorhergesagte und nicht die „reale" Farbe sehen, lassen sich verblüffende Täuschungen schaffen, bei denen Flächen, die in Bezug auf die Wellenlänge des Lichts identisch sind, ganz unterschiedlich gefärbt erscheinen (siehe Abbildung FT6 im Tafelteil).[19]

Was wir wahrnehmen, ist ein Fantasiebild, das sich mit der Realität deckt

Unser Gehirn konstruiert Modelle der Welt und modifiziert sie ständig auf der Basis von Signalen, die unsere Sinnesorgane empfangen. Was wir tatsächlich wahrnehmen, sind daher die Modelle, die unser Gehirn von der Welt kreiert. Sie sind nicht die Welt selbst, aber für uns sind sie so gut wie die Welt. Man könnte sagen, dass unsere Wahrnehmungen Fantasiebilder sind, die sich mit der Realität decken. Und wenn keine sensorische Information zur Verfügung

[19] Einige dieser Täuschungen findet man unter *http://www.lottolab.org/*

steht, füllt unser Gehirn die Lücke aus. In unserem Auge gibt es einen blinden Fleck, an dem keine Lichtrezeptoren sitzen. Das ist die Stelle, an der die Nervenfasern, die die sensorischen Signale von der Netzhaut ins Gehirn weiterleiten (Sehnerv), aus dem Auge austreten; daher ist an dieser Stelle kein Platz für Rezeptoren. Wir sind uns dieses blinden Flecks nicht bewusst, weil das Gehirn für diese leere Stelle in unserem Sehfeld etwas erfindet. Es benutzt Signale aus der Region direkt um den blinden Fleck, um die fehlende Information zu ergänzen.

Halten Sie Ihren Finger direkt vor sich und fixieren Sie ihn. Dann schließen Sie Ihr linkes Auge und bewegen Ihren Finger langsam nach rechts, blicken aber weiter starr geradeaus. Es gibt einen Punkt, an dem Ihre Fingerspitze verschwindet und dann jenseits des blinden Flecks wieder auftaucht. Aber innerhalb des blinden Flecks füllt Ihr Gehirn die Lücke mit dem umgebenden Tapetenmuster, nicht mit Ihrer Fingerspitze aus.

Selbst im Zentrum meines Sehfelds wird das, was ich sehe, von dem bestimmt, was mein Gehirn zu sehen erwartet, kombiniert mit den aktuellen sensorischen Signalen, die einlaufen. Manchmal sind diese Erwartungen so stark, dass ich sehe, was ich zu erwarten sehe, und nicht das, was tatsächlich passiert. Ein verblüffendes Laborexperiment besteht darin, Versuchspersonen einen visuellen Reiz, beispielsweise die Buchstaben des Alphabets, so rasch zu präsentieren, dass die sensorischen Signale nur gerade eben registriert werden können. Wenn man stark erwartet, den Buchstaben A zu sehen, kann es vorkommen, dass man überzeugt ist, diesen Buchstaben gesehen zu haben, auch wenn tatsächlich der Buchstabe B präsentiert wurde.

Wir sind nicht die Sklaven unserer Sinne

Man könnte meinen, dieser Hang zum Halluzinieren sei ein zu hoher Preis für die Fähigkeit unseres Gehirns, Modelle der Welt zu konstruieren. Könnte das System nicht so eingestellt werden, dass unser Erleben stets von sensorischen Signalen dominiert wird? Dann könnte es nicht zu Halluzinationen kommen. Tatsächlich ist das aus vielen Gründen keine gute Idee. Sensorische Signale sind einfach zu unzuverlässig. Aber noch wichtiger ist, dass eine solche Dominanz uns zu Sklaven unserer Sinne machen würde. Wie ein Schmetterling würde unsere Aufmerksamkeit von einer Attraktion zur nächsten wandern. Eine derartige Versklavung durch die Sinne kann manchmal infolge einer Hirnschädigung eintreten. Es gibt einige Menschen, die nicht anders können, als auf alles zu reagieren, was sie sehen. Sie setzen eine Brille auf die Nase. Aber dann sehen sie eine andere Brille und setzen sie ebenfalls auf.[20] Wenn sie ein Glas sehen, müssen sie daraus trinken. Sehen sie einen Stift, müssen sie damit herumkritzeln. Sie sind nicht in der Lage, einen Plan auszuführen oder Anweisungen zu folgen. Wie sich herausgestellt hat, weisen diese Menschen gewöhnlich eine ausgedehnte Schädigung des Gehirns im Stirnbereich auf. Ihr seltsames Verhalten wurde erstmals von François Lhermitte beschrieben:

> Der Patient … suchte mich in meinem Apartment auf … Wir kehrten ins Schlafzimmer zurück. Die Tagesdecke war abgenommen und das obere Laken in der üblichen Weise zurückgeschlagen worden. Als der Patient das sah, begann er sofort, seine Kleidung (einschließlich seiner Perücke) abzulegen. Er legte sich ins Bett, zog das Laken bis zum Hals hoch und bereitete sich aufs Einschlafen vor.

Durch den Einsatz von kontrollierter Fantasie entkommt unser Gehirn der Tyrannei unserer Umwelt. Aus dem babylonischen Stimmengewirr der akademischen Cocktailparty kann ich die Stimme der eigensinnigen Englischprofessorin herausfiltern und ihren Worten folgen. Ich kann ihr Gesicht aus diesem Meer von Gesichtern herauspicken. Wie Brain-Imaging-Studien zeigen, erhöht sich, wenn wir uns auf Gesichter konzentrieren, bereits beim Auftauchen eines Ge-

[20] Dieser Vorwisseneffekt tritt auf einer viel höheren Ebene auf als der Vorwisseneffekt bei der Wahrnehmung von Objekten. Der Bayes'sche Mechanismus betrifft alle Ebenen der Verarbeitung im Gehirn.

sichts in unserem Gesichtsfeld die Aktivität im „Gesichtsareal" des Gehirns. Selbst wenn ich mir ein Gesicht nur vorstelle, erhöht sich die Aktivität in diesem Areal (siehe Abbildung E.8 in der Einleitung). Das ist die Macht meines Gehirns, kontrollierte Fantasiebilder zu schaffen. Ich kann das Auftauchen eines Gesichts antizipieren. Ich kann mir ein Gesicht vorstellen, wenn es überhaupt kein Gesicht gibt.

Woher wissen wir also, was real ist?

Bei einem Fantasiebild von der Welt gibt es zwei Probleme. Erstens: Woher wissen wir, dass das Modell der Welt, das unser Gehirn entwirft, richtig ist? Das ist kein echtes Problem. Damit wir auf die Welt einwirken können, spielt es keine Rolle, ob das Modell unseres Gehirns richtig ist oder nicht. Alles, was zählt, ist, dass das Modell funktioniert. Versetzt es uns in die Lage, uns richtig zu verhalten und einen weiteren Tag zu überleben? In der Regel ja. Wie wir in den folgenden Kapiteln noch sehen werden, tauchen Fragen über die „Richtigkeit" oder „Wahrheit" des Modells nur dann auf, wenn zwei Gehirne miteinander kommunizieren und wir feststellen, dass sich das Modell unseres Gegenübers von dem unsrigen unterscheidet.

Das zweite Problem wurde durch die erwähnte Brain-Imaging-Studie von Gesichtern deutlich. Das Gesichtsareal in meinem Gehirn wird aktiv, wenn ich ein Gesicht sehe oder aber, wenn ich mir ein Gesicht vorstelle. Woher weiß das Gehirn dann, ob ich tatsächlich ein Gesicht sehe oder es mir nur vorstelle? In beiden Fällen hat mein Gehirn ein Gesicht geschaffen. Woher wissen wir, wann es sich um das Modell eines realen Gesichts „dort draußen" handelt? Dieses Problem tritt nicht nur bei Gesichtern auf, sondern überall.

Die Lösung ist sehr einfach. Wenn wir uns ein Gesicht vorstellen, gibt es keine sensorischen Signale, die wir mit unseren Vorhersagen vergleichen könnten. Es gibt keine Fehlermeldungen. Wenn wir reale Gesichter sehen, ist das Modell unseres Gehirns niemals perfekt.

Unser Gehirn aktualisiert sein Modell ständig, um mit flüchtigen Wechseln im Gesichtsausdruck und Lichtveränderungen zurechtzukommen. Zum Glück ist die Wirklichkeit immer unerwartet.

Sich etwas vorzustellen, ist außerordentlich langweilig

Optische Täuschungen enthüllen, wie wir bereits gesehen haben, auf welche Weise das Gehirn die Realität abbildet. Der erwähnte Necker-Würfel ist eine bekannte optische Täuschung (siehe Abbildung 5.10). Wir können darin einen Würfel sehen, dessen Vorderkante nach links unten zeigt. Und dann ändert sich unsere Wahrnehmung plötzlich, und wir sehen einen Würfel, dessen Vorderkante nach rechts oben zeigt. Die Erklärung ist einfach. Unser Gehirn sieht das Bild als Würfel statt als die zweidimensionale Zeichnung, um die es sich eigentlich handelt. Aber als Würfel ist es doppeldeutig. Es gibt zwei mögliche dreidimensionale Versionen. Und bei seinem ständigen Versuch, eine bessere Lösung für die sensorischen Signale zu finden, springt unser Gehirn nach dem Zufallsprinzip von einer Version zur anderen.

Aber was passiert, wenn ich eine „naive" Person vor mir habe, eine, die noch nie zuvor einen Necker-Würfel gesehen hat und die nicht weiß, dass er die Tendenz hat, von einer Form in die andere umzuspringen? Ich zeige ihr die Figur nur kurz, so dass es nicht zum Umspringen kommt. Dann fordere ich sie auf, sich die Figur in Gedanken vorzustellen. Wird die Figur umspringen, während meine Versuchsperson sie in ihrer Gedankenvorstellung inspiziert? Es zeigt sich, dass der Necker-Würfel in der Gedankenvorstellung niemals umspringt. Die Gedankenvorstellung ist völlig unattraktiv. Sie muss keine Vorhersagen machen und keine Fehler korrigieren. Wir schaffen nichts in unserem Kopf. Wir sind schöpferisch, indem wir unsere Gedanken durch Kritzeln, Skizzen und grobe Entwürfe nach außen verlagern, so dass wir von dem Unerwarteten der Realität profitieren. Es ist dieses ständige Unerwartete, das das Wechselspiel mit der realen Welt so faszinierend macht.

In diesem Kapitel habe ich gezeigt, wie unser Gehirn die Außenwelt entdeckt, indem es Modelle konstruiert und Vorhersagen macht. Diese Modelle entstehen aus einer Kombination von sensorischer Information und A-priori-Erwartungen. Sowohl sensorische Information als auch Erwartungen sind für diesen Prozess wesentlich. Wir sind uns all der Arbeit, die unser Gehirn leistet, nicht bewusst. Bewusst sind wir uns nur der Modelle, die daraus resultieren. Das lässt unser Erleben der Welt mühelos und direkt erscheinen.

6

Wie das Gehirn den Geist modelliert

„Sie finden Romane also langweilig und hassen Poesie.“ Die Englischprofessorin scheint sich fast um mich zu sorgen.

„Wie kommen Sie darauf?“

„Sie haben gerade gesagt, dass nur die physische Welt existiere, und sich etwas gedanklich vorzustellen, sei äußerst langweilig. Sie haben alles, was schöpferisch ist am menschlichen Geist, die imaginären Welten großer Schriftsteller und Maler, die unsere einzigartige menschliche Kultur geschaffen haben, verworfen.“

„Ich habe über die imaginäre Welt gesprochen, die von einem einzelnen, isoliert arbeitenden Gehirn geschaffen wird. Sie sprechen von der geistigen Welt in den Köpfen anderer Menschen. Ich stimme Ihnen zu. Die geistige Welt anderer ist sogar noch aufregender und unvorhersehbarer als die physische Welt. Aber auch diese geistige Welt erschließt sich uns durch unser Gehirn.“

„Man kann Kultur nicht auf Gehirnaktivität reduzieren“, entgegnet sie. „Um die geistige Welt eines anderen kennenzulernen, ist Verständnis erforderlich. Die Wissenschaft kann lediglich erklären.“

„Ich lehne diesen ganzen postmodernen Unsinn ab“[1], mischt sich die neue Direktorin des Fachbereichs Physik ein, die sich zu

---

[1] Sie zieht die Englischprofessorin auf, indem sie auf den parodistischen Artikel des Physikers Alan Sokal anspielt, der in der seriösen Literaturzeitschrift *Social Text* erschien. Aber wie wir im nächsten Kapitel noch sehen werden, bewegen wir uns möglicherweise auf eine Hermeneutik der Neurowissenschaften zu.

uns gesellt hat. „Aber die geistige Welt anderer ist eine private, subjektive Welt. Eine solche Welt lässt sich nicht wissenschaftlich untersuchen."

Wie man sich vorstellen kann, fanden wir alle es zu anstrengend, die Diskussion auf einem derart hohen Niveau fortzuführen, und kehrten bald zu akademischem Klatsch zurück.

Aber natürlich denke ich, dass beide Unrecht haben. Es ist unser Gehirn, das es uns ermöglicht, in die Geisteswelt anderer einzutauchen, und daher ist es legitim zu fragen: Wie schafft unser Gehirn so etwas?

Die Wissenschaft kann versuchen zu erklären, wie es uns möglich ist, die Geisteswelt eines anderen Menschen zu verstehen. Zwischen diesem Versuch und dem Versuch zu erklären, wie wir als Individuen die physische Welt verstehen, besteht kein prinzipieller Unterschied. Darum geht es in einem Großteil der Psychologie. Und wie wir im letzten Kapitel gesehen haben, ist unser Wissen um die physische Welt im Wesentlichen subjektiv. Was ich über die physische Welt weiß, steckt in einem Modell dieser Welt, das von meinem Gehirn geschaffen wurde. Das Modell basiert auf meinem Vorwissen und den Signalen meiner Sinnesorgane. Mein Gehirn schafft eine physische Welt mit Bäumen und Vögeln und Menschen. Mein Wissen um die geistige Welt, die Gedankenwelt anderer Menschen, lässt sich auf genau dieselbe Weise schaffen. Aus den Hinweisen, die die Sinnesorgane liefern, schafft mein Gehirn ein Modell einer mentalen Welt der Meinungen und Überzeugungen, Wünsche und Absichten.

Aber wie sehen die Signale aus, die uns sagen, was im Kopf anderer Menschen vor sich geht? Ich rede nicht von Sprechen und Sprache. Wir erfahren eine Menge darüber, was im Kopf anderer Menschen vor sich geht, indem wir einfach beobachten, wie sie auf die Welt einwirken, wie sie sich bewegen.

Biologische Bewegung: Wie sich Lebewesen bewegen

Aus der Art, wie sich etwas bewegt, kann man Rückschlüsse ziehen, ob es sich um ein Lebewesen oder um ein Blatt handelt, das vom Wind bewegt wird. Und man kann noch viel mehr sehen. Man kann erkennen, dass es sich um einen Menschen handelt, *und* man kann sehen, was dieser Mensch tut. Dazu braucht man nicht viel Information. Im Jahr 1973 befestigte Gunnar Johannson Lichtpunkte an den wichtigsten Gelenken einer seiner Studentinnen (rund 14 Lichtpunkte an Fußgelenken, Knien, Ellbogen etc. reichen aus) und filmte sie, während sie sich im Dunkeln bewegte. Alles, was man im Film sehen kann, sind 14 Lichtpunkte, die sich auf komplexe Weise bewegen. Wenn man nur einen dieser Punkte isoliert betrachtet, erwächst nichts Sinnvolles aus der Bewegung. Betrachtet man sämtliche Lichtpunkte, ohne dass sie sich bewegen, erwächst nichts Sinnvolles aus der statischen Darstellung. Aber sobald die Lichtpunkte beginnen, sich zu bewegen, taucht sofort eine Figur auf. Man kann erkennen, ob es sich um einen Mann oder um eine Frau handelt, ob die Figur geht, rennt oder tanzt. Man kann sogar sagen, ob sie glücklich oder traurig ist.[2] Ich kann Ihnen in diesem Buch zwar keine sich bewegenden Figuren vorführen, doch Abbildung 6.1 zeigt, dass selbst diese einfachen statischen Strichfiguren einen starken Eindruck vom Geschlecht der Figur vermitteln.

Die Fähigkeit, biologische Bewegung zu sehen, ist im Gehirn wohl entwickelt. Bereits mit vier Monaten schauen sich Säuglinge lieber Lichtpunkte an, die eine sich bewegende Figur bilden, als Lichtpunkte, die sich zwar in derselben Art und Weise bewegen, aber zufällig zugeordnet sind. Selbst Katzen lassen sich leicht darauf trainieren, zwischen Lichtpunkten zu unterscheiden, die eine sich bewegende Katze bilden, und solchen, die zufällig angeordnet sind.

---

[2] Eine hübsche Demonstration findet man unter *http://www.biomotionlab.ca/Demos/BMLwalker.html*

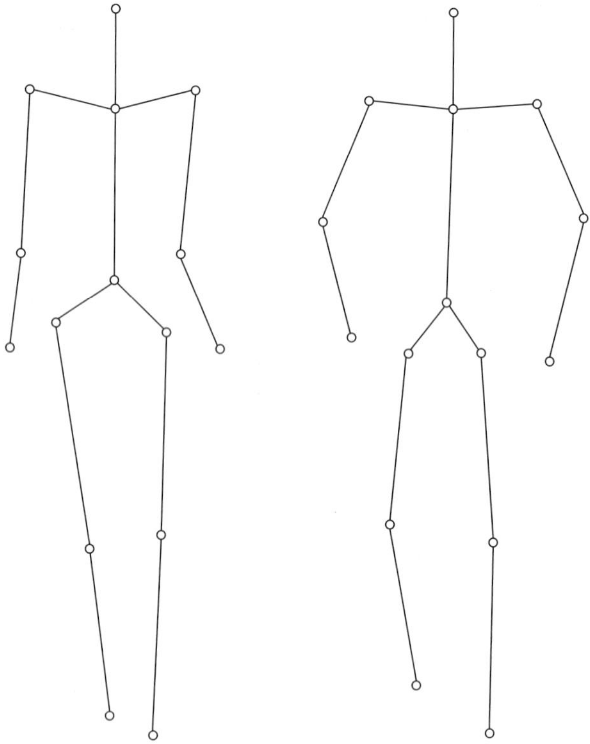

Abb. 6.1 Selbst Strichfiguren haben ein Geschlecht. Eine sich bewegende Version findet sich unter *http://www.biomotionlab.ca/Demos/BMLgender.html* aus Professor Nikolaus Trojes Biomotion Lab.

Wie Bewegungen Absichten verraten können

Es läuft auf dasselbe hinaus, ob ich eine Katze an der Art der Bewegung als Katze erkenne, an ihrer Gestalt oder an ihren Lautäußerungen. Unser Gehirn benutzt sämtliche verfügbaren Hinweise, um herauszufinden, was da in der Außenwelt vor sich geht. Komplexe

Bewegung ist eines der vielen Signale, auf die unser Gehirn außerordentlich empfindlich reagiert. Zu erkennen, dass es sich im einen Fall um eine schleichende Katze und im anderen um eine tanzende Frau handelt, eröffnet uns noch keinen Zugang zur mentalen Welt der Meinungen und Absichten. Aber vielleicht führt uns die Erkenntnis, dass der Gegenstand der Betrachtung eine Katze auf Beutejagd oder eine traurige Frau ist, doch an den Rand der mentalen Welt. In diesen Beispielen sagen uns die Bewegungen, die wir sehen, etwas über die Absichten der Katze und den Gefühlszustand der Frau.

Selbst sehr simple Bewegungen können etwas über Ziele und Absichten aussagen. György Gergely und seine Kollegen zeigten zwölf Monate alten Kleinkindern einen Film (siehe *Lernaufgabe* in Abbildung 6.2). Anfangs sieht man einen kleinen grauen Ball und einen großen schwarzen Ball, die durch eine Barriere getrennt sind. Dann springt der kleine graue Ball über die Barriere und stoppt neben dem großen schwarzen Ball. Die Kinder sehen diesen Filmclip mehrmals, bis er ihnen langweilig wird. Dann entfernt man die Barriere und zeigt ihnen zwei neue Filme.

Die Idee hinter Experimenten wie diesem ist die Vermutung, dass ein gelangweiltes Kind dem unerwarteten Filmclip mehr Aufmerksamkeit schenkt. Der unerwartete Clip ist interessanter. Er enthält mehr Information und erfordert, dass wir unsere Meinung über das, was im vorangegangenen Clip passiert ist, ändern.

Welcher der beiden neuen Filmclips war unerwarteter? In Testaufgabe A ist die Bewegung des grauen Balls identisch mit derjenigen in der Lernaufgabe. Der graue Ball springt und stoppt neben dem schwarzen Ball. In Aufgabe B ist die Bewegung des grauen Balls eine ganz andere. Der graue Ball rollt direkt zum schwarzen Ball. Was die Bewegung angeht, sollte B daher überraschender sein. Aber die Kleinkinder dachten anders. Sie waren überraschter von Aufgabe A, wo der graue Ball über die nicht existierende Barriere sprang. Dieses Experiment zeigt[3], dass die Kleinkinder die Bewegungen des grauen Balls im Hinblick auf dessen „Absicht" interpre-

[3] Um diese Interpretation zu rechtfertigen, verwendeten die Autoren zahlreiche weitere Kontrollaufgaben, die ich hier nicht beschrieben habe.

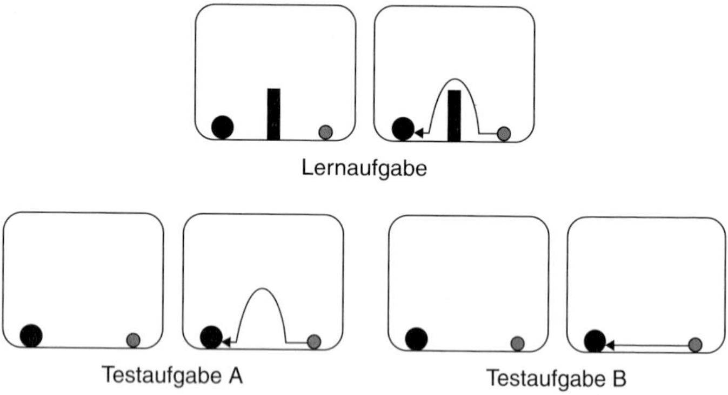

Abb. 6.2 Zwölf Monate alte Kleinkinder wissen um die Ziele von Handlungen. Kleinkinder, die die Lernaufgabe anschauen, ziehen den Schluss, dass der graue Ball über die Barriere springt, um zum schwarzen Ball zu gelangen. Wenn die Barriere entfernt wird, nehmen die Kinder an, dass der graue Ball direkt zum schwarzen Ball rollt (Testaufgabe B), statt weiterhin zu springen (Testaufgabe A).

tierten: Der graue Ball möchte neben dem schwarzen Ball liegen. Wenn die Barriere im Weg ist, muss der graue Ball sie überspringen, um zum schwarzen Ball zu kommen. Aber wenn die Barriere verschwunden ist, wird sich der graue Ball auf dem einfachsten Weg zum schwarzen Ball bewegen. Er muss nicht mehr springen. Daher ist dies das Verhalten, das wir (und die Kleinkinder) erwarten, wenn die Barriere entfernt wird. Wenn der graue Ball weiterhin hüpft, obgleich es keine Barriere mehr gibt, so ist das ein unerwartetes Verhalten. Nun müssen wir unsere Meinung zur Absicht des grauen Balls ändern. Vielleicht springt er gern?

Andere Menschen sind viel interessanter als kleine graue Bälle. Wir beobachten ständig ihre Bewegungen und versuchen vorherzusagen, was sie wohl als Nächstes tun werden. Wenn wir über die Straße gehen, müssen wir vorhersagen, wie die Person, die auf uns zukommt, wohl ausweichen wird. Wir liegen so oft richtig mit dieser Vorhersage, dass es zu verlegenem Lächeln führt, wenn das seltene Ereignis eintritt, dass wir beide zur gleichen Seite ausweichen.

Besondere Beachtung schenken wir den Augen anderer Menschen. Wenn wir die Augen unseres Gegenübers beobachten, können wir sehr kleine Bewegungen registrieren. Aus einem Meter Entfernung können wir Augenbewegungen von weniger als zwei Millimetern wahrnehmen. Diese hohe Sensitivität für Augenbewegungen erlaubt uns einen ersten Schritt in die Gedankenwelt eines anderen. Aus der Blickrichtung einer Person können wir sehr genau feststellen, wohin sie schaut. Und wenn wir wissen, wohin Leute schauen, wissen wir, woran sie interessiert sind.

Wenn wir Abbildung 6.3 betrachten, wissen wir, dass sich Larry für den Ball interessiert, und wir können nicht anders, als ebenfalls auf den Ball zu blicken.

Auf der anderen Seite des überfüllten Raums sehe ich die Englischprofessorin. Das erste, was mir auffällt, ist, dass sie mich nicht anschaut. Für wen interessiert sie sich gerade? Ich kann nicht anders, als der Richtung ihres Blicks zu folgen. Doch sicherlich nicht für den großspurigen jungen Molekularbiologen?

Abb. 6.3 Wir wissen, was Larry will, indem wir seinem Blick folgen. Wir sehen, dass Larry den Ball anschaut. Und wir schauen ebenfalls den Ball an, bevor wir uns den anderen Objekten zuwenden.

Imitation

Es sind nicht nur Augenbewegungen, denen wir so sklavisch folgen. Unser Gehirn tendiert automatisch dazu, jede Bewegung zu imitieren, die wir sehen. Die eindrucksvollsten Belege für Imitation im Gehirn stammen aus einer Studie, in der die elektrische Aktivität einzelner Neuronen im Gehirn von Affen abgeleitet wurde. Giacomo Rizzolatti und seine Kollegen in Parma untersuchten Neuronen, die an Greifbewegungen beteiligt waren. Sie fanden heraus, dass unterschiedliche Neuronen für unterschiedliche Greifbewegungen zuständig sind. Ein Neuron erhöhte seine Aktivität, wenn der Affe einen Präzisionsgriff mit Zeigefinger und Daumen ausführte, um ein kleines Objekt wie eine Erdnuss aufzuheben. Ein anderes Neuron erhöhte seine Aktivität, wenn der Affe einen Kraftgriff mit der ganzen Hand anwandte, um ein Objekt wie einen Stift aufzuheben. In dem Teil des Gehirns, das sich mit motorischer Kontrolle beschäftigt (dem prämotorischen Cortex), gab es Neuronen, die eine ganze Palette von unterschiedlichen Greifbewegungen repräsentierten.

Aber zur Überraschung der Forscher wurden einige Neuronen nicht nur dann aktiv, wenn der Affe nach etwas griff, sondern auch dann, wenn der Affe sah, dass einer der Experimentatoren nach etwas griff. Das Neuron, das reagierte, wenn der Affe eine Erdnuss aufnahm, reagierte auch dann, wenn der Affe sah, dass der Experimentator eine Erdnuss aufnahm. Diese Neuronen werden heute als „Spiegelneuronen" bezeichnet. Die Palette von Handlungen, die von diesen Neuronen repräsentiert wird, gilt gleichermaßen für die Beobachtung von Handlungen wie für deren Ausführung.

Dasselbe geschieht im menschlichen Gehirn. Wann immer wir uns bewegen, gibt es ein charakteristisches Aktivitätsmuster in den motorischen Arealen des Gehirns. Eine der ersten Überraschungen beim Brain-Imaging war, dass sich dieses Aktivitätsmuster auch dann zeigt, wenn wir uns darauf vorbereiten, eine Bewegung zu machen oder uns eine Bewegung einfach nur vorstellen (siehe Abbildung E.7 in der Einleitung). Dasselbe passiert, wenn wir sehen, wie sich eine andere Person bewegt. Unser eigenes Gehirn wird genau in den Regionen aktiv, die aktiv werden würden, wenn wir dieselbe Bewegung selbst ausführten. Der Hauptunterschied ist, dass wir uns in Wirklichkeit nicht bewegen.

Unser Gehirn reagiert auf diese Weise, wenn wir jemanden sich bewegen sehen – und zwar selbst dann, wenn dies unseren eigenen Bewegungsablauf stört und sogar peinlich sein kann. Einer meiner Onkel hat ein steifes Bein. Wenn ich als kleiner Junge neben ihm herging, musste ich mich sehr konzentrieren, um nicht ebenso zu hinken wie er. Diese Neigung, andere zu imitieren, kann bei Menschen mit dem Giles-de-la-Tourette-Syndrom extreme Formen annehmen.[4] Diese Menschen verspüren oft den zwanghaften Drang, das Tun anderer ständig zu imitieren: Husten, Niesen und Kratzen. Das macht das Leben für sie und ihre Familien sehr schwierig.

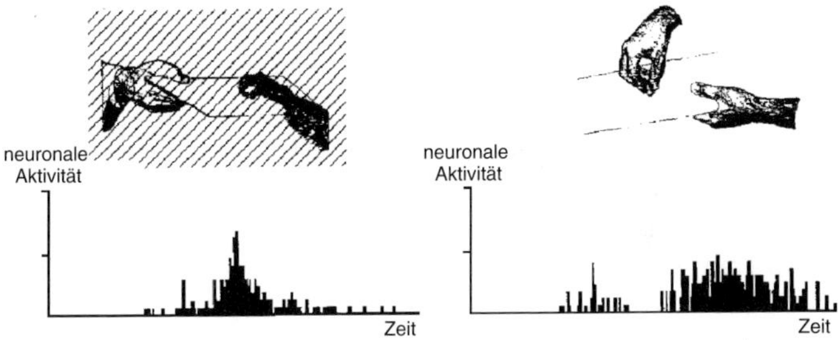

Abb. 6.4 Spiegelneuronen. Diese Neuronen erhöhen ihre Aktivität, wenn der Affe eine Handlung ausführt oder einen anderen bei der Ausführung der gleichen Handlung beobachtet. Links: Der Affe agiert (ohne seine Hand zu sehen). Rechts: Der Affe sieht, wie der Experimentator dieselbe Handlung durchführt.

[4] Diese Störung des motorischen Systems im Gehirn geht vor allem mit Tics einher: mit sinnlosen, wiederholten Bewegungen und Schreien. Sie wurde erstmals von dem französischen Arzt Giles de la Tourette beschreiben. Das ist sein Nachname. Sein voller Name lautet Georges Albert Edouard Brutus Giles de la Tourette.

Imitation: die Ziele anderer erkennen

Imitation ist wie Wahrnehmung. Wir tun es automatisch, ohne darüber nachdenken zu müssen. Uns erscheint es einfach. Erst wenn wir versuchen, eine Maschine zu bauen, merken wir, wie schwierig Imitieren eigentlich ist. Wenn ich sehe, wie Sie Ihren Arm bewegen, mache ich einfach dieselbe Bewegung. Ihre Armbewegung ruft ein wechselndes Muster von Lichteindrücken auf meiner Netzhaut hervor, das von meinem Gehirn interpretiert wird. Aber wie schafft es mein Gehirn, eine Reihe von sich verändernden visuellen Mustern in eine Reihe von Muskelkommandos zu verwandeln, die dazu führen, dass mein Arm die gleiche Bewegung macht? Zum einen kann ich nicht sehen, welche Muskeln beteiligt sind. Zum anderen muss ich, wenn ich ein Kind imitiere, andere Kommandos an meine Muskeln schicken, um die gleiche Bewegung zu machen, weil mein Arm viel länger ist.

Genau dieses Problem haben wir, wenn wir einen Computer entwerfen. Wie übersetzt die Maschine bei einem mit Spracherkennung arbeitenden Textverarbeitungssystem das Muster akustischer Schwingungen, das von meiner Stimme hervorgerufen wird, in Zeichen, die vom Drucker auf Papier ausgedruckt werden? Die Lösung besteht darin, interne Modelle zu entwickeln, die die Lücke überbrücken. Im Beispiel mit dem Textverarbeitungssystem sind diese internen Modelle Wörter. Sobald der Input – die akustischen Schwingungen (oder die visuellen Reize oder das Drücken von Tasten) – in Wörter übersetzt worden ist, können diese als Output (als Buchstabenfolge oder Punktmuster) in einen Drucker eingespeist werden.

Im Fall von Bewegungen sind diese internen Modelle die Ziele der Handlung. Nun sind Bewegungen in sich selbst mehrdeutig. Wie John Searle betont hat: Wenn wir jemanden treffen, der nach Westen geht, wissen wir nicht, ob er zur Bäckerei auf der anderen Straßenseite oder nach Patagonien will. Aber wir sind inzwischen allesamt Bayesianer. Wir können diese Mehrdeutigkeit auflösen, weil wir *a priori* wissen, welches Ziel wahrscheinlicher ist.

Wir können die Bedeutung von Zielen demonstrieren, indem wir die „Fehler“ untersuchen, die Kindern bei Spielen unterlaufen, in denen es ums Nachahmen geht. In einem solchen Spiel fordere ich das kleine Mädchen, das mir am Tisch gegenüber sitzt, auf, alles zu tun, was ich tue. Ich hebe meine rechte Hand. Es hebt seine linke Hand. Ist das ein Fehler? Es bewegt nicht dieselbe Hand, verhält sich aber wie ein Spiegel. Ich berühre mein linkes Ohr mit meiner linken Hand. Die Kleine berührt ihr rechtes Ohr mit ihrer rechten Hand, imitiert meine Bewegung also wieder wie ein Spiegel. Nun nehme ich die rechte Hand und berühre mein linkes Ohr. Das Mädchen berührt ihr linkes Ohr mit ihrer linken Hand. Ist das ein Fehler? Es hat die Bewegung nicht kopiert und die rechte Hand zum linken Ohr geführt. Es hat das Ziel kopiert: Das linke Ohr berühren. Und dieses Ziel hat es auf die vernünftigste Weise erreicht – durch Bewegung der näher gelegenen Hand.

Aber nun kommt der richtige Test. In der Mitte des Tisches befindet sich ein großer Knopf. Ich beuge mich vor und drücke mit meiner Stirn darauf. Was die Kleine tut, hängt von meinen Händen ab. Wenn meine Hände in ihrer Bewegungsfreiheit offensichtlich eingeschränkt sind, weil mir kalt ist und ich mir eine Decke um die Schultern gewickelt habe, die ich mit beiden Händen festhalte, drückt sie den Knopf mit ihrer Hand. Sie nimmt an, dass mein Ziel ist, den Knopf zu drücken, und dass ich meine Hände genommen hätte, wenn ich sie nicht schon für etwas anderes bräuchte. Wenn meine Hände offensichtlich frei und handlungsbereit sind, weil sie auf beiden Seiten neben dem Knopf liegen, drückt sie den Knopf mit dem Kopf. Sie nimmt an, mein Ziel müsse sein, den Knopf mit dem Kopf zu drücken.

Um jemanden zu imitieren, beobachten wir seine Bewegungen genau, doch wir kopieren diese Bewegungen nicht. Wir benutzen die Bewegungen, um etwas über die Gedankenwelt der Person herauszufinden, die wir beobachten: das Ziel ihrer Bewegung. Dann imitieren wir sie, indem wir eine Bewegung machen, die dasselbe Ziel erreicht.

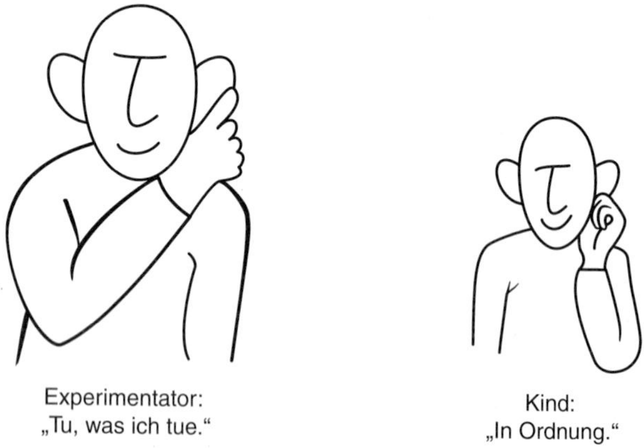

Abb. 6.5 Kinder imitieren Ziele, nicht Bewegungen: linke oder rechte Hand? Kinder imitieren das Ziel, die Berührung des linken Ohres, aber nicht die Bewegung, und benutzen die rechte Hand. Sie führen die einfachere Bewegung aus und berühren das linke Ohr mit der linken Hand.

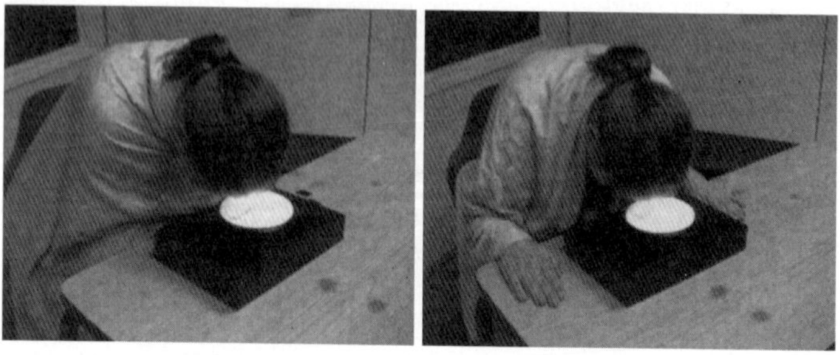

Abb. 6.6 Kinder imitieren Ziele, nicht Bewegungen: Kopf oder Hand? Das Kind soll das Modell imitieren, das den Knopf mit dem Kopf drückt. Links: Wenn die Hände des Modells in den Schal gewickelt sind, drückt das Kind den Knopf mit der Hand. Rechts: Sind die Hände des Modells frei, drückt das Kind den Knopf mit dem Kopf.

Menschen und Roboter

Sobald wir wahrnehmen, dass Bewegungen im Hinblick auf ein Ziel erfolgen, werden sie zu etwas Besonderem. Alles kann sich einfach „bewegen": Kiesel können in einem Bachbett rollen, Zweige können sich im Wind bewegen. Aber nur bestimmte Organismen bewegen sich aus eigenem Antrieb, um ein Ziel zu erreichen. Ich möchte diese zielgerichteten Bewegungen als *Handlungen* bezeichnen. Und nur diese zielgerichteten Handlungen von Lebewesen (die ich *Akteure* nennen möchte) sind es, die unser Gehirn automatisch imitiert.

Wir brauchen keine Aktivität im Gehirn zu messen, um zu zeigen, dass unser Gehirn automatisch die Handlungen anderer imitiert. Wenn ich eine andere Person lediglich dabei beobachte, wie sie sich bewegt, kann ich nicht feststellen, dass mein Gehirn deren Bewegungen imitiert. Diese Gehirnaktivität tritt auf, doch davon zeigt sich äußerlich nichts in meinem Verhalten. Aber was ist, wenn ich versuche, eine Bewegung auszuführen, während ich jemanden beobachte? Wenn ich dieselbe Bewegung ausführe wie die beobachtete Person, dann gelingt mir dies leichter. Das ist die Basis von Gruppengymnastik. Versuche ich jedoch, eine andere Bewegung auszuführen, fällt es mir schwerer.

James Kilner hat dazu ein hübsches Experiment durchgeführt, bei dem seine Versuchspersonen lediglich aufgefordert wurden, ihre Arme rhythmisch auf und nieder zu bewegen, während sie eine andere Person beobachteten, die ihre Arme von der einen zur anderen Seite bewegte. Sorgfältige Messungen ergaben, dass die Beobachtung dieser anderen Bewegungen dazu führte, dass die eigenen Bewegungen des Beobachters variabler wurden. Das war ein Zeichen für die automatische Tendenz des Gehirns, die Handlungen anderer zu kopieren. Führte jedoch ein Roboterarm die Bewegungen aus, dann störte dies die Bewegungen der Versuchsperson nicht. Das Gehirn imitiert einen Roboterarm nicht automatisch, weil dessen Armbewegungen auf subtile Weise falsch sind; wir sehen sie eher als mechanisch denn als biologisch an. Der Roboterarm wird nicht

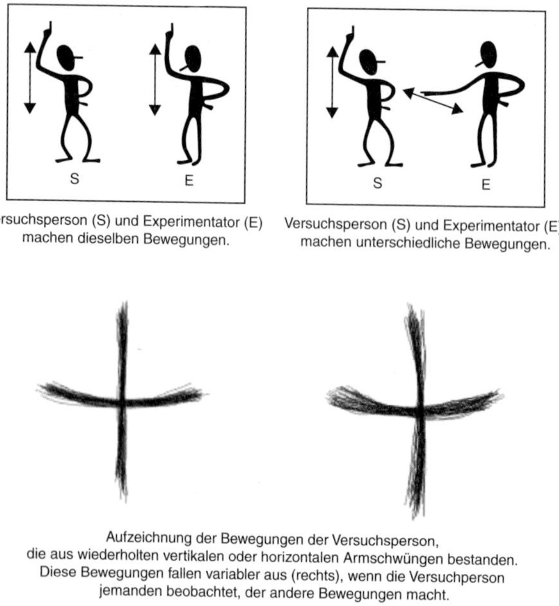

Abb. 6.7 Die Bewegungen einer anderen Person zu beobachten, kann den eigenen Bewegungsablauf stören.

als Akteur mit Zielen und Absichten wahrgenommen. Wenn sich ein Roboterarm bewegt, sieht unser Gehirn nur Bewegungen, keine Handlungen.[5]

Empathie

Imitation eröffnet uns aber auch einen Zugang zur privaten Gedankenwelt anderer Menschen. Wir imitieren nicht nur grobe Arm- und

[5] Aber natürlich können unter bestimmten Umständen Bewegungen selbst zu Zielen werden. Die Balletttänzerin hat das Ziel, auf der Bühne einen perfekten *grand jeté* zu vollführen.

Beinbewegungen. Wir ahmen auch automatisch subtile mimische Veränderungen nach. Und diese Imitation von Gesichtsausdrücken führt dazu, dass wir uns anders fühlen. Wenn ich ein lächelndes Gesicht sehe, lächele ich auch ein wenig und fühle mich glücklicher.[6] Wenn ich ein Gesicht sehe, auf dem Ekel geschrieben steht, ekele ich mich ebenfalls. Durch die Fähigkeit unseres Gehirns, Wahrnehmungen in Handlungen zu übersetzen, werden daher auch diese privaten Gefühle automatisch geteilt.

Wir halten Schmerz oft für die privateste all unserer Empfindungen. Ich weiß, wann ich Schmerzen habe, aber wie kann ich irgendetwas über die Schmerzen eines anderen wissen? Philosophen wie Wittgenstein haben sich über dieses Problem den Kopf zerbrochen und sind zu Schlüssen gekommen, die ich sehr schwer nachvollziehbar finde. Wir können etwas über die Schmerzen eines anderen erfahren, indem wir beobachten, was er tut, und hören, was er sagt. Mithilfe von Brain-Imaging haben wir ein Netz von Arealen entdeckt, die sogenannte *Schmerzmatrix*, die aktiv wird, wenn jemand Schmerzen leidet. Daher sind die physiologischen Korrelate dieser Erfahrung keineswegs privat.

Aber das subjektive Erleben des Schmerzes ist nicht direkt an die physische Natur des Schmerzreizes gekoppelt. Ein rotglühender Eisenstab fühlt sich weniger schmerzhaft an, wenn man abgelenkt ist, obgleich sich die Temperatur des Stabes nicht geändert hat. Das subjektive Erleben von Schmerz lässt sich auch durch Hypnose oder durch die Einnahme von wirkstofflosen Pillen lindern, von denen die Versuchsperson annimmt, es handele sich um Schmerzmittel. Die Aktivität in einigen Regionen des Gehirns korrespondiert direkt mit der physikalischen Temperatur des Eisenstabs, die Aktivität in anderen Gehirnregionen hingegen mit dem subjektiven Schmerz-

[6] Es gibt eine einfache Möglichkeit, sich glücklicher zu fühlen, auch wenn man nicht in ein lächelndes Gesicht sieht. Nehmen Sie einen Stift zwischen die Zähne (wobei Sie die Lippen zurückziehen). Das zwingt Ihr Gesicht zu einem Lächeln, und Sie fühlen sich besser. Wenn Sie sich gern schlechter fühlen möchten, halten Sie den Stift zwischen Ihren Lippen.

gefühl. Man könnte diese beiden Aktivitäten einander als den physischen und den mentalen Aspekt des Schmerzes gegenüberstellen.

Was passiert also, wenn wir sehen, dass jemand Schmerzen leidet? Dabei werden dieselben Gehirnregionen aktiv, die auch dann aktiv werden, wenn wir selbst Schmerzen haben. Ist das die Basis der Empathie, unserer Fähigkeit, die Gefühle anderer zu teilen? Manche Menschen, die besonders empathisch sind,[7] zeigen eine höhere Gehirnaktivität, wenn sie andere Schmerzen leiden sehen.

Wie ist das möglich? Wie kann ich erleben, was ein anderer fühlt? Wir können diese Frage beantworten, indem wir uns genau anschauen, welche Regionen im Gehirn bei Empathie aufleuchten. Wie wir gesehen haben, ist die Aktivität in einigen Gehirnregionen mit den physischen Aspekten von Schmerz verknüpft: Wie heiß ist der Eisenstab, wo berührt er den Körper? Diese Areale leuchten *nicht* auf, wenn die Versuchsperson weiß, dass jemand anders Schmerzen leidet.[8] Die Aktivität in anderen Regionen ist mit dem mentalen Erleben des Schmerzes verknüpft.[9] Diese Regionen *leuchten* auf, wenn jemand anders Schmerzen leidet. Was wir teilen können, ist daher das mentale Erleben von Schmerz, nicht seine physischen Aspekte. Diese Gehirnareale werden auch dann aktiv, wenn man Schmerz erwartet, wenn man weiß, dass man fünf Sekunden nach Hören eines Tons mit einem heißen Eisen berührt wird. Wenn man den Schmerz antizipieren kann, den man selbst gleich fühlen wird, ist es dann so

[7] Dies wird bewertet, indem man Leute auffordert, Aussagen wie „Wenn ein Film unglücklich endet, so verfolgt mich dies noch stundenlang" oder „Ich habe nicht viel Mitleid mit Leuten, die an ihrem Elend selbst schuld sind" zu bestätigen oder zurückzuweisen.

[8] Wenn man aber sieht, wie eine Nadel in die Hand eines anderen gestochen wird, zuckt man zusammen, und es kommt zu korrespondierenden Veränderungen der neuronalen Aktivität, so als sei die Nadel in die eigene Hand gestochen worden.

[9] Das mentale Erleben von Schmerz ist mit Aktivität im anterioren cingulären Cortex verknüpft. Bei Menschen, die unter starken chronischen Schmerzen leiden, wurde diese Gehirnregion manchmal operativ entfernt (Cingulotomie). Nach dieser Operation verspürten die Betroffenen noch immer Schmerzen, reagierten aber emotional nicht länger darauf.

schwierig, den Schmerz zu antizipieren, den ein anderer fühlen wird? Natürlich können wir die physischen sensorischen Empfindungen anderer nicht nachempfinden. Aber wir können mentale Modelle konstruieren, die auf diesen Stimuli basieren. Weil wir Gedankenmodelle der physischen Welt entwickeln, können wir unser Erleben in der mentalen Welt teilen.

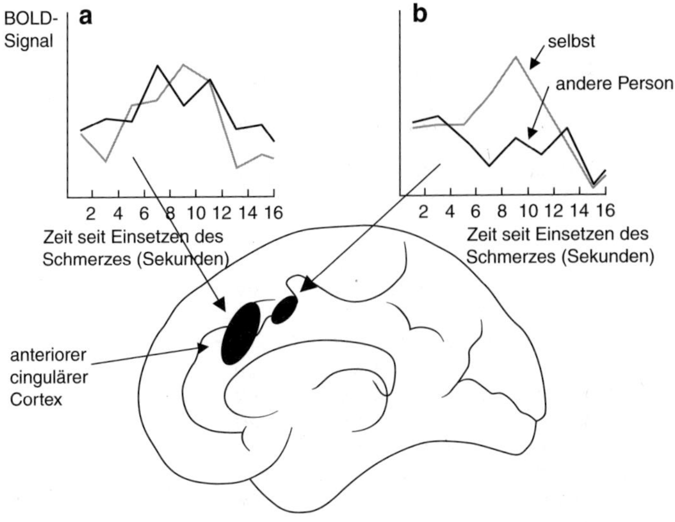

Abb. 6.8 Den Schmerz anderer nachempfinden. Der anteriore cinguläre Cortex (Gyrus cinguli anterior) liegt auf der medialen Oberfläche im vorderen Gehirnbereich. Wenn wir Schmerz fühlen, steigt die Aktivität in dieser Region. Was passiert im anterioren cingulären Cortex, wenn wir wissen, dass jemand, der uns nahe steht, einen schmerzhaften elektrischen Schlag erhält? Im hinteren Bereich der Region (b) reagiert unser Gehirn nur auf unseren eigenen Schmerz. Aber weiter vorn gibt es eine Region, die auf den Schmerz anderer ebenso reagiert wie auf eigenen Schmerz.

Die Erfahrung von Urheberschaft

Es gibt eine weitere Erfahrung, die allgegenwärtiger ist als Schmerz, aber ebenso privat. Das ist die Erfahrung, die Situation zu kontrollieren, zu entscheiden, etwas zu tun, und es dann zu tun. Ein Akteur (in Sinne eines zielgerichtet Handelnden) zu sein, der das eigene Schicksal kontrolliert. Wir alle sind Akteure. Aber unser Gefühl von Urheberschaft (der englische Begriff *agency* wird im psychologischen Kontext oft auch als „Selbstwirksamkeit" wiedergegeben. Anm. d. Ü.) umfasst viel mehr als das Ausführen von Handlungen, um ein Ziel zu erreichen. Wir treffen eine Wahl. Wir entscheiden uns für ein bestimmtes Ziel. Wir legen fest, wann wir handeln. Wir sind nicht nur Akteure. Wir sind freie Akteure. Zumindest, was die kleinen Dinge des Lebens angeht, glauben wir alle, dass wir die Situation kontrollieren und dafür sorgen können, dass Dinge geschehen. Meine Hand liegt auf dem Tisch, und ich starre auf meinen Finger, während ich darauf warte, dass er sich bewegt. Nichts passiert. Und dennoch, wann immer ich meinen Finger heben möchte, kann ich es tun. Das ist das Geheimnis der Gewalt des Geistes über die Materie, auf diese Weise können Gedanken Dinge in der physischen Welt bewegen.

„Was für ein Geheimnis?" will die Englischprofessorin wissen. Sie hat beobachtet, wie ich meine Hand anstarre, und sich in ihrer Ansicht bestätigt gefühlt, dass ich ein wenig seltsam bin. „Natürlich kann ich meinen Finger heben, wenn ich will. Gehören Sie zu diesen Neurowissenschaftlern, die meinen, dass es keinen freien Willen gibt?"

Nicht nur Wissenschaftler fragen sich, wie wir unsere Handlungen kontrollieren können

Sie hob eine Hand, krümmte die Finger und wunderte sich, wie schon so oft, dass dieses Ding, diese Greifmaschine, diese fleischige Spinne am Armende ihr gehörte und gänzlich ihrem Kommando unterstand. Oder hatte dieses Etwas womöglich doch ein Eigenleben? Sie beugte die Finger, streckte sie. Das Rätsel lag in dem Augenblick vor der Bewegung verborgen, in jenem entscheidenden Moment zwischen Starre und Veränderung, in dem ihre Absicht wirksam wurde. Wie eine Welle, die sich bricht. Bliebe sie auf dem Wellenkamm, dachte sie, könnte sie vielleicht das Rätsel ihrer selbst lösen, könnte jenen Teil in sich erkennen, der sie in Wahrheit bestimmte. Sie führte ihren Zeigefinger dichter ans Gesicht und starrte ihn an, beschwor ihn, sich zu bewegen. Er blieb reglos, aber sie spielte auch nur, meinte es nicht ganz ernst, und ihren Finger zu einer Bewegung zu drängen, ihn etwa krümmen zu wollen, war nicht dasselbe, wie ihn wirklich zu bewegen. Als sie ihn dann tatsächlich krümmte, schien der eigentliche Vorgang im Finger zu beginnen und nicht in irgendeinem Teil ihres Hirns. Wann wusste der Finger, dass er sich bewegen sollte, wann wusste sie, dass sie ihn bewegen wollte?

Auszug aus: Ian McEwan, *Abbitte*. Zürich: Diogenes, 2002

Ich möchte die Frage der Professorin eigentlich nicht beantworten, weil meine Meinung zum freien Willen sehr ambivalent ist. Was ich sicher weiß, ist, dass ich sehr stark das *Gefühl* habe, einen freien Willen zu besitzen. Ich habe das Gefühl, meine Handlungen zu kontrollieren. Wie stark der Druck auf mich auch sein mag, etwas zu tun, ich habe immer noch das Gefühl, dass ich es bin, der schließlich seine Wahl trifft. Einige von uns würden lieber sterben als diese Freiheit zu verlieren. Aber die meiste Zeit hindurch sind es die kleinen Dinge des Lebens, die uns das Gefühl geben, freie Akteure zu sein und die Dinge zu kontrollieren.

Ich kann die Türglocke läuten lassen, indem ich den Knopf drücke. Der Glockenschlag überrascht mich ein wenig, aber wie die Glocke klingt, ist nicht der Punkt. Das Läuten führt dazu, dass die Englischprofessorin kommt und die Tür öffnet. Das ist das Ziel meiner Handlung. Das ist es, was mich zu einem Akteur macht. Akteure sorgen dafür, dass Dinge geschehen. Beim Akteursein geht es stets um Ursache und Wirkung.

Nun ist unser Gehirn sehr effizient darin, Ursache und Wirkung miteinander zu verknüpfen. Alles ist eine Frage von Vorhersage und Timing. Die Wirkung folgt der Ursache. Hat man die Ursache beobachtet, kann man die Wirkung und den Zeitpunkt ihres Eintretens vorhersagen. Das ist es, was das Gehirn tut. Es macht Vorhersagen über die Welt und prüft dann, wie gut diese Vorhersagen funktionieren. Durch diesen Prozess der Vorhersage entdeckt das Gehirn, welche Ursachen welche Wirkungen nach sich ziehen. Diese Ursachen und Wirkungen werden dann miteinander *zu Einheiten verbunden*, bei denen es sich in diesem Fall um Handlungen handelt, die von Akteuren durchgeführt werden.[10] (Genauso wie Farbe, Form und Bewegung verbunden sind, um Objekte zu bilden.)

Diese Verbindung zwischen Ursache und Wirkung von Handlungen wird deutlich, wenn wir Leute auffordern, uns etwas über die Zeitpunkte zu erzählen, an denen die verschiedenen Komponenten der Handlung auftreten. So kann ich Sie beispielsweise bitten, eine sehr einfache Handlung auszuführen, beispielsweise einen Knopf zu drücken, was dazu führt, dass eine Glocke läutet. Anhand eines speziellen computerisierten Ziffernblatts sollen Sie den genauen Zeitpunkt angeben, an dem Sie den Knopf drücken, und auch den genauen Zeitpunkt, an dem die Glocke zu läuten beginnt (wie in Benjamin Libets Experiment, das in Kapitel 3 beschrieben ist). Wir können das als die *mentalen* („gefühlten") Zeiten bezeichnen. Das sind die Zeitpunkte, an denen die Ereignisse in Ihrem Kopf geschehen. Ich kann auch die Zeitpunkte messen, an denen diese Ereignisse in der physischen Welt auftreten. Ein Computer registriert den genauen Zeitpunkt, an dem Sie den Knopf drücken, und den genauen Zeitpunkt, an dem die Glocke zu läuten beginnt. Wir können dies als die physikalische Zeit bezeichnen. Die mentale und die physikalische Zeit stimmen nicht überein. In Ihrem Kopf tritt das Drücken des Knopfes etwas später und das Ertönen der Glocke etwas früher ein. In der mentalen Zeit sind die Komponenten Ihrer Handlungen miteinander verbunden.

Nun wiederholen wir das Experiment, verändern aber diesmal die Urheberschaft. Was passiert, wenn Sie Ihren Finger nicht selbst

---

[10] Dieses Verbinden von Ursache und Wirkung zum Schaffen von Handlungen hat Patrick Haggard in einer Reihe einfallsreicher Experimente demonstriert.

bewegen, sondern ich bewirke, dass sich Ihr Finger bewegt, indem ich Ihren motorischen Cortex durch die Schädeldecke hindurch mit einem starken magnetischen Puls reize? Wenn ich das tue, haben Sie nicht das Gefühl, dass Sie Ihren Finger zum Zucken veranlassen. Die

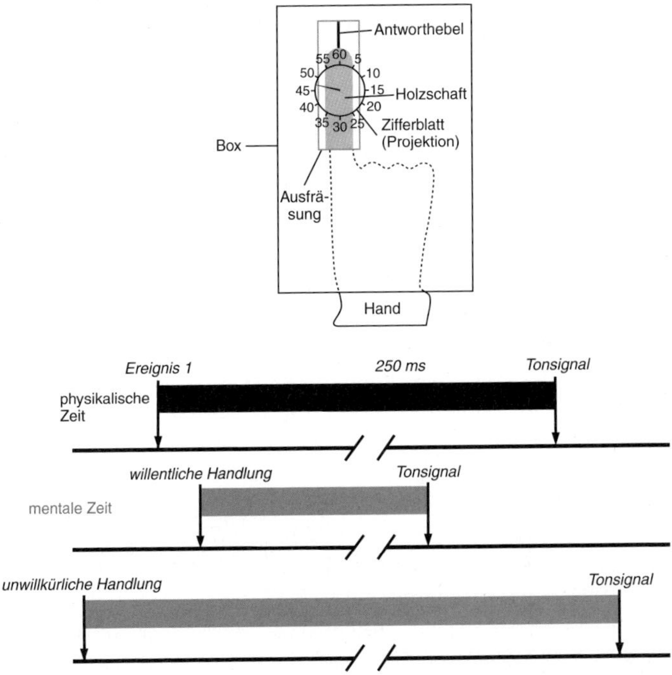

Abb. 6.9 Das Gehirn verbindet Ursache und Wirkung von Handlungen. In diesem Experiment drücken Versuchspersonen mit ihrem Finger einen Knopf, was dazu führt, dass 250 Millisekunden später ein Tonsignal einsetzt. Anhand der virtuellen Uhr, die auf ihren Finger projiziert wird, geben die Versuchspersonen die Zeitpunkte an, an denen diese beiden Ereignisse eintreten.

Wenn die Versuchspersonen den Knopf drücken und das Tonsignal auslösen, liegen diese beiden Ereignisse in ihrer mentalen Zeit näher zusammen als in der physikalischen. Das Gehirn hat die Ursache und ihre Wirkung zeitlich verbunden. Wenn die Versuchspersonen eine unwillkürliche Bewegung machen (weil der Experimentator ihr Gehirn mit einem starken magnetischen Puls reizt), liegen Bewegung und Tonsignal in ihrer mentalen Zeit weiter auseinander.

Bewegung geschieht unwillkürlich, ohne Ihr Zutun. Wenn die Glocke nach der erzwungenen Fingerbewegung ertönt, haben Sie nicht das Gefühl, der Urheber des Läutens zu sein. Das Fingerzucken ist keine Handlung. Wenn sich Ihr Finger bewegt, ohne dass Sie eine Handlung ausführen, wie in diesem Beispiel, verbindet Ihr Gehirn Fingerbewegung und Glockenläuten nicht mehr in Ihrer mentalen Zeit. In diesem Fall werden die mentalen Zeiten der beiden Ereignisse auseinandergezogen, so dass das mentale Intervall zwischen den Ereignissen nun größer ist als das physikalische. Ihr Gehirn erkennt, dass Sie nicht Akteur sind, und sieht Sie daher auch nicht als Urheber an. Daher verringert es die Bindung der Ereignisse.

Aber was passiert, wenn ich sehe, wie ein anderer einen Knopf drückt und eine Glocke zum Läuten bringt? Kann ich das Gefühl der Urheberschaft bei jemand anderem erleben?

Das Problem mit dem privilegierten Zugang

Es gibt Dinge, die ich über mich selbst weiß, aber nie von Ihnen wissen kann. Wenn ich eine Handlung durchführe, habe ich Empfindungen aller Art, die ich nicht mit Ihnen teilen kann. Die Kraft, die ich beim Drücken des Knopfes aufwende. Das Gefühl, das der Knopf beim Drücken auf meinen Finger ausübt. Diese Signale, zu denen ich einen privilegierten Zugang habe, versetzen mich in die Lage, meine eigene Urheberschaft in einer Weise zu erleben, die ich niemals für das Gefühl der Urheberschaft eines anderen empfinden kann. Das ist eine private Erfahrung. Ich kann das Erleben meiner eigenen Bewegungen nicht mit Ihnen teilen. Und ich kann Ihr Erleben Ihrer Bewegungen nicht teilen. Heißt das, dass sich mein Erleben meiner eigenen Urheberschaft stark von meinem Erleben Ihrer Urheberschaft unterscheiden muss? Heißt das, dass ich wissen kann, dass ich ein Akteur bin, aber niemals, dass Sie ein Akteur sind? Unsere Alltagserfahrung spricht dagegen.

Das Gehirn schafft mein Erleben von Urheberschaft, indem es Ursache und Wirkung der Handlungen verbindet, die ich durchführe. Was passiert nun, wenn ich beobachte, wie Sie einen Knopf drücken, der ein Tonsignal auslöst, und dann angebe, wann genau diese beiden Ereignisse eingetreten sind? In diesem Fall fehlt mir Ihr Erleben des Knopfdrückens. Aber dennoch erlebe ich die beiden Ereignisse in mentaler Zeit als näher, als sie es in physikalischer Zeit sind. Ich verbinde Ursache und Wirkung von Handlungen selbst dann, wenn Sie an meiner Stelle handeln.

Daher brauche ich mich offenbar, selbst was das Gefühl für meine eigene Urheberschaft angeht, nicht auf die privaten sensorischen Empfindungen zu stützen, die mit meinen Handlungen einhergehen. Das Gefühl der Urheberschaft beruht einfach auf einer Verknüpfung von Ursache und Wirkung mittels Vorhersage. Und so kann ich meine Urheberschaft in derselben Weise empfinden wie die Ihre.

„Ich werde ganz konfus", meint die Englischprofessorin. „Die privaten sensorischen Empfindungen, von denen Sie reden, sind die Empfindungen, die ich habe, wenn ich meinen Finger bewege. Aber als Sie versucht haben, mich zu kitzeln, haben Sie mir bereits ausführlich erklärt, dass diese Gefühle unterdrückt werden, wenn wir Handlungen ausführen. Daher können wir diese privaten Empfindungen nicht nutzen."

„Natürlich", entgegne ich, denn ich bin nicht gewillt zuzugeben, dass ich daran nicht selbst gedacht habe.

Die Konsequenzen dieser Erkenntnis sind höchst weitreichend. Genau dann, wenn wir nicht Akteure sind, wenn ein anderer unseren Arm bewegt, sind wir uns dieser inneren Signale am stärksten bewusst. Wenn wir Akteure sind, werden diese privaten sensorischen Signale unterdrückt. Und das heißt, dass wir uns selbst in der gleichen Weise wahrnehmen, in der wir andere als Akteure wahrnehmen: Wir bemerken die Beziehung zwischen Handlungen und den Wirkungen, die sie hervorrufen. Wir berücksichtigen, was wir über vorherige Absichten wissen. Aber wir berücksichtigen nicht die physischen Empfindungen, die von Akteuren erlebt werden. Gerade, weil wir nicht in direkter Verbindung mit der physischen Welt stehen, nicht einmal mit der Welt unseres Körpers, können wir in die mentale Welt anderer eintreten. Die Mechanismen, die sich in unserem Gehirn entwickelt haben, um die physische Welt zu verstehen, erlauben uns auch den Zutritt zur mentalen Welt anderer.

Illusion einer Urheberschaft

Aber unsere Fähigkeit, Modelle der mentalen Welt zu schaffen, bringt auch Probleme mit sich. Unser Bild der physischen Welt ist ein Fantasiebild, das durch sensorische Signale eingeschränkt wird. Ebenso ist auch unser Bild der mentalen Welt, ob unsere eigene oder die anderer, ein Fantasiegebilde, das durch sensorische Signale eingeschränkt wird, die übermitteln, was wir oder andere tun und sagen. Wenn diese Einschränkungen versagen, kann es sein, dass wir uns in Bezug auf unsere Handlungen täuschen. Manchmal meine ich vielleicht, etwas verursacht zu haben, obwohl dies gar nicht der Fall ist. In Kapitel 3 habe ich beschrieben, wie Daniel Wegner seine Versuchspersonen glauben machen kann, sie hätten eine Computermaus bewegt, indem er ihnen den Gedanken, eine Bewegung zu machen, in den Kopf setzt, kurz bevor es zu der Bewegung kommt. An eine Bewegung zu denken, kurz bevor die Bewegung auftritt, reicht aus, uns glauben zu machen, wir hätten die Bewegung hervorgerufen. Aber auch der umgekehrte Effekt kann auftreten, bei dem wir unsere Handlungen einer anderen Person zuschreiben. Wir bewegen uns, aber wir glauben, die Bewegung sei von jemand anderem hervorgerufen worden.

Es gibt eine Technik, die als „gestützte Kommunikation" bezeichnet wird und die als alternatives Ausdrucksmittel für Menschen entwickelt wurde, die nicht oder nur sehr schlecht sprechen können. Die Idee ist, eine derart gehandikapte Person in die Lage zu versetzen, mittels einer Tastatur zu kommunizieren. Der Moderator legt seine Hände über die Hände der gehandikapten Person auf der Tastatur. Er nimmt wahr, was die Person tun möchte, und hilft ihr, die nötigen Bewegungen zu machen. Von dieser Technik sind wahre Wunderdinge behauptet worden. Möglicherweise sind diese Behauptungen in manchen Fällen gerechtfertigt. Aber es ist ebenfalls klar, dass die Kommunikation in vielen anderen Fällen vom Moderator herrührt und nicht von der gehandikapten Person. Beispielsweise kann ein Prüfer der gehandikapten Person eine Reihe von Fragen stellen, die sie beantworten soll. Aber er arrangiert es heimlich so, dass der Moderator andere Fragen sieht als die gehandikapte Person. Aus solchen Experimenten wissen wir, dass es der Moderator ist, der die Fragen beantwortet, nicht die Person, der er helfen soll. Aber bis der Moderator die Befunde sieht, ist er überzeugt, dass die gehandikapte Person die Fragen beantwortet. Der Moderator täuscht sich in eklatanter Weise über die Urheberschaft. Daran ist nichts Besonderes oder Seltsames. Diese Täuschung über Urheberschaft bzw. Nicht-Urheberschaft kann unter entsprechenden Umständen jedem passieren. Diese Täuschungen sind wie optische Täuschungen.

Andere Akteure halluzinieren

Manche Menschen haben das Pech, dass die Fantasievorstellungen, die sich das Gehirn über die mentale Welt macht, offenbar gar nicht eingeschränkt werden. Bei solchen Menschen wird in der Regel Schizophrenie diagnostiziert.

Schizophrenie ist eine der am stärksten missverstandenen psychischen Erkrankungen. Erstens handelt es sich bei Schizophrenie *nicht* um eine Persönlichkeitsspaltung, bei der zwei „Persönlichkeiten" in einem einzigen Körper wohnen. Die Spaltung verläuft zwischen zwei Teilen der Persönlichkeit: zwischen Emotion und Wissen, zwischen Wille und Handlung. Zweitens ist Schizophrenie weder selten noch gefährlich. Einer von hundert Menschen läuft Gefahr, an dieser Störung zu erkranken.[11] Und während die Störung den Betroffenen und ihren Familien großes Leid bereiten kann, ist sie – anders als gemeinhin angenommen – nur selten mit Gewalt verbunden.

[11] Das Risiko ist etwa ebenso hoch, wie an rheumatoider Arthritis zu erkranken.

Es gibt keine objektiven körperlichen Anzeichen für Schizophrenie. Die Diagnose gründet sich auf das, was der Patient dem Arzt erzählt. Die Patienten sagen, dass sie Stimmen hören, wenn niemand da ist (falsche Wahrnehmungen, Halluzinationen). Von Patienten mit Halluzinationen und Wahnvorstellungen wird manchmal gesagt, sie hätten den Kontakt zur Realität verloren. Aber es ist eher die mentale Welt als die physische Welt, zu der sie den Kontakt verloren haben. In Kapitel 1 haben ich Ihnen George Tosse und L. Percy King vorgestellt. Sie hörten Stimmen, wenn niemand da war. Aber sie hörten nicht einfach nur Stimmen. Es waren die Stimmen von Akteuren, die Befehle gaben und die Handlungen der Betroffenen kommentierten. Manchmal übernehmen diese Akteure die Kontrolle. In Kapitel 4 haben wir Menschen getroffen, die glauben, ihre Handlungen würden von fremden Mächten gesteuert. Ich habe erwähnt, dass diesen Menschen die mit Bewegungen assoziierten sensorischen Empfindungen bewusst waren, die bei den übrigen von uns unterdrückt werden. Aber statt zu sagen „Mein Arm fühlt sich seltsam an, wenn ich ihn bewege“, glauben diese Menschen, die Bewegung werde von jemand anderem hervorgerufen. Sie halluzinieren über fremde Mächte.

Peter sieht überall um sich herum Akteure. Selbst ein Blatt, das im Wind tanzt, hat Absichten und versucht, ihm etwas zu sagen.

Mani hat das Gefühl, Akteure riefen unerwünschte Emotionen in ihr hervor. Sie teilt gegen ihren Willen das emotionale Erleben anderer Menschen.

> Er versucht, mich eifersüchtig zu machen. Ich bin nicht eifersüchtig auf diese Person. Da ist ein bestimmtes Mädchen, auf das er [der böse Geist] mich eifersüchtig zu machen versucht. Er versucht, sie blendend aussehen zu lassen … ich bin auf die Person nicht eifersüchtig, aber er versucht, mich eifersüchtig zu machen.

Am geheimnisvollsten sind die Agenten, die sich in die Gedanken einschleichen. Das ist die Erfahrung, die Mary gemacht hat: Ihre Gedanken sind nicht ihre eigenen.

> Ich schaue aus dem Fenster und denke, dass der Garten schön aussieht und das Gras kühl, aber die Gedanken von Eamonn Andrews[12] drängen sich in meinen Kopf … Er behandelt meinen Geist wie eine Leinwand und blitzt seine Gedanken darauf wie man ein Bild auf eine Leinwand wirft.

Was heißt es, Gedanken im Kopf zu haben, die nicht die eigenen sind? Der französische Philosoph René Descartes ist berühmt für seinen Ausspruch: „Ich denke, also bin ich." Descartes versuchte herauszufinden, ob es irgendetwas in unserem Erleben gibt, dessen wir uns sicher sein können. Wir können uns nicht auf unsere Sinne verlassen, weil diese Seh- und Höreindrücke Halluzinationen oder Träume sein könnten, erzeugt von unserem Gehirn.[13] Wir können uns nicht auf unsere Erinnerungen an die Vergangenheit verlassen, weil sie vielleicht erst vor ein paar Sekunden entstanden sind. Descartes kam daher zu dem Schluss, dass wir uns nur unserer Gedanken sicher sein können. Zeitgenössische Philosophen bezeichneten diese Vorstellung als „Immunität gegen Irrtum durch Fehlidentifikation". Wenn eine Person Zahnschmerzen hat, dann, so behaupten Philosophen, hat es keinen Sinn zu fragen „Bist du sicher, dass du Zahnschmerzen hast?". Die Erfahrung muss die Erfahrung der betroffenen Person sein. Es kann nicht die Erfahrung einer anderen Person sein.

Aber wenn Menschen, bei denen Schizophrenie diagnostiziert wurde, berichten, dass ihnen Gedanken in den Kopf gesetzt werden, die nicht ihre eigenen sind, scheint dies die letzte verbliebene Insel der Gewissheit über unser Erleben untergehen zu lassen.

Woher kommen Gedanken? Woher wissen wir, dass unsere Gedanken unsere eigenen sind? Das sind die Rätsel, vor denen wir nicht nur stehen, wenn wir über Schizophrenie nachdenken, sondern ganz allgemein immer dann, wenn wir uns über den Geist den

[12] Eamonn Andrews war von den 1950ern bis zu den 1980ern in England eine sehr bekannte Fernsehpersönlichkeit.

[13] Descartes stellte sich vor, sie könnten von einem arglistigen Dämon hervorgerufen werden.

Kopf zerbrechen. Meiner Meinung nach müssen wir auch über das Gehirn grübeln. Das Gehirn ist es, das die Gedankenwelt des Geistes schafft, ob es sich um einen normalen Geist oder einen Geist handelt, der den Kontakt mit der Realität verloren hat.

Einer meiner Beweggründe, als Neurowissenschaftler zu arbeiten, war und ist es, das Problem der Schizophrenie zu verstehen. Meiner Meinung nach liegt der Schlüssel in den Mechanismen des Gehirns, die es uns ermöglichen, Modelle der mentalen Welt zu konstruieren und diese Modelle dazu zu verwenden vorherzusagen, was Menschen tun werden. Aber ich habe immer noch keine Vorstellung davon, was genau bei Schizophrenie falsch läuft.

„Das ist nicht besonders erstaunlich“, meint die Englischprofessorin. „Sie wissen auch nicht sehr viel darüber, was in einem normalen Gehirn vor sich geht.“

Ich glaube, dass ich direkten Kontakt mit der physischen Welt habe, aber das ist eine Illusion, die von meinem Gehirn geschaffen wird. Mein Gehirn entwickelt Modelle der physischen Welt, indem es sensorische Signale und A-priori-Wissen kombiniert, und das sind die Modelle, deren ich mir bewusst bin. Mein Wissen über die mentale Welt – die Gedankenwelt anderer – erwerbe ich auf dieselbe Weise. Wie auch immer es für mich aussehen mag, mein Kontakt mit der mentalen Welt ist nicht direkter oder weniger direkt als mein Kontakt mit der physischen Welt. Mithilfe von sensorischer Information und A-priori-Wissen, das ich meiner Erfahrung verdanke, entwickelt mein Gehirn Modelle der Gedankenwelt anderer Menschen.

Teil III

Kultur und Gehirn

7

Die Gedankenwelt anderer teilen – wie das Gehirn Kultur schafft

Die Problematik des Übersetzens

Den größten Teil unserer Zeit verbringen wir in einer mentalen Welt, die von unseren Gehirnen geschaffen wird – selbst wenn die reale Welt von allen Seiten auf uns einstürmt. Jeden Morgen fahre ich wie abertausend andere Londoner mit der U-Bahn zur Arbeit. Aber den größten Teil der Zeit vergesse ich die physische Welt um mich herum. Ich träume nicht in meiner eigenen, privaten Welt in den Tag hinein, sondern ich lese ein Buch oder eine Zeitung. Ich bin in die geistige Welt eines anderen eingetreten.

Zweifellos besteht die bemerkenswerteste Leistung unseres Gehirns darin, eine Kommunikation zwischen Gedankenwelten zu ermöglichen. Ziel dieses Buches ist es, Ideen aus meiner Gedankenwelt in die Ihrige zu übertragen. Die Englischprofessorin widmet ihr Leben dem Studium der Art und Weise, wie wir Wörter gebrauchen, um imaginäre Welten zu schaffen und anderen zu vermitteln. Praktischer Gesinnte können viel Geld mit dem Entwickeln und Herstellen von Produkten zur Übermittlung von Ideen verdienen; dazu gehören nicht nur Bücher, sondern auch Mobiltelefone und das Internet. Ideen von einer Gedankenwelt in die andere zu schicken, erscheint uns wesentlich, ist fast ein Zwang für uns. Aber wenn jede Gedankenwelt ein privater Ort ist, dann ist dieser Kommunikationsprozess doch eigentlich unmöglich, oder nicht?

李商隐

Li Shangyin

锦瑟

reich eingelegte Harfe

锦瑟无端五十弦，

rein eingelegte Harfe, ohne Grund, fünfzig Saiten

一弦一柱思华年。

eine einzige Saite, ein einziger Zapfen, denkend wunderbare Jahre

庄生晓梦迷蝴蝶，

weiser Zhuang, Dämmerung träumend, verwirrter Schmetterling

望帝春心托杜鹃。

König Wang Frühling Herz ausgeliefert Kuckuck

沧海月明珠有泪，

blaue See, Mond hell, Perlen wie Tränen

蓝田日暖玉生烟。

indigoblaues Feld, Sonne warm, Jade stößt Rauch aus

此情可待成追忆，

diese Zuneigung sollte andauern, werden begehrte Erinnerung

只是当时已惘然。

nur zu der Zeit bereits verloren

Abb. 7.1 Die Problematik des Übersetzens. „The Patterned Lute" von Li Shangyin (812?–858).

Nehmen wir nur die Problematik des Übersetzens. Abbildung 7.1 zeigt ein berühmtes dunkles Gedicht des chinesischen Poeten Li Shangyin (812?–858), das in vielen verschiedenen Versionen ins Englische übersetzt worden ist. Selbst die Titel des Gedichts unterscheiden sich deutlich: „The Patterned Lute“ (Die verzierte Laute), „The Inlaid Harp“ (Die mit Intarsien belegte Harfe), „The Ornamented Zither“ (Die geschmückte Zither). Hier drei englische Versionen vom Ende des Gedichts und anschließend die Übersetzung auf deutsch:

> Did it wait, this mood to mature with hindsight?
> In a trance from the beginning, then as now.
>
> And a moment that ought to have lasted for ever
> has come and gone before I knew.
>
> This feeling might have become a thing to be remembered,
> Only, at the time you were already bewildered and lost.

> Diese Stimmung, wartete sie, um durch späte Einsicht zu reifen?
> Von Beginn an in einer Trance, damals wie heute.
>
> Und ein Moment, der ewig hätte dauern sollen,
> kam und ging, bevor ich's wusste.
>
> Dies' Gefühl hätte etwas werden können, an das zu erinnern sich lohnt,
> doch zu diesem Zeitpunkt warst du bereits verwirrt und verloren.

Wie entscheiden wir, welche englische (bzw. deutsche) Übersetzung die Bedeutung des ursprünglichen chinesischen Gedichts am besten wiedergibt? Das Problem ist, dass wir keinen direkten Zugang zu seiner verborgenen Bedeutung haben. Über die Bedeutung wissen wir nur etwas durch die chinesischen Schriftzeichen, die diese Bedeutung repräsentieren. Es gibt sicherlich viele englische (und deutsche) Übersetzungen, die mit den ursprünglichen chinesischen Schriftzeichen ebenso kompatibel sind, und keine Basis, auf der man entscheiden könnte, dass eine Version „besser“ als die andere ist. Daher kommt der Philosoph zu dem Schluss, die Vorstellung, es gebe eine zugrunde liegende Bedeutung, die es zu entdecken gelte, sei irrig.[1]

„Ganz richtig!" stimmt die Englischprofessorin zu. „Alles, was wir haben, ist der Text."

Ich habe ein paar Ideen im Kopf, die ich Ihnen mitteilen möchte. Ich tue dies, indem ich deren Bedeutung in gesprochene Sprache umsetze. Sie hören, was ich sage, und verwandeln das Gesagte wieder zurück in eine Idee in Ihrem Kopf. Aber wie können Sie jemals sicher sein, dass die Idee in Ihrem Kopf dieselbe ist wie die Idee in meinem Kopf? Sie haben keine Möglichkeit, in meinen Kopf zu gelangen und die beiden Ideen direkt zu vergleichen. Kommunikation ist unmöglich.

Und dennoch findet zwischen uns soeben ein lebhafter Gedankenaustausch über das Problem der Bedeutung statt. Unsere Gehirne haben dieses unmögliche Kommunikationsproblem gelöst.

Bedeutungen und Ziele

Die Problematik von Wörtern und Bedeutungen ist eine komplexere Version des Problems von Bewegungen und Zielen. Wenn ich eine Bewegung sehe, lese ich die Absicht, die dahinter steht. Die Englischprofessorin winkt, und ich sehe, dass sie mich zu sich winkt oder möchte, dass ich weggehe. Ich sehe ihre Handbewegung als zielgerichtete Handlung an. Aber Bewegungen sind mehrdeutig. Viele unterschiedliche Ziele können zur selben Bewegung führen. Wie im vorangegangenen Kapitel erwähnt, wissen wir, wenn wir jemanden nach Westen gehen sehen, nicht, ob er zur nächsten Bäckerei oder nach Patagonien will. Wörter sind im Hinblick auf Bedeutungen ebenso ambivalent. Dieselben Wörter können Unterschiedliches bedeuten. „Peter ist sehr belesen" hört sich wie eine unschuldige Bemerkung an, die Peter beschreibt. Doch der nächste Satz „Er hat sogar schon mal was von Shakespeare gehört" macht deutlich, dass

[1] Das ist die Vorstellung von der Unbestimmtheit der Übersetzung, die von dem amerikanischen Philosophen und Logiker Willard Van Orman Quine stammt.

die Englischprofessorin die Bemerkung ironisch gemeint hat. Sie sagt uns, dass Peter *nicht* sehr belesen ist.[2]

Die Lösung des inversen Problems

Ingenieure bezeichnen diese Mehrdeutigkeit als „inverses Problem". Mein Arm ist eine simple mechanische Konstruktion, ein Typus, den Ingenieure gut verstehen. Er besteht aus steifen Stäben (den Knochen), die durch Gelenke verbunden sind. Ich bewege meinen Arm, indem ich über meine Muskeln Kraft auf die Stäbe ausübe. Was geschieht, wenn ich bestimmte Kräfte auf dieses System ausübe? Eine Antwort auf diese Frage zu finden, wird als „Vorwärtsproblem" bezeichnet. Das Vorwärtsproblem lässt sich lösen. Bei einer mechanischen Konstruktion wie meinem Arm gibt es eine direkte Beziehung zwischen der Ursache (den Kräften) und der Wirkung (wohin sich mein Arm bewegt). Wenn ein Ingenieur die Kräfte kennt, dann kann er vorhersagen, wohin sich der Arm bewegen wird.

Aber es gibt auch ein inverses Problem. Wenn ich möchte, dass mein Arm eine bestimmte Position einnimmt, welche Kräfte sollte ich dann einsetzen? Dieses Problem hat mehr als eine Lösung: Ich kann verschiedene Wege einschlagen und unterschiedliche Bewegungsgeschwindigkeiten wählen, und dennoch in derselben Position enden. Viele – tatsächlich eine unendlich große Zahl – unterschiedliche Krafteinsätze können dazu führen, dass der Arm die gewünschte Endhaltung einnimmt. Wie entscheide ich also, welche Kräfte ich einsetze? Zum Glück bin ich mir dieses Problems nicht bewusst, wenn ich meinen Arm bewege, mein Gehirn hat es gelöst. Einige Lösungen sind besser als andere, und aufgrund früherer Erfahrungen ist mein Gehirn sehr geübt darin, die beste auszuwählen.[3]

---

[2] Das Problem, wie wir Sprachfiguren, wie dieses Beispiel für Ironie verstehen, ist ausführlich von Dan Sperber und Deidre Wilson analysiert worden.

[3] Wir wissen nicht genau, wie das Gehirn die „beste Lösung" für Bewegungen definiert. Die beste Bewegung könnte diejenige sein, die am wenigsten Energie erfordert, oder diejenige, die am wenigsten variabel ist.

Dasselbe inverse Problem muss gelöst werden, wenn wir jemandem zuhören. Hinter denselben Wörtern können sich viele unterschiedliche Bedeutungen verbergen. Wie wählen wir daher die beste Bedeutung aus?

Dies ist dasselbe Problem, das unser Gehirn schon vor langer Zeit gelöst hat, um die physische Welt wahrzunehmen, und das ist der entscheidende Punkt. Die Bedeutung (in diesem Fall die Ursache) der Signale, die unsere Sinnesorgane reizen, ist in derselben Weise mehrdeutig. Viele verschiedene Objekte in der Welt können zu den gleichen sensorischen Signalen führen. Was in zwei Dimensionen wie ein komplexes Linienmuster aussieht, kann in drei Dimensionen ein simpler Würfel sein (siehe Abbildung 5.10). Wie wir gesehen haben, löst unser Gehirn dieses Problem, indem es Vermutungen über die Welt anstellt, um vorherzusagen, was als Nächstes passieren wird, während wir auf die Welt einwirken. Die Fehler in unseren Vorhersagen ermöglichen uns, unsere Vermutungen zu verbessern, bis wir über ein gutes Modell der Außenwelt verfügen. Auf dieselbe Weise stellen wir (oder besser unser Gehirn) Mutmaßungen darüber an, was die Ziele eines anderen sein könnten, und sagen dann vorher, was der andere als Nächstes tun wird. Wir vermuten, dass jemand mit uns kommunizieren möchte, und sagen dann vorher, was der andere als Nächstes sagen wird.

Vorwissen und Vorurteil

Wo beginnen wir also mit unseren Vermutungen? Wenn man Vermutungen darüber anstellt, wie Leute wohl sind, bevor man irgendwelche Informationen über sie hat, heißt das, im Voraus zu urteilen. Es handelt sich um ein Vor-Urteil. „Vorurteil" mag heute ein negativ behafteter Begriff sein, doch solche Vorurteile sind für die Arbeit unseres Gehirns tatsächlich unerlässlich.[4] Vorurteile ermöglichen

[4] Lange bevor Neurowissenschaftler Bayesianer wurden, wurde das Vorurteil bereits von Hans-Georg Gadamer bei der Entwicklung seiner Hermeneutik rehabilitiert. Statt uns zu verschließen, so Gadamer, öffnen uns unsere Vorurteile (oder unser Vorwissen) für das, was verstanden werden soll.

es uns, erste Vermutungen anzustellen – und es spielt keine Rolle, wie zutreffend die Vermutung ist, solange wir unsere nächste Vermutung in Antwort auf den Fehler anpassen. Um ein harmloses Beispiel aus Kapitel 5 aufzugreifen: Wenn wir Objekte in der physischen Welt wahrnehmen, erwartet unser Gehirn stets, dass das Licht von oben kommt (siehe Abbildung 5.7). Das ist ein Vorurteil, das im Lauf der Evolution fest in unser Gehirn eingebaut worden ist. Wenn unser Gehirn sich bewegende Menschen sieht, erwartet es, dass sie ihr Ziel mit einem Minimum an Aufwand erreichen (denken Sie an die Studien über Nachahmung in Kapitel 6). Auch das ist ein angeborenes Vorurteil. Diese Vorurteile ermöglichen uns, den Kreislauf von Vermutungen und Vorhersagen in Gang zu setzen, durch den unser Modell der Welt immer präziser wird.

Wir sind angeborenermaßen dafür prädisponiert, Vorurteile zu entwickeln. All unsere sozialen Wechselbeziehungen beginnen mit Vorurteilen. Der Inhalt dieser Vorurteile ist durch unsere Interaktionen mit Freunden und Bekannten und durch Hörensagen erworben. Ich rede mit meinen Arbeitskollegen ganz anders als mit Nichtnaturwissenschaftlern auf der Party. Es gibt so viele Dinge, von denen ich erwarte, dass meine Brain-Imaging-Kollegen sie bereits kennen, so viel geteiltes Wissen. Ich kann all die Fachbegriffe wie „Stimulation" und „BOLD-Signale"[5] und „Antwortunterdrückung" benutzen. Aber die Englischprofessorin hört „*bold*" (englisch für „dreist", „frech") und auch bei „Stimulation" und „Unterdrückung von Antworten" denkt sie an ganz andere Dinge. Ich muss darauf achten, was ich sage – sie hält zweifellos alle Psychologen für Freudianer.[6]

Unsere Vorurteile beginnen mit Klischeevorstellungen oder Stereotypen. Den ersten Hinweis auf das wahrscheinliche Wissen und Verhalten eines Menschen, über den ich nichts weiß, gibt mir sein Geschlecht. Schon dreijährige Kinder haben dieses Vorurteil erworben. Sie erwarten, dass Jungen mit Autos spielen und Mädchen Krankenschwester werden.

---

[5] BOLD ist die Abkürzung für *blood oxygen level dependent*; das vom Blutsauerstoffgehalt abhängige Signal wird beim fMRT gemessen.

[6] Ein bedauerliches Beispiel für ein Vorurteil bei unserem Erzähler.

Test: Vorurteile bei Kindern

Hier sind zwei Kinder. Das ist Jack und das ist Mary. Eines der Kinder hat vier Autos, mit denen sie spielen. Welches Kind spielt mit den Autos?

Hier sind zwei Kinder. Das ist Emily und das ist Owen. Eines der Kinder wird später in der Krankenpflege tätig sein. Welches Kind wird in der Krankenpflege arbeiten?

Hier sind zwei Personen. Das ist Ella und das ist Jonathan. Eine dieser Personen bereitet das Essen zu und räumt hinterher die Küche auf. Welche Person ist das?

Soziale Stereotypen liefern den Ausgangspunkt für unsere Interaktionen mit Menschen, die wir nicht kennen. Sie ermöglichen uns erste Vermutungen über die Absichten des anderen. Aber wir wissen, dass diese Klischeevorstellungen sehr grob sind. Die Vermutungen und Vorhersagen, die wir auf der Basis dieses begrenzten Wissens treffen, sind nicht sehr gut. Sobald wir feststellen, dass jemand in irgendeiner Weise anders ist als unsere Freunde und Bekannten, erwartet unser Gehirn, dass die Kommunikation schwieriger ist. Wir haben weniger gemein. Unser Gehirn ist sich weniger sicher, welches Wissen wir teilen. Daher ist es schwieriger vorherzusagen, was die andere Person tun und sagen wird. Gezwungenermaßen wird sich die Art und Weise, wie wir kommunizieren, subtil verändern, wenn wir mit jemandem zu kommunizieren versuchen, der anders ist als wir.

Was wird er wohl als Nächstes tun?

Das ist das Problem mit dem Vorhersagen. Ich sage das, was der andere tun wird, auf der Basis dessen vorher, was ich tun würde, wenn ich in derselben Situation wäre. Wenn sich der andere also von mir unterscheidet, kann es sein, dass meine Vorhersage falsch ist.

Wir sind sehr gut darin, unsere eigenen Handlungen zu erkennen, weil wir vorhersagen können, was als Nächstes passieren wird. Pianisten können sich selbst in vor Monaten aufgenommenen Videos beim Klavierspielen erkennen, wenn nur die Hände und die Tastatur zu sehen sind und kein Ton zu hören ist. Wenn wir den Beginn einer Bewegung sehen, können wir vorhersagen, was als Nächstes geschehen wird. Wir können vorhersagen, wo der Dartpfeil landen wird, wenn wir nur den Beginn der Wurfbewegung sehen. Aber wir können dies viel besser, wenn wir ein Video unserer eigenen Würfe sehen. Meine Vorhersagen funktionieren am besten bei Leuten, die genauso sind wie ich.

Ich sehe den emeritierten Physikprofessor auf der Party und vermute, dass er einen Drink möchte. Ich sage voraus, was er als Nächstes tun wird. In meinem Gehirn läuft eine virtuelle Imitation ab. „Wenn ich einen Drink haben wollte, würde ich Folgendes tun: Ich würde nach dem Glas greifen. Meine Finger würden sich in genau 950 Millisekunden um das Glas legen.“ Das trifft für meine eigenen Handlungen zu, doch ein anderer Mensch macht eine etwas andere Bewegung. Wenn jemand alt und müde ist, ist meine Vorhersage möglicherweise sehr unpräzise.

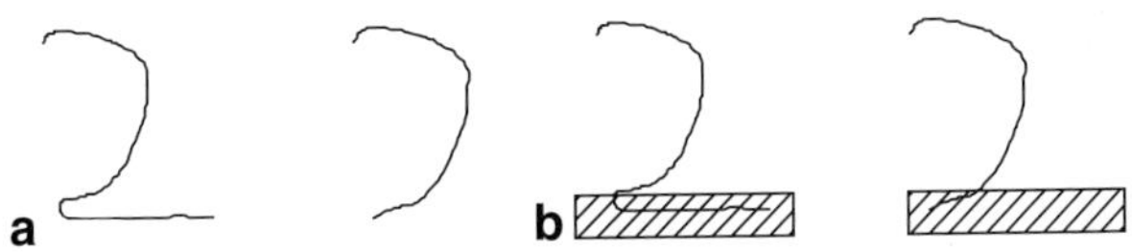

Abb. 7.2 Wir können unsere eigenen Bewegungen besser vorhersagen als diejenigen anderer Leute. Diese Abbildung zeigt eine Zwei und einen Halbkreis in der schrecklichen Handschrift des Autors. Wenn Sie die Bewegungen des Stifts beobachten würden, könnten Sie dann sagen, ob der Schwung zu einer Zwei führen wird oder zu einem Halbkreis? Das lässt sich sehr gut vorhersagen, aber nur dann, wenn das, was Sie sehen, eine Aufzeichnung Ihrer eigenen Schreibbewegungen ist.

Andere Menschen sind ansteckend

Eine weitere der vielen Illusionen, die mein Gehirn schafft, ist mein Selbstgefühl. Ich erlebe mich als eine Insel der Stabilität in einer sich ständig verändernden Welt. Die Englischprofessorin ist hoffnungslos veränderlich, in dem einen Augenblick so sympathisch, im nächsten so kritisch. Ich bin ganz anders als sie, aber ich kann nicht anders, als ihre Stimmungsschwankungen zu reflektieren. Sie ist ansteckend. Ich muss sie imitieren.

Aber es ist nicht nur sie. Es ist jedermann. Wir haben in Kapitel 6 bereits über Empathie gesprochen, darüber, wie man automatisch die Gefühle anderer teilt. Das macht einen dem anderen ähnlicher. Wir haben auch darüber gesprochen, wie das Gehirn automatisch die Handlungen nachahmt, die man andere Leute ausführen sieht. Wenn man zwei Leute beobachtet, die in eine fesselnde Unterhaltung vertieft sind, kann man feststellen, dass sie allmählich ihre Handlungen synchronisieren, zum Beispiel ihre Beine synchron übereinanderschlagen und sich im gleichen Augenblick vorbeugen. Wenn wir mit jemandem interagieren, imitieren wir ihn. Wir werden ihm ähnlicher. Wir müssen noch nicht einmal Leute sehen, damit es zu dieser Ansteckung kommt. Ein Student kommt in ein Sozialpsychologielabor, wo seine „sprachlichen Fähigkeiten" getestet werden sollen. Er soll zufällige Wörterlisten in Sätze verwandeln, erfährt aber nicht, dass sich die meisten Begriffe auf Stereotypen über Senioren beziehen: *besorgt, Florida, alt, einsam, grau*, etc. Der Experimentator interessiert sich aber gar nicht wirklich für die sprachlichen Fähigkeiten seiner Versuchsperson. Er misst, wie rasch sich der Student bewegt, wenn er das Labor verlässt und zurück zum Lift geht. Studenten, die sich mit dem „Senioren-Wortschatz" beschäftigt haben, gehen langsamer. Sie verhalten sich, ohne es zu merken, wie eine ältere Person.

Andere Menschen sind sehr ansteckend, sogar wenn wir nur an sie denken. Unsere Vorurteile und unser Beobachten des Verhaltens dieser Menschen führen automatisch dazu, dass wir der Person, mit der wir interagieren, einen Moment lang ähnlicher werden. Das erleichtert es uns vorherzusagen, was der andere als Nächstes tun oder sagen wird.

Kommunikation ist mehr als nur Sprechen

Aber wie löst die Vorhersage, was ein anderer als Nächstes tun wird, das Kommunikationsproblem? Wie gut meine Vermutungen und Vorhersagen auch sein mögen, wie ähnlich ich meinem Gegenüber auch werde – ich kann die Bedeutung in meinem Kopf niemals direkt mit derjenigen in Ihrem Kopf vergleichen. Wie kann ich daher prüfen, ob sie identisch sind oder nicht?

Denken Sie daran, dass am Problem der Gedankenwelten nichts Besonderes ist. Wenn ich mir einen Baum im Garten anschaue, habe ich den Baum nicht im Kopf. Was ich im Kopf habe, ist ein Modell (oder eine Repräsentation) des Baumes, das von meinem Gehirn entwickelt wurde. Dieses Modell ist mittels einer Reihe von Vermutungen und Vorhersagen aufgebaut worden. In derselben Weise gilt: Wenn ich versuche, Ihnen etwas zu sagen, dann habe ich nicht Ihre Idee im Kopf, aber meine Gehirn kann in meinem Kopf wiederum mithilfe von Vermutungen und Vorhersagen ein Modell (eine Repräsentation) Ihrer Idee entwickeln. Nun habe ich zweierlei im Kopf: erstens meine Idee und zweitens mein Modell Ihrer Idee. Beide kann ich direkt vergleichen. Wenn sie ähnlich sind, habe ich Ihnen meine Idee wahrscheinlich erfolgreich erläutert. Sind sie verschieden, war das sicherlich nicht der Fall.

Ich weiß, dass mein Kommunikationsversuch erfolglos war, wenn meine Vorhersage, was Sie als Nächstes tun werden, nicht ganz richtig ist. Aber der Prozess hört an dieser Stelle nicht auf. Wenn ich weiß, dass meine Kommunikation fehlgeschlagen ist, kann ich meine Kommunikationsweise verändern. Ich sollte auch einen Hinweis haben, wie ich meine Kommunikation verändern sollte. Ich vergleiche meine Idee mit meinem Modell Ihrer Idee und erkenne, dass beide unterschiedlich sind. Das ist der Vorhersagefehler. Aber ich kann mir auch die Art des Fehlers ansehen. Wo genau liegen die Unterschiede zwischen meiner Idee und meinem Modell Ihrer Idee? Die Art des Vorhersagefehlers sagt mir, wie ich meine Kommunikation verändern sollte, welche Punkte ich betonen sollte und welche nicht so wichtig sind. Ich wähle meine Wörter nicht nur nach ihrer Bedeutung aus, sondern auch danach, dass sie zu der Person passen, mit der ich rede. Je länger ich mit jemandem spreche, desto mehr Gespür bekomme ich für die richtigen Wörter – genauso, wie ich eine bessere Vorstellung davon bekomme, wie die Welt um mich herum aussieht, je länger ich sie betrachte.

Unterweisen ist mehr als eine Demonstration, die imitiert werden soll

Dadurch, dass wir ein Modell der Gedankenwelt der Person entwickeln, mit der wir sprechen, können wir die Art und Weise verändern, in der wir mit dieser Person kommunizieren. Wir können berücksichtigen, was sie weiß und was sie verstehen kann. Da Menschen über unterschiedliches Wissen und unterschiedliche Fähigkeiten verfügen, kommunizieren wir nicht mit allen Menschen auf die gleiche Weise. Das mag offensichtlich erscheinen, aber es gibt einige überraschende und subtile Nuancen, in denen dies geschieht, ohne dass wir es bemerken.

Wenn eine Mutter mit ihrem Baby spricht, verändert sie ihre Sprechweise auf eine ganz bestimmte Art; diese Sprechweise wird „Kindersprache" (englisch *baby talk*) oder „Ammensprache" (englisch *motherese*, wörtliche Bedeutung „Mutterisch")[7] genannt. Eine Mutter hat auch eine spezielle Sprechweise, wenn sie mit ihrer Hauskatze spricht. Aber zwischen diesen beiden Sprechweisen gibt es einen subtilen Unterschied. Mit ihrer Katze und mit ihrem Baby spricht die Mutter in einer höheren Tonlage. Dadurch wird ihre Stimme der Stimme des Babys und der Stimme der Katze ähnlicher, denn beide sind kleiner als sie, und kleinere Lebewesen haben höhere Stimmen. Aber nur ihrem Baby gegenüber übertreibt die Mutter

[7] „Vaterisch" (englisch *fatherese*) unterscheidet sich offenbar von „Mutterisch", wird aber bisher viel seltener erforscht.

die Unterschiede zwischen den Vokalen. Sie betont zum Beispiel die lautlichen Unterschiede zwischen „ee", „oo" und „aa"in den Worten *sheep, shoe* und *shark*. Diese „Dehnung des Vokalraums" führt zu einer Sprachkarikatur, durch die die markanten Merkmale der Sprache betont werden, die die Mutter spricht.

Das Baby lernt die Laute seiner Muttersprache, indem es seine Mutter imitiert. Durch die Sprachkarikatur, die Mütter verwenden, erleichtern sie ihren Kindern das Erlernen der Muttersprache. Wenn Mütter mit ihrer Katze reden, verzerren sie die Sprache nicht, denn sie wissen, dass die Katze nicht sprechen lernen wird.

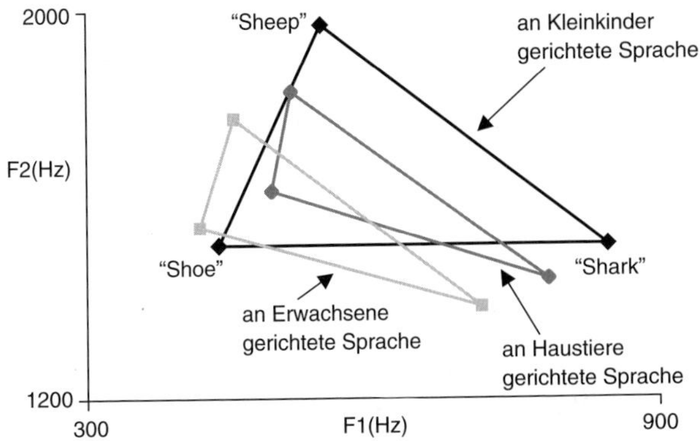

Abb. 7.3 Wie Mütter ihren Kindern, aber nicht ihren Haustieren, das Sprechen beibringen. Vokallaute, wie das „ee" in *sheep*, das „aa" in *shark* und das „oo" in *shoe* werden durch zwei Frequenzen definiert (F1 und F2). Die unterschiedlichen Vokallaute können in einen Vokalraum eingetragen werden, der von F1 und F2 definiert wird. Wenn Mütter mit ihren Kleinkindern sprechen, benutzen sie eine bestimmte Sprechweise, die als „Ammensprache" bezeichnet wird. Sie übertreiben die Vokallaute, so dass sie im Vokalraum weiter auseinander liegen. Das hilft dem Kind, die Unterschiede zwischen den Vokalen seiner Muttersprache zu erkennen. Mütter benutzen auch bei ihrer Hauskatze eine spezielle Sprechweise, aber da übertreiben sie die Vokale nicht, sondern sprechen lediglich in einer höheren Tonlage als sonst.

Lernen durch Imitieren gibt es nicht nur beim Menschen. Berggorillas verzehren gerne Brennnesseln. Diese Pflanzen sind sehr nahrhaft, wegen der Brennhaare aber unangenehm zu essen. Berggorillas haben eine raffinierte Technik entwickelt, um die Brennwirkung zu mindern, indem sie die Blätter vom Stängel streifen und die Blätter dann so falten, dass die meisten Brennhaare im Inneren des Blätterbündels zu liegen kommen, das sie in den Mund stopfen; so schonen sie ihre empfindlichen Lippen. Junge Gorillas lernen diese Technik durch Beobachten ihrer Mütter. Aber es gibt einen entscheidenden Unterschied zu einer menschlichen Mutter. Gorillamütter zeigen kein Interesse daran, ihr Kind zum Lernen zu ermutigen. Sie versuchen nicht, dem Kind beim Lernen zu helfen, indem sie ihre Brennnesselverpackungstechnik ändern, wenn das Kind zuschaut.[8]

Wenn Menschenmütter und ihre Kinder interagieren, ist die Kommunikationsschleife vollständig geschlossen. Es ist nicht nur so, dass sich die Menschenmutter dafür interessiert, was ihr Baby tut. Das Baby weiß, wann seine Mutter an ihm interessiert ist. Babys hören lieber Ammensprache als Erwachsenensprache. Sie wissen, dass die Ammensprache an sie gerichtet ist. Wenn ein Baby sieht, wie seine Mutter eine Kasserolle fallen lässt, und hört, dass sie „Mist!" sagt, zieht das Baby daraus nicht den Schluss, das Wort für Kasserolle sei „Mist".[9] Das Baby weiß, wann seine Mutter ihm die Bezeichnungen für Dinge beibringt.

[8] Dick Byrne hat die Methoden, mit denen Gorillas Brennnesseln zum Verzehr vorbereiten, hervorragend beschrieben und gezeigt, wie diese Fertigkeit imitiert werden kann. Zu der fehlenden Unterweisung sagt er nichts. Ich habe dies aus anderen Studien abgeleitet, die dafür sprechen, dass junge Gorillas zwar großes Interesse an dem zeigen, was ihre Mutter tut, die Mütter aber wenig Interesse an dem zeigen, was die Kinder tun (siehe auch Kapitel 4, Fußnote 4 auf S. 117).

[9] Aber das kann bei autistischen Kindern wie Paul geschehen. Einmal rezitierte Pauls Mutter den Kinderreim „Peter, Peter, pumpkin-eater", während sie in der Küche arbeitete, als sie plötzlich eine Kasserolle fallen ließ. Von diesem Tag an juchzte Peter „Peter eater", sobald er etwas sah, das auch nur entfernt einer Kasserolle ähnelte.

Die Schleife schließen

Wenn Sie dieses Buch lesen, reagieren Sie auf das, was ich sage, aber Ihre Reaktion hat keinen Einfluss auf mich. Diese Kommunikation ist eine Einbahnstraße. Eine Kommunikation von Angesicht zu Angesicht ist ein Prozess, der in beiden Richtungen abläuft. Sie hören zu, was ich sage, und antworten darauf. Ich wiederum antworte auf Ihre Antwort. Das bezeichne ich als „die Schleife schließen".

Das Erstaunliche an einer Kommunikation von Angesicht zu Angesicht ist, wie gut sie in der Regel funktioniert. Infolgedessen können Kommunikationsprozesse, die schief gehen, sehr komisch sein und sind daher fester Bestandteil von komödiantischen Zweipersonendialogen. Denken Sie nur an all die bizarren Gespräche zwischen Groucho und Chico Marx.

> *Groucho*: Now, here is a peninsula, and there is a viaduct leading over to the mainland.
> Chico: Why a duck?
> Groucho: I'm all right. How are you?

In den 1970er-Jahren wurde die britische Comedy von Ronnie Barker und Ronnie Corbett dominiert. Ihre TV-Sketch-Show „The Two Ronnies" lief 15 Jahre lang. Im Jahr 1999, nach Beendigung der Show, wurde der Sketch „Fork Handles" zum besten Sketch der ganzen Show gewählt.[10] Dieser Wortwechsel illustriert die Mehrdeutigkeit von Kommunikation in wundervoller Weise und zeigt, wie diese Mehrdeutigkeit durch Schließen der Schleife aufgelöst werden kann.

---

[10] Im Jahr 2005 wurde dieser Sketch in Großbritannien zum drittlustigsten Sketch aller Zeiten gewählt.

Fork Handles: Die beiden Ronnies schließen (letztendlich) die Schleife*

In a hardware shop. Ronnie Corbett is behind the counter, wearing a warehouse jacket. He has just finished serving a customer.
Corbett (muttering):*There you are. Mind how you go.*
(Ronnie Barker enters the shop, wearing a scruffy tank-top and beanie)
Barker: *Fork 'andles*!
Corbett: *Four candles*?
Barker: *Fork 'andles.*
(Ronnie Corbett makes for a box, and gets out four candles. He places them on the counter) Barker: *No, fork 'andles*!
Corbett (confused): *Well there you are, four candles*!
Barker: *No, fork 'andles! 'Andles for forks*!
(Ronnie Corbett puts the candles away, and goes to get a fork handle. He places it onto the counter)
Corbett (muttering): *Fork handles. Thought you said "four candles*!"
Barker: *Got any plugs*?
Corbett: *Plugs. What kind of plugs*?
Barker: *A rubber one, bathroom.*
(Ronnie Corbett gets out a box of bath plugs, and places it on the counter)
Corbett (pulling out two different-sized plugs): *What size*?
Barker: *Thirteen amp*!
(and so on and so on)

---

* Anmerkung der Übersetzerin: Dieser Dialog (den man sich auf *YouTube* im Original anschauen kann) ist kaum angemessen übertragbar. Hier eine kurze Zusammenfassung:
Ronnie Corbett steht hinter der Theke einer Eisenwarenhandlung. Ronnie Barker tritt ein und verlangt nuschelnd „fork 'andles" (Griffe für Schaufeln). Corbett versteht „four candles" (vier Kerzen). So reden die beiden eine Weile aneinander vorbei, bis Barker seine Taktik ändert und „'andles for forks" verlangt. Nun endlich versteht Corbett und bringt das Gewünschte. Der nächste Posten auf Barkers Liste sind „plugs" (Stopfen), und zwar aus Gummi, fürs Bad. Corbett bringt Gummistopfen für die Badewanne und erkundigt sich nach der Größe. Barker antwortet „13 Ampère!", er sucht also einen „electric plug" (Stecker) … und so weiter.

Ronnie B. versucht, seinen Wunsch nach Griffen für Schaufeln zu übermitteln und verlangt „fork ‘andles“. Um sicher zu gehen, dass er richtig verstanden hat, wiederholt Ronnie C. „four candles?“ Ronnie B. hört „fork ‘andles“. Alles scheint in Ordnung zu sein. Ronnie C. bringt vier Kerzen. Ronnie B. erkennt, dass seine Vorhersage über das, was Ronnie C. als Nächstes tun würde (Griffe für Schaufeln bringen), falsch war. Er hat seinen Wunsch nicht übermittelt. Daher ändert er seine Kommunikation und verlangt „‘andles for forks“. Erfolg! Ronnie C. verhält sich wie vorhergesagt.

Die Schleife vollständig schließen

Kommunikation von Angesicht zu Angesicht ist keine Einbahnstraße. Die Art und Weise, wie Sie auf mich reagieren, verändert die Art und Weise, wie ich auf Sie reagiere. Das ist eine Kommunikationsschleife. Aber zusätzlich versuche nicht nur ich, auf der Basis meines Modells Ihrer Idee vorherzusagen, was Sie als Nächstes sagen werden. Sie haben ebenfalls ein Modell meiner Idee im Kopf. Sie versuchen ebenfalls vorauszusagen, was ich als Nächstes sagen werde. Auch Sie verändern, was Sie sagen, um zu zeigen, dass Ihr Modell dessen, was ich meine, nicht ganz richtig vorhersagt, was ich gleich sagen werde.

Das ist der große Unterschied zu meinen Interaktionen mit der physischen Welt. Die physische Welt verhält sich gegenüber meinen Versuchen, sie zu interpretieren, völlig indifferent. Aber wenn sich zwei Menschen gegenüberstehen, ist ihr Gedankenaustausch über Begriffsinhalte ein Gemeinschaftsunternehmen. Der Informationsfluss geht niemals nur in eine Richtung. Selbst wenn es mein Ziel ist, Ihnen eine Idee zu vermitteln, wird die Idee, die schließlich übermittelt wird, zwangsläufig von Ihnen beeinflusst sein. Ein Begriffsinhalt ist wie ein Gravitationsfeld. Der Mond kreist um die Erde, doch die Bewegung der Erde wird durch die Präsenz des Mondes ebenfalls verändert.

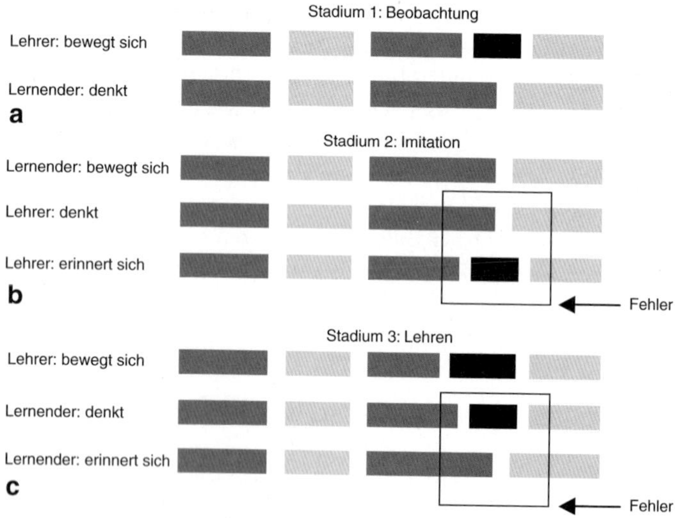

Abb. 7.4 Wie können wir etwas über die verborgenen Zustände in der Gedankenwelt anderer Menschen lernen? a) Der Lehrer macht eine komplizierte Bewegung und benutzt dabei eine Folge von fünf verschiedenen Kontrollzuständen. Der Lernende beobachtet ihn und versucht, die Kontrollzustände aus der Bewegung „abzulesen". Er versäumt Nummer vier. b) Der Lernende imitiert die Bewegung, wobei er nur vier verschiedene Kontrollstadien benutzt. Der Lehrer beobachtet ihn und „liest" die Kontrollzustände aus der Bewegung „ab". Er sieht nur vier Kontrollzustände. Er erinnert sich, dass er fünf Kontrollzustände benutzt hat. Er stellt den Unterschied zwischen dem, was er für die Absicht des Lernenden hält, und seiner eigenen Absicht fest. c) Der Lehrer bewegt sich und übertreibt den fehlenden Kontrollzustand. Der Lernende liest nun die fünf Kontrollzustände korrekt ab. Er erinnert sich, dass er nur vier Kontrollzustände benutzt hat. Er stellt den Unterschied zwischen dem, was er für die Absicht des Lehrers hält, und seiner eigenen Absicht fest. Wenn er sich das nächste Mal bewegt, wird er den Fehler korrigieren.

Bei einer erfolgreichen Kommunikation wird der Punkt erreicht, wo mein Modell dessen, was Sie meinen, mit dem übereinstimmt, was ich meine, und ich Ihnen nicht länger zeigen muss, dass es da ein Problem gibt. Und, was wichtig ist, zur selben Zeit haben auch Sie diesen Punkt erreicht, wo es keine Diskrepanz mehr gibt zwischen Ihrem Modell meines Begriffsinhalts und Ihrem eigenen Begriffsinhalt. An diesem Punkt gegenseitiger Einigkeit ist Kommunikation erreicht worden.[11] Indem unser Gehirn Modelle der Gedankenwelt konstruiert, hat es das Problem gelöst, in die geistige Welt anderer einzutreten. Und es ist diese Fähigkeit, Modelle der geistigen Welt zu entwickeln, die zu der großen Kluft zwischen Menschen und allen anderen Tierarten geführt hat. Ohne die Fähigkeit, mentale Modelle der Welt zu entwickeln und mit anderen zu teilen, gäbe es so etwas wie Sprache und Kultur nicht.

Wissen ist (mit-)teilbar

Unsere Fähigkeit, Modelle der geistigen Welt zu entwickeln, eröffnet eine völlig neue Möglichkeit, das Verhalten anderer zu beeinflussen. In der physischen Welt wird Verhalten durch Belohnung und Bestrafung verändert. Wir hören auf, Dinge zu tun, die uns Schmerzen bereiten. Wir wiederholen Handlungen, die mit Lust verbunden sind. Wir können das Verhalten anderer mithilfe von Schmerz und Lust beeinflussen – auf diese Weise trainieren wir Tiere. In der mentalen Welt wird Verhalten jedoch durch Wissen verändert. Ich nehme einen Regenschirm mit – nicht, weil es gerade regnet, sondern weil ich glaube, dass es später am Nachmittag regnen wird. Und wir können Wissen einsetzen, um das Verhalten anderer zu beeinflussen. Stellen Sie sich einen entlegenen Strand in Australien vor, wo das Meer mit Würfelquallen verseucht ist. Man kann nach dem Prinzip von Versuch und Irrtum und vielen Schmerzen lernen, dort nicht ins Meer zu gehen. Aber nachdem man dies gelernt hat, kann man ein Warnschild aufstellen: Vorsicht, Würfelquallen. Andere Strandbesucher werden dann an dieser Stelle nicht ins Wasser gehen. Sie profitieren von der Erfahrung eines anderen, die dieser durch die Weitergabe von Wissen mit ihnen teilen kann.

[11] Bei den meisten unserer Interaktionen sind wir uns all dieser Prozesse nicht bewusst. Ist das so, weil Menschen so vorhersagbar sind oder weil wir uns nicht bewusst sind, wie komplex Verständigung ist?

Dieses Teilen von Erfahrungen bezieht sich nicht nur auf Wörter und Sprache. Wenn ich Ihnen von einer Erfahrung erzähle, die ich gemacht habe, verändert sich Ihr Gehirn so, als hätten Sie diese Erfahrung selbst gemacht. Das lässt sich mithilfe Pawlow'scher Konditionierungstechnik zeigen. Ein solches Paradigma ist die Furchtkonditionierung. Wann immer man einen schmerzhaften Stromschlag erhält, steigt die Aktivität in vielen Gehirnregionen. In Pawlow'scher Manier ausgedrückt, ist der Stromschlag der unbedingte Reiz und die Erhöhung der Gehirnaktivität dic unbedingte Reaktion. Lernen spielt dabei keine Rolle. Ein schmerzhafter Stromschlag führt bereits beim allerersten Erleben zu diesen Veränderungen im Gehirn und im Körper. Beim Furchtkonditionierungsparadigma wird kurz vor dem Stromschlag auf dem Bildschirm ein visueller Hinweis (ein rotes Quadrat, der bedingte Reiz) präsentiert. Nachdem jemand mehrere derartige Kopplungen zwischen rotem Quadrat und Elektroschock erlebt hat, beginnt er, ganz gleich, ob Mensch oder Ratte, auf das rote Quadrat mit Furcht zu reagieren. *Ein* Aspekt dieser Furchtreaktion ist eine erhöhte Aktivität in der Amygdala.[12] Die Furcht, die mit dem Stromschlag einhergeht, ist mit diesem visuellen Hinweis verknüpft worden.

Aber es gibt noch einen anderen Weg, das rote Quadrat mit Furcht zu verknüpfen. Diese Methode funktioniert nur bei menschlichen Probanden. Ich *erzähle* neuen, unerfahrenen Probanden, dass auf das rote Quadrat ein Elektroschock folgt. Bevor sie dies erfahren, zeigen sie beim Anblick des roten Quadrats keine Furchtreaktion. Anschließend zeigen sie sofort eine Furchtreaktion auf das rote Quadrat, einschließlich Aktivität in der Amygdala. Meine Erfahrung, dass auf das rote Quadrat ein schmerzhafter Stromschlag folgt, hat im Gehirn einer anderen Person zu Furcht geführt.

[12] Wie Sie sich vielleicht erinnern, ist dies eine kleine, komplexe Gehirnregion vorne im Schläfenlappen. Sie spielt eine Schlüsselrolle dabei, Objekten einen positiven oder negativen Wert zuzuordnen (siehe Abbildung 2.4).

Wissen ist Macht

„Das Experiment hat nur einen Haken“, meint die Englischprofessorin. „Ich glaube nicht, dass Sie den Elektroschock tatsächlich selbst erlebt haben. Sie schocken nur Ihre Probanden, nicht sich selbst. Sie haben Ihre Erfahrung nicht weitergegeben. Sie haben ihnen nur erzählt, sie würden einen Stromschlag bekommen.“

In einer Beziehung irrt sie sich. Ich möchte immer herausfinden, wie ein Experiment aus der Sicht der Versuchspersonen aussieht, indem ich meine Experimente am eigenen Leib ausprobiere. Aber natürlich hat sie in einer viel wichtigeren Hinsicht Recht. Was wir Leuten erzählen, muss nicht unbedingt das Ergebnis unserer Erfahrungen sein. Es muss nicht einmal wahr sein.

Wir können das Verhalten von Menschen kontrollieren, indem wir ihnen falsches Wissen unterschieben. Ich kann einen hübschen, ruhigen australischen Strand ausfindig machen, der völlig sicher ist, und dort ein Warnschild aufstellen: Vorsicht, Würfelquallen. Dieses Warnschild vermittelt falsches Wissen. Aber für mich kann dies von Nutzen sein, weil es andere Besucher fernhält.

Wir verstehen, dass das menschliche Verhalten selbst dann von Überzeugungen kontrolliert wird, wenn diese Überzeugungen falsch sind. Und wir lernen rasch, dass wir das Verhalten von Menschen manipulieren können, indem wir ihnen falsche Überzeugungen vermitteln. Das ist die dunkle Seite der Kommunikation.

Ohne sich der Tatsache bewusst zu sein, dass Verhalten durch Überzeugungen kontrolliert werden kann, selbst wenn diese Überzeugungen falsch sind, sind vorsätzliche Täuschung und Lügen ein Ding der Unmöglichkeit. Beim Autismus fehlt dieses Bewusstsein offenbar, und Menschen mit Autismus sind unter Umständen nicht in der Lage, jemanden zu täuschen. Auf den ersten Blick könnte man die Unfähigkeit von Autisten zu lügen für einen charmanten und wünschenswerten Wesenszug halten. Aber dieser Zug ist Teil eines breiter gefächerten Kommunikationsversagens, das Autisten auch unhöflich und schwierig erscheinen lässt; seinetwegen ha-

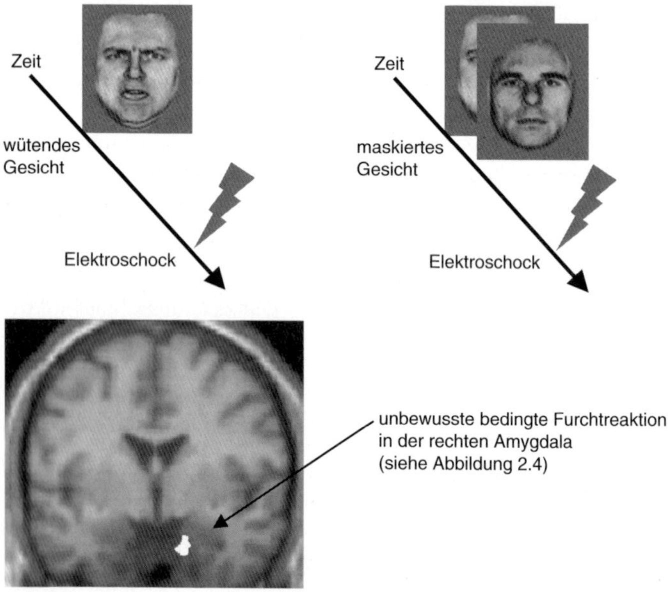

Abb. 7.5 Unbewusste Furchtkonditionierung. Wenn auf das Gesicht wiederholt ein Elektroschock folgt, beginnt man, auf das Gesicht mit Furcht zu reagieren (eine bedingte Reaktion). Das geschieht selbst dann, wenn man das Gesicht nicht bewusst gesehen hat, weil es maskiert war.

ben sie kaum Freunde und sind oft einsam. In der Praxis werden freundliche Beziehungen durch zahllose kleine Täuschungen und Umschreibungen aufrechterhalten, die unsere wahren Gefühle gelegentlich verbergen.

Am – vom Autisten gesehen – anderen Ende der Skala steht ein Mensch mit paranoider Schizophrenie, der Absichten sieht, die für alle anderen unsichtbar sind. Für jemanden mit Paranoia („Verfolgungswahn") kann jede Aussage eine Täuschung sein oder eine geheime Botschaft enthalten, die gedeutet werden muss. Feindselige Aussagen können als freundlich interpretiert werden. Ein Betroffener hörte Stimmen, die ihm sagten „Töte dich selbst" und „Er ist ein Dummkopf". Er beschrieb diese Stimmen als zwei ihm wohlgesonnene Geister, die wollten, dass er in eine bessere Welt eingeht. Ein anderer Betroffener hörte Stimmen, die ihn aufforderten „Sei vorsichtig" und „Streng' dich mehr an". Das waren „mächtige Hexen, die früher meine Nachbarinnen waren … sie bestrafen mich".

Diese Hypersensibilität für die Absichten und Gefühle anderer kann so intensiv sein, dass sie den Betroffenen völlig beherrscht.

> Der Gang eines Fremden auf der Straße konnte ein „Zeichen" für mich sein, das ich deuten muss. Jedes Gesicht in den Fenstern eines vorbeifahrenden Autos grub sich in mein Gehirn ein; all diese Gesichter konzentrierten sich auf mich und versuchten, mir eine Botschaft zu übermitteln … Die Bedeutsamkeit der realen oder eingebildeten Gefühle anderer Menschen war sehr schmerzhaft. Das Gefühl zu haben, dass ein Fremder auf der Straße das Innere deiner Seele kennt, ist sehr verstörend. Ich war mir sicher, dass das Mädchen im Büro rechts von mir eifersüchtig auf mich war. Ich hatte das Gefühl, das Mädchen im Büro links von mir wäre gern meine Freundin geworden, doch ich war der Grund dafür, dass sie sich niedergeschlagen fühlte … Die Intensität, mit der ich [diese Eindrücke] verspürte, ließ die Luft knistern, als die Schreibdamen, um die es ging, in mein Büro kamen. In einer solchen Situation wird Arbeiten unmöglich, unerträglich. Ich zog mich immer weiter zurück.

In einem solchen Gemütszustand ist die Möglichkeit, in die Gedankenwelten anderer einzutreten, zeitweilig verloren. Diese lebhafte Erfahrung der Gedankenwelt anderer hat keinen Bezug zur Realität mehr. Wie jemand, der unter Autismus leidet, ist auch ein Paranoiker allein.

Die Wahrheit

In grauer Vorzeit waren unsere Vorfahren ebenfalls allein; sie entwickelten ihre Modelle der physischen Welt, konnten sie aber nicht mit anderen teilen. Damals spielte Wahrheit für diese Modelle keine Rolle. Es war gleichgültig, ob das Modell die physische Welt wahrheitsgetreu widerspiegelte oder nicht. Wichtig war nur, dass das Modell insoweit funktionierte, als dass es vorhersagen konnte, was als Nächstes passieren würde. Aber sobald wir unsere Modelle der physischen Welt (mit-)teilen können, stellen wir fest, dass sich die Modelle anderer Leute ein wenig von unserem eigenen Modell unterscheiden. Manche Menschen sind Experten, die eindeutig bessere Modelle für einige Aspekte der Welt entwickelt haben. Durch Zusammenfügen der Modelle vieler Menschen können wir ein neues Modell aufbauen, das besser ist als jedes Modell eines einzelnen Individuums. Und unser Wissen um die Welt gründet sich nicht mehr auf eine einzige Lebensspanne – Wissen wird von einer Generation an die nächste weitergegeben.

Kann man auch falsche Modelle teilen? Ein gestörtes Gehirn kann ein falsches Modell der physischen oder mentalen Welt konstruieren. Ein solches Gehirn kann Bilder heraufbeschwören oder Stimmen, wenn niemand spricht. Aber falsche Modelle der physischen Welt lassen sich nicht leicht mitteilen. Ich höre die Stimmen im Kopf des anderen nicht. Wenn ich etwas Seltsames erlebe, versuche ich vielleicht, es zu überprüfen, indem ich es anderen mitteile: „Hören Sie auch so ein seltsames Klingelgeräusch, oder klingelt es nur bei mir?"

Falsche Modelle der mentalen Welt lassen sich nicht so leicht überprüfen. Und manchmal gelingt es den Betroffenen sogar, solche falschen Modelle erfolgreich mit anderen zu teilen (Fachbegriff: induziertes Irresein). In Fällen einer *folie à deux* teilen zwei Menschen dieselben psychotischen Wahnvorstellungen.

Eine 43-jährige Hausfrau und Schriftstellerin wurde in stark erregtem Zustand in ein Krankenhaus eingeliefert. Ihre Krankengeschichte enthüllte Wahnvorstellungen, die sich bereits über zehn Jahre hinzogen und eine Verschwörung in der literarischen Welt betrafen. Ihr Ehemann und drei heranwachsende Kinder teilten ihre Überzeugungen. Bei der Frau wurde ein paranoider Zustand mit einer schizophreniformen Psychose diagnostiziert. Die Patientin reagierte rasch auf eine medikamentöse Behandlung.

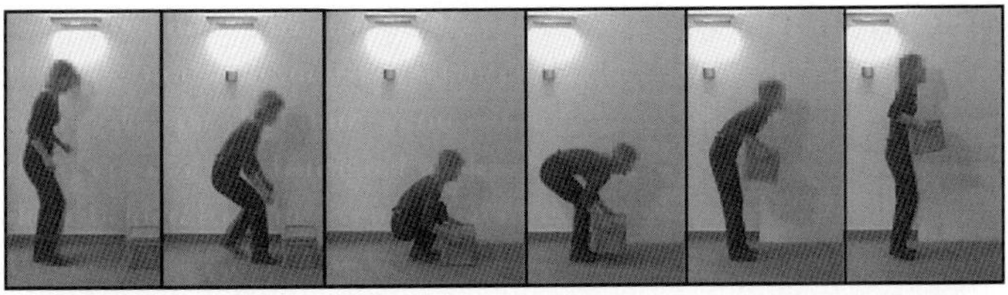

Es gibt viele Experimente, die erforschen, welche Hirnregionen am Gedankenlesen beteiligt sind. Die Versuchspersonen legen sich in den Scanner und lesen Geschichten über Leute mit falschen Überzeugungen oder schauen Videos an, in denen Charaktere geärgert oder getäuscht werden. Dabei werden durchgehend zwei Hirnregionen aktiviert: der posteriore Sulcus temporalis superior und der mediale präfrontale Cortex. Aber wir haben kaum eine Vorstellung davon, was diese Hirnregionen tatsächlich tun.

Julie Grèze hat eine einfache und verblüffende Methode entwickelt, um Gedankenlesen zu untersuchen. Sie fertigte Videos von Leuten an, die unterschiedlich schwere Kisten hoben. Wenn man diese Videos anschaut, ist es recht einfach herauszufinden, wie schwer die gehobenen Kisten sind. Man braucht sich nur anzusehen, wie sich die Person im Video bewegt. Dazu muss man keine Gedanken lesen können. Manchmal wurde den Personen im Video gesagt, die Kiste sei schwer, wenn sie in Wirklichkeit leicht war. Es ist nicht ganz einfach, aber man kann aus den Bewegungen der Person im Video erkennen, wenn sie eine *falsche Vorstellung* vom Gewicht der Kiste hat. Die Kiste bewegt sich schneller nach oben, wenn sie leichter ist als erwartet, und die hebende Person muss ihre Haltung anpassen. Nun benutzt derjenige, der sich das Video anschaut, die Bewegungen der Person im Video, um deren Gedanken zu lesen – um herauszufinden, was die Person im Video über das Gewicht der Kiste dachte.

Bei anderer Gelegenheit wurden die Personen im Video aufgefordert, *vorzugeben*, die Kiste sei schwer, wenn sie in Wirklichkeit leicht war. In diesem Fall benutzen sie ihre Bewegungen, um dem Zuschauer des Videos etwas mitzuteilen. Sie versuchen ihm vorzuspiegeln, die Kiste sei schwerer, als sie tatsächlich ist. Wieder ist es nicht einfach, aber da die Leute, die Dr. Grèze für ihre Videos rekrutiert hat, Neurowissenschaftler und keine Schauspieler waren, kann man feststellen, wann sie versuchen, den Zuschauer zu täuschen. Das ist ein echtes Wechselspiel zwischen mentalen Welten. Der Zuschauer versucht, die Gedanken einer anderen Person zu lesen, die versucht, ihm eine falsche Vorstellung einzugeben.

Versuchspersonen wurden gescannt, während sie diese Videos anschauten und herauszufinden versuchten, wann die Personen im Video eine falsche Vorstellung vom Gewicht der Kiste hatten oder wann sie versuchten, den Zuschauer über das wahre Gewicht der Kiste zu täuschen.
Wenn die Versuchspersonen die ungewöhnlichen Bewegungen sahen, die auftraten, wenn die Kiste leichter war als erwartet oder wenn ein Täuschungsversuch vorlag, war die Aktivität im posterioren Sulcus temporalis superior erhöht. Möglicherweise beschäftigt sich die Region mit einer Feinanalyse von Bewegungen, die uns Hinweise auf die Absichten anderer geben.

rechte Hemisphäre,
Blick auf die Außenseite

linke Hemisphäre,
Blick auf die Innenseite

Die Aktivität im medialen präfrontalen Cortex war größer, wenn die Beobachter glaubten, der Akteur im Video sei getäuscht worden oder versuche zu täuschen.
Aber diese Aktivität trat an verschiedenen Stellen auf.

Wenn die Bobachter annahmen, der Akteur mache *unwillkürliche* Bewegungen, trat die Aktivität weiter hinten auf.

Wenn sie annahmen, der Akteur versuche, sie zu *täuschen,* trat die Aktivität weiter vorne auf.

Abb. 7.6 Wo unser Gehirn verborgene Absichten liest.

> Nach zwei Besuchen wurde dem Ehemann und den Kinder klar, dass sie sich irrigerweise von der „übermäßigen Fantasie“ der Patientin hatten mitreißen lassen.

Solange dieses falsche Bild der literarischen Welt innerhalb der Familie blieb, hielten die „normalen“ Familienmitglieder es für wahr. Aber sobald sie ihre Überzeugungen außerhalb der Familie diskutierten, wurde die Haltlosigkeit dieses Bildes sofort offensichtlich.

Wenn falsche Überzeugungen jedoch von größeren Gruppen geteilt werden, wird die Wahrheit zu einem zerbrechlicheren Gut. Das war offenbar bei dem tragischen Massaker von Jonestown der Fall.

> Am 18. November 1978 befahl Reverend Jim Jones den 911 Mitgliedern seiner Gemeinde auf einer gerodeten Lichtung im Urwald von Guyana, eine Zyankalilösung zu trinken, und sie gehorchten ihm.

Jim Jones war der charismatische Führer einer religiösen Sekte. Höchstwahrscheinlich litt er an einer Psychose. Er hatte mysteriöse Ohnmachtsanfälle, erhielt angeblich Ratschläge von Außerirdischen, praktizierte Gesundbeten und erlebte Visionen eines nuklearen Holocausts. Er führte seine Anhänger in einen abgelegenen Teil des Urwalds von Guyana, wo sie eine von der übrigen Gesellschaft isolierte Gemeinde aufbauten. Diese Gemeinde lebte in Furcht vor einem ungenannten Feind und Zerstörer. Dieser Feind würde über sie kommen und sie mitleidlos umbringen. Der Massenselbstmord fand nach dem Besuch eines US-Kongressabgeordneten statt, der Behauptungen nachging, Menschen würden dort gegen ihren Willen festgehalten.

Nach dem Massenselbstmord wurde ein Tonband gefunden, auf dem Jim Jones' vermutlich letzte Rede festgehalten ist. Hier ein Ausschnitt:

> *Jones:* Es ist alles vorbei. Der Kongressabgeordnete ist ermordet worden. Nun, es ist alles vorbei, alles vorbei. Was für ein Vermächtnis, was für ein Vermächtnis. Hat die Rote Brigade überhaupt jemals etwas getan, was Sinn gehabt hätte? Sie sind in unsere Privatsphäre eingedrungen. Sie sind in unsere Häuser gekommen. Sie sind uns 6000 Meilen weit gefolgt. Die

Rote Brigade hat ihnen gezeigt, was Gerechtigkeit ist. Der Kongressabgeordnete ist tot.
Bitte holt uns die Medikamente. Es ist einfach. Es ist einfach. Es führt nicht zu Krämpfen. Es ist ganz einfach. Nur, bitte holt sie. Bevor es zu spät ist. Ich sage euch, die GDF20[13] wird gleich hier sein. Los, beeilt euch, beeilt euch, beeilt euch.
Frau: Jetzt. Tut es jetzt!
Jones: Habt keine Angst vorm Sterben. Ihr werdet sehen, gleich werden hier ein paar Leute landen. Sie werden unsere Kinder foltern. Sie werden unsere Leute foltern. Sie werden unsere alten Leute foltern. Das können wir nicht zulassen.

Die Fähigkeit unseres Gehirns, Ideen von einer Gedankenwelt in die andere zu übermitteln, kann schreckliche wie auch positive Folgen haben. Wir alle wissen, wie leicht man sich zumindest kurzzeitig von falschen Überzeugungen täuschen lassen kann.[14] Unsere geistige Währung besteht aus Überzeugungen, die unser Gehirn geschaffen hat. Aber ich bin Optimist. Ganze Gemeinschaften verfallen falschen Überzeugungen nur selten so mit Haut und Haaren wie die Leute in Jonestown. Und Überzeugungen sind nicht so willkürlich wie etwa Geld. Unsere Überzeugungen sind Modelle der Welt, und die wirkliche Welt dort draußen ist der Goldstandard für unsere Modelle. Letztlich können wir falsche Überzeugungen immer ausrangieren, weil sie zu schlechten Vorhersagen führen.

Ich glaube, dass die Wahrheit dort draußen zu finden ist. So lange wir Möglichkeiten haben zu zeigen, dass ein Modell der physischen Welt besser ist als ein anderes, dürfen wir darauf hoffen, eine Reihe von immer besseren Modellen zu entwickeln. Am Ende der Reihe – auch wenn sie im mathematischen Sinne unendlich ist –, steht die Wahrheit, die Wahrheit, die uns sagt, wie die Welt wirklich ist.

[13] Guyana Defense Force (die Streitkräfte von Guyana).
[14] Die Chance, die UK National Lottery zu gewinnen, beträgt rund 1 zu 14 Millionen und ist damit viel geringer als das Risiko, vor der wöchentlichen Ziehung der Lotterie zu sterben. Wie kurz vor der Ziehung müsste man ein Los kaufen, damit die Gewinnchance größer ist als das Sterberisiko? Die Antwort lautet offenbar dreieinhalb Minuten (nachzulesen in John Lanchesters Roman *Mr Phillips*). Dennoch sind viele von uns der Überzeugung, es lohne sich, ein Los zu kaufen.

Das Programm der Wissenschaft besteht darin, diese Wahrheit zu finden. Die Wissenschaft schreitet fort, indem sie Modelle der Welt entwirft und auf der Basis dieser Modelle Vorhersagen macht und die Fehler bei diesen Vorhersagen zur Schaffung besserer Modelle benutzt. Nun ist die Wissenschaft dabei zu entdecken, dass unser Gehirn dieselben Prinzipien anwendet, um Wissen über die mentale Welt zu erwerben. Wir beginnen auch zu verstehen, wie unser Gehirn Modelle der mentalen Welt entwickeln kann. Und erst durch (Mit-)Teilen dieser mentalen Modelle wird wissenschaftlicher Fortschritt möglich.

„Ich hätte es mir denken können", meint die Englischprofessorin, „dass Sie die *Wissenschaft* an die Spitze menschlicher Leistungen stellen würden."

Es stimmt, ich liebe die Wissenschaft. Aber es gibt noch andere Spitzenleistungen.

Es gibt etwas, das noch bemerkenswerter ist als unsere Fähigkeit, unsere mentalen Modelle der Welt miteinander zu teilen und gemeinsam bessere Modelle zu entwickeln. Ich spreche von der Fähigkeit einiger außergewöhnlicher Individuen, uns ihre Erfahrungen über lange Zeiträume hinweg zu übermitteln, uns an ihrem Erleben teilhaben zu lassen, obgleich wir sie nie von Angesicht zu Angesicht treffen werden und die Kommunikationsschleife schließen können.

Wir finden vielleicht niemals die „richtige" Übersetzung für Li Shangyins Gedicht von der verzierten Laute, aber wir spüren seine leise Trauer über eine verlorene oder unmögliche Liebe.

Wir haben vielleicht noch nie einen Sturm auf See erlebt, aber wir teilen J. M. W. Turners Erfahrung, wenn wir sein Gemälde *Snow Storm – Steaming Boat off a Harbour's Mouth Making Signals in Shallow Water, and Going by the Lead* (siehe Abbildung FT7 im Tafelteil) anschauen. Um diese Szene zu malen, brachte Turner „die Seeleute dazu, mich an den Mast zu binden, um [das Unwetter] zu beobachten; vier Stunden lang blieb ich angebunden, und ich erwartete nicht zu überleben, aber ich fühlte mich verpflichtet, falls doch, es festzuhalten". Turner zweifelte nicht daran, dass er in der Lage war, seine Erfahrung malerisch festzuhalten, und dass andere daran teilhaben konnten.

„Sie werden niemals in meine Gedankenwelt eindringen", erklärt die Englischprofessorin kategorisch.

„Zu spät", antworte ich.

„Träumen Sie weiter!" entgegnet sie.

Dadurch, dass mein Gehirn Modelle der Gedankenwelt anderer entwickelt (in derselben Weise, wie es Modelle der physischen Welt entwickelt), kann ich in eine geistige Welt eintreten, die wir miteinander teilen. Indem ich meine Gedankenwelt mit anderen teile, kann ich aus ihren Erfahrungen lernen und andere Modelle übernehmen, die besser als meine eigenen Modelle sind. Aus diesem Prozess können Wahrheit und Fortschritt erwachsen, aber auch Täuschung und Massenwahn.

Nachwort

Ich und mein Gehirn

Genauso, wie wir in die physische Welt eingebettet sind, sind wir in die geistige Welt anderer eingebettet. Was wir tun und denken, wird von demjenigen beeinflusst, mit dem wir gerade interagieren. Aber so erleben wir uns nicht selbst. Wir erleben uns als Akteure mit einer eigenständigen Gedankenwelt. Das ist die ultimative Illusion, die unser Gehirn schafft.

Chris Frith und ich

Als ich begann, dieses Buch zu schreiben, hatte ich nicht erwartet, auf meiner Reise durch Gehirn und Geist Begleitung zu haben. Ich traf meine Begleiter auf der akademischen Party in der Einleitung, und sie leisteten mir durch sämtliche Kapitel des Buches hindurch Gesellschaft. Nun sind sie gegangen. Nun, da das Buch abgeschlossen ist, lösen sich die Englischprofessorin und der Physikprofessor mit ihren sehr unterschiedlichen Meinungen über Naturwissenschaft in Nichts auf. Sie und ihre Welt existieren außerhalb dieser Seiten nicht. Gleiches gilt für den Erzähler, dessen Haltung gegenüber der Englischprofessorin sich im Lauf der Reise so radikal verändert hat. Die Frage „Was passiert als Nächstes?“ stellt sich nicht. Für sie alle ist die Geschichte hier zu Ende.

Aber das „Ich", das dieses Buch erzählt hat und dann auf der letzten Seite verschwunden ist, unterscheidet sich nicht von dem anderen „Ich", Chris Frith, der jeden Morgen etwa um sieben Uhr aus dem Nichts aufwacht und jede Nacht wieder verschwindet. Ich bin mir nicht sicher, wer von uns beiden diese letzten Seiten schreibt, aber in beiden Fällen wird das „Ich" von meinem Gehirn geschaffen.

Das ganze Buch hindurch bin ich dem Grundsatz gefolgt, zwischen mir und meinem Gehirn zu unterscheiden. Wenn daher Objekte wahrgenommen und Handlungen ohne Nachdenken oder unbewusst ausgeführt werden, dann sage ich, mein Gehirn tue dies oder jenes. Aber wenn es um bewusstes Erleben und willentliche Handlungen geht, dann sage ich, „ich" tue etwas. Aber ich bin kein Dualist. Dieses „Ich", das gezielt Dinge tut, wird ebenfalls von meinem Gehirn geschaffen.

Auf der Suche nach dem Willen im Gehirn

Gibt es also eine Region in meinem Gehirn, die mit diesem „Ich" korrespondiert? Das wäre die Gehirnregion, die entscheidet, was zu tun ist, und dann dem Rest des Gehirns sagt, wie es zu tun ist. Falls es einen solchen Platz gibt,[1] dann ist er die Quelle der Top-down-Kontrollsignale, die unter anderem das Gesichtsareal des Gehirns aktivieren, so dass ich mir vorstellen kann, ein Gesicht zu sehen, wenn da tatsächlich gar kein Gesicht ist.

Das erste Experiment, das ich machte, als ich Zugang zu einem Hirnscanner erhielt, war ein Versuch, den Sitz des Willens im Gehirn zu lokalisieren. Es musste ein sehr einfaches Experiment sein, weil unser gesamtes Forschungsbudget für den Scanner draufgegangen war. In den meisten Experimenten tun die Versuchspersonen

[1] Der Hirnanatom Semir Zeki hat mich darauf hingewiesen, dass es im Gehirn keine Region geben kann, die sich nur der Top-down-Kontrolle (das heißt der Kontrolle von oben nach unten) widmet. Es gibt nämlich keine Region im Gehirn, wo Neurone nur Output-Signale aussenden und keine Input-Signale empfangen.

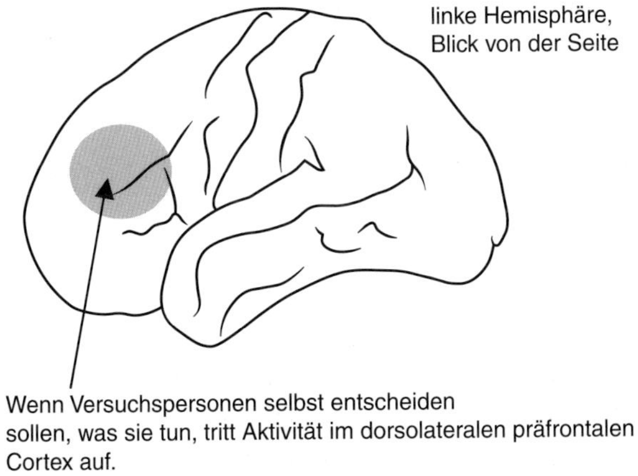

Abb. N.1 Ist das der Ort im Gehirn, wo der freie Wille zuhause ist?

einfach das, was ihnen gesagt wird: „Heben Sie Ihren Finger jedes Mal hoch, wenn er berührt wird." Wir können dies als *stimulusgetriebenes* Handeln bezeichnen. Der Stimulus (die Berührung) aktiviert das taktile System. Das Assoziationssystem wandelt das taktile Signal in eine Handlung um (Heben des berührten Fingers). Und schließlich führt das motorische System die Handlung durch. Im Scanner können wir dann sehen, welche Hirnregionen an der Stimuluserkennung und der Reaktion auf den Stimulus beteiligt sind.

In meinem Experiment wollte ich jedoch, dass die Versuchspersonen ihre eigenen freien Willensentscheidungen trafen. Sie sollten selbst entscheiden, was sie tun wollten, statt Anweisungen zu erhalten. Wir können dies als *willentliches* Handeln bezeichnen. Gleichzeitig müssen die Versuchspersonen innerhalb der strengen Grenzen eines kontrollierten Experiments reagieren. Daher lautete die Aufforderung beim Experiment zum Thema willentliche Handlung so: „Wenn Ihr Finger berührt wird, heben Sie einen beliebigen Finger."[2] Um diese Aufgabe durchzuführen, muss das Gehirn

[2] An diesem Experiment waren nur der erste und der zweite Finger der rechten Hand beteiligt.

einen Extraschritt machen. Es reicht nicht aus, das taktile System, das Assoziationssystem und das motorische System zu aktivieren. Nun muss irgendein Teil des Gehirns entscheiden, welcher Finger gehoben werden soll. Die Idee hinter diesem einfachen Experiment war folgende: Wenn man willentliches Handeln mit stimulusgetriebenem Handeln vergleicht, sollte man die Regionen finden, wo freie Entscheidungen getroffen werden. Wenn die Versuchspersonen ihre Reaktion selbst wählen mussten, statt einfach eine vorgeschriebene Antwort zu geben, zeigte sich im Experiment erstaunlicherweise eine höhere Aktivität in einem ganz bestimmten Teil des Gehirns, dem dorsolateralen präfrontalen Cortex.

Ist das also der Ort im Gehirn, wo der freie Wille sitzt? Viele andere Experimente sprechen dafür, dass diese Region im Stirnbereich des Gehirns eine wichtige Rolle bei der Entscheidungsfindung spielt. Leute mit einem geschädigten Stirnlappen werden oft apathisch und tun wenig oder gar nichts mehr. Oder sie werden unter Umständen auch impulsiv und geben jeder Versuchung nach. In beiden Fällen existiert ein Grundproblem: Sie können nicht länger selbstbestimmt handeln. Entweder tun sie gar nichts oder sie reagieren auf den nächsten eintreffenden Reiz.

Aber in gewisser Hinsicht ist mein Experiment ein wenig paradox. Ich fordere die Versuchspersonen in meinem Scanner auf, ihren freien Willen zu demonstrieren. Die Versuchsperson hat keine andere Wahl, als eine frei gewählte Reaktion zu zeigen. Welche Art von Freiheit ist das?

Wo ist oben in der Top-down-Kontrolle?

In Kapitel 3 habe ich ein Experiment von Benjamin Libet beschrieben, bei dem die Versuchspersonen ihren Finger heben sollten, wenn sie den Wunsch fühlten, dies zu tun. In diesem Fall wählen die Versuchspersonen, *wann* sie ihren Finger heben, statt *welchen* Finger sie heben, aber der Zeitpunkt ist ihnen freigestellt. Hier stoßen wir wieder auf das Paradox einer *Anweisung*, sich selbstbestimmt zu verhalten. Diese Freiheit ist in gewisser Hinsicht illusorisch. Jede Versuchsperson hätte intuitiv gewusst, dass Dr. Libet nicht erfreut gewesen wäre, wenn sie nach einer halben Stunde ihren Finger kein einziges Mal gehoben hätte, weil sie „nie den Wunsch dazu verspürte".[3] Was sind daher die Implikationen der Anweisung „Heben Sie Ihren Finger, wann immer Sie den Wunsch dazu spüren"? Um das zu tun, was Dr. Libet wirklich will, müssen die Versuchspersonen ihre freie Wahl stark einschränken. Sie müssen sich selbst instruieren, sich etwa so zu verhalten: „Ich werde das Intervall zwischen einem und dem nächsten Fingerheben unterschiedlich (aber nicht allzu unterschiedlich) groß machen, so dass der Experimentator nicht ohne Weiteres vorhersagen kann, wann ich meinen Finger erneut heben werde."[4] In Wirklichkeit treffen die Versuchspersonen keine freie Wahl, was ihr Handeln angeht. Sie spielen ein komplexes Spiel mit dem Experimentator.

Woher kommt also das Top-down-Signal, das über die Handlungen bei diesen Experimenten zum freien Willen entscheidet? Stammt es aus dem frontalen Cortex, dem Sitz des Willens im Gehirn? Oder stammt es aufgrund der Einschränkungen, die den Versuchspersonen auferlegt werden, indirekt doch vom Experimentator?

Alles hängt vom Standpunkt des Betrachters ab. Wenn wir uns eine Person und ein Gehirn isoliert anschauen, ist der frontale Cortex die ultimative Kontrollinstanz. Aber Menschen und Gehirne leben nur selten isoliert von anderen. Isolierung ist schlecht für

[3] Angeblich schrieb der Komponist Karlheinz Stockhausen einmal eine Komposition für Orchester, in der die Spieler angewiesen werden, zwei Takte lang „zu tun, was immer sie wollten". Während der ersten Orchesterprobe unterbrach der Komponist an dieser Stelle und meinte tadelnd: „So habe ich mir das überhaupt nicht vorgestellt."

[4] In einer Reihe von Experimenten zum Thema Willen gab mein Kollege Marjan Jahanshahi explizit eine solche Anweisung – „Heben Sie Ihren Finger alle 2–7 Sekunden" – und beobachtete eine Aktivierung in denselben Hirnregionen wie in Experimenten, in denen die Versuchspersonen aufgefordert werden, „selbstbestimmt" zu handeln.

sie. Das menschliche Gehirn ist fein auf den Dialog mit anderen Menschen abgestimmt. Konzepte wie „Wille“, „Verantwortung“ und selbst „Bedeutung“ erwachsen aus diesem Wechselspiel mit anderen. Ich habe in Kapitel 7 gezeigt, wie die Übermittlung von Bedeutung aus einer geistigen Welt in die andere von diesem Wechselspiel abhängt. Wir alle sagen vorher, was der andere sagen wird, und passen unsere Vorhersagen solange an, bis wir eine gegenseitige Übereinstimmung erzielen. Daher hängt der Begriffsinhalt, auf den wir uns schließlich geeinigt haben, von beiden Gesprächspartnern ab, und wird sich demzufolge leicht unterscheiden, je nachdem, mit wem wir sprechen. Bedeutung erwächst aus dem Dialog zwischen zwei geistigen Welten.

Wenn wir die neuronale Basis dieses Gedankenaustauschs verstehen wollen, bringt es nicht viel, sich nur ein einziges Gehirn anzusehen. Wir müssen zwei Gehirne untersuchen, während sie miteinander kommunizieren. Dieses Forschungsprogramm steckt noch in seinen Kinderschuhen. Wir wissen noch nicht einmal, wie wir Messungen von zwei Gehirnen zusammenfügen sollen.

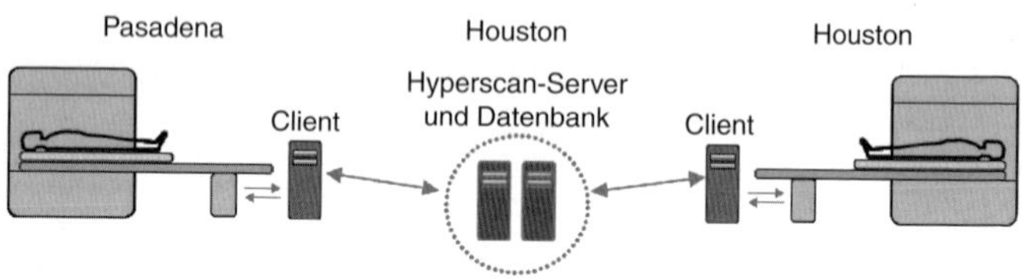

Abb. N.2 Experiment mit zwei Gehirnen. Wenn wir die neuronale Basis sozialer Wechselbeziehungen verstehen wollen, müssen wir die Aktivität in beiden Gehirnen registrieren, während die Menschen miteinander kommunizieren. Read Montague und seine Kollegen koppelten Scanner in Pasadena und Houston, während die Versuchspersonen ein Spiel spielten, in dem es um gegenseitiges Vertrauen geht (*Game of Trust*).

Der Homunculus

Wenn wir darüber nachdenken, wie unser Gehirn funktioniert, machen wir häufig den Fehler, im Inneren des Gehirns, das wir zu erklären suchen, ein weiteres, kleines Gehirn zu konstruieren. In meinem Experiment über willentliches Handeln habe ich vermutet, dass ein bestimmter Teil des Gehirns, der präfrontale Cortex, am Fällen freier Entscheidungen beteiligt ist. Nicht ich habe die freien Entscheidungen getroffen, sondern dieser Teil des Gehirns hat es für mich getan. Aber das ist nichts anderes als ein kleines „Ich" in meinem Gehirn, das freie Entscheidungen fällt. Dieses kleine Ich wird häufig als „Homunculus" bezeichnet. Gibt es in diesem kleinen Ich eine noch kleinere Region, ein noch entlegeneres Ich, das die freien Entscheidungen trifft?

Die Psychologen zerbrechen sich schon lange den Kopf darüber, wie man diesen Homunculus im Inneren des Gehirns loswerden kann. Statt einer einzelnen Region, die Entscheidungen fällt, gibt es vielleicht ein Netzwerk von Regionen, die die Wahlmöglichkeiten einschränken, um die finale Entscheidung festzulegen. Diese Einschränkungen stammen aus vielen Quellen: Eine ist beispielsweise unser Körper – einige Handlungen lassen sich physisch nicht ausführen –, eine andere sind unseren Emotionen – es gibt Handlungen, die wir bedauern könnten. Und vor allem gelten Einschränkungen im sozialen Bereich – es gibt Handlungen, die man in Anwesenheit einer Englischprofessorin einfach „nicht tut".

Ich bin mir dieser Einschränkungen jedoch kaum bewusst. Mir scheint es, als sei ich vollständig Herr meiner Handlungen. Darum ist es so schwierig, die Vorstellung von einem Homunculus *ad acta* zu legen. Der dominante Teil meiner Erfahrung ist, dass ich die Zügel in der Hand halte. Es gibt eine physische Welt, in der ich handele, und in dieser physischen Welt gibt es auch noch andere Akteure, die ebenfalls eigenverantwortlich handeln.

Das ist die ultimative Illusion meines Gehirns: all die Bindungen an die physische und die soziale Welt zu verbergen und ein autonomes Selbst zu schaffen.

In diesem Buch geht es nicht um Bewusstsein

Als Freunde mich fragten, worüber ich schriebe, sagte ich ihnen, es ginge nicht um Bewusstsein. Viele Neurowissenschaftler jenseits der Fünfzig haben das Gefühl, endlich über genügend Weisheit und Expertise zu verfügen, um das Problem des Bewusstseins zu lösen.[5] Als Neurowissenschaftler beschäftigen sie sich mit dem Problem, die neuronalen Korrelate des Bewusstseins zu identifizieren und zu zeigen, wie subjektives Erleben aus der Aktivität in einem physischen Gehirn erwachsen kann. Viele Lösungen sind vorgeschlagen worden, von denen sich bisher keine als sehr befriedigend herausgestellt hat. Aus diesem Grund ist dies kein Buch über Bewusstsein.

Statt über Bewusstsein zu schreiben, habe ich betont, wie viel mein Gehirn weiß und tut, ohne dass ich mir bewusst bin, was ich tue. Für das Bewusstsein bleibt anscheinend sehr wenig zu tun übrig. Statt daher zu fragen, wie aus der Aktivität von Neuronen subjektives Erleben erwachsen kann, stelle ich die Frage „Wozu ist Bewusstsein gut?“ oder genauer „Warum sorgt mein Gehirn dafür, dass ich mich als frei handelndes Wesen empfinde?“. Meine Hypothese ist, dass es für uns vorteilhaft ist, uns als freie Akteure zu empfinden. Daher ist die nächste Frage: „Worin besteht dieser Vorteil?“ Meine Antwort auf diese Frage ist im Augenblick noch rein spekulativ.

[5] Ganz gleich, ob sie experimentell zu diesem Problem gearbeitet haben oder nicht.

Warum sind Leute nett (solange sie fair behandelt werden)?

Verglichen mit anderen Tieren tun Menschen viele seltsame Dinge. Wir sprechen. Wir benutzen Werkzeuge. Wir verhalten uns manchmal altruistisch. Und was besonders seltsam ist, wir verhalten uns manchmal sogar Fremden gegenüber altruistisch.[6] Ökonomen untersuchen dieses Verhalten, indem sie Versuchspersonen einfache Spiele um Geld spielen lassen. Ein solches Spiel ist das Diktatorspiel: Ein Spieler erhält 100 Dollar und kann entscheiden, wie viel von dieser Summe er einem anderen Spieler abgibt; er kennt den anderen Spieler nicht und wird ihn niemals wiedertreffen. Nichts hält den Spieler (den Diktator) davon ab, die gesamte Summe selbst einzustecken. Aber die Spieler geben in der Regel 30 Dollar ab. Warum? Es gibt ein anderes, sehr ähnliches Spiel, das Ultimatum-Spiel. Wiederum erhält ein Spieler 100 Dollar, von denen er dem anderen Spieler etwas abgeben kann. Aber nun kann der andere Spieler das Ergebnis beeinflussen. Wenn er das Angebot ablehnt, gehen beide Spieler leer aus; niemand bekommt Geld. Auch in diesem Fall kennen sich beide Spieler nicht und werden sich auch nie wiedertreffen. Wenn der zweite Spieler das Angebot ablehnt, bekommt er kein Geld. Dennoch weisen Spieler gewöhnlich Angebote von weniger als 30 Dollar zurück. Warum?

Eine Erklärung ist, dass wir alle ein starkes Gefühl für Fairness haben. Es erscheint unfair, dem anderen Spieler kein Geld anzubieten, aber unser Eigeninteresse stellt sicher, dass wir etwas mehr als die Hälfte behalten. Gleichermaßen erscheint es unfair, wenn wir

[6] Die Erklärung von Altruismus gehört zu den schwierigsten Problemen der Evolutionsbiologie. Die natürliche Selektion lässt uns erwarten, dass Tiere sich so verhalten, dass ihre *eigene* Überlebens- und Fortpflanzungschancen steigen, nicht die von Artgenossen. Die Erklärung von Altruismus im Sinne einer Verwandtenselektion war einer der wichtigsten Fortschritte in der Biologie des 20. Jahrhunderts. Wenn wir uns um unsere Verwandten kümmern, können unsere Gene selbst dann überleben, wenn wir es nicht tun. Wie Haldane es formuliert: „Ich würde mein Leben für zwei Brüder oder acht Cousins opfern.“ Aber warum sollten wir Fremden helfen?

deutlich weniger als die Hälfte erhalten. Daher bestrafen wir im Ultimatum-Spiel den anderen Spieler, indem wir sein Angebot zurückweisen, obgleich wir dabei selbst einen finanziellen Verlust erleiden. Tatsächlich ist es so, dass wir zahlen, um ihn bestrafen zu können. Das nennt man altruistische Bestrafung.

Welchen Vorteil bringt uns dieses Gefühl für Fairness und diese Bereitwilligkeit, andere, die sich unfair verhalten, zu bestrafen? Ernst Fehr hat komplexere ökonomische Spiele – so genannte Gemeingutspiele (*Common Good Games*) – untersucht, bei denen viele Spieler zusammenspielen. Wenn alle kooperieren und ihr eigenes Geld in das System stecken, gewinnt jedermann. Aber es gibt immer ein paar Spieler, die sich unfair verhalten. Das sind die *Trittbrettfahrer*, Spieler, die erkennen, dass sie vom fairen Verhalten anderer profitieren können, ohne ihr eigenes Geld einzusetzen. Sobald Trittbrettfahrer in der Gruppe auftauchen, stellen die Spieler allmählich ihre Kooperation ein. Selbst der großzügigste Spieler sieht nicht ein, warum er weiterhin jemanden unterstützen sollte, der nichts ins System steckt. Infolgedessen hat die Gruppe am Ende weniger Geld, als sie bei voller Kooperation gehabt hätte.

An dieser Stelle kommt die altruistische Bestrafung ins Spiel. Ernst Fehr und Simon Gächter erlaubten den Spielern, die Trittbrettfahrer zu bestrafen. Dabei handelte es sich um eine altruistische Bestrafung, denn es kostete einen Dollar, einen anderen Spieler zu bestrafen, aber dieser andere Spieler verlor drei Dollar. Wenn diese Bestrafung von Trittbrettfahrern möglich ist,[7] dann nimmt die Kooperation in der Gruppe ständig zu, und jedermann gewinnt.

Aber wenn wir Trittbrettfahrer bestrafen, versuchen wir nicht gezielt, die Kooperation innerhalb der Gruppe zu stärken oder denken daran, dass die Gruppe langfristig davon profitieren wird. Wir ziehen eine unmittelbare Befriedigung daraus, Leute zu bestrafen, die sich unfair verhalten haben. Wir empfinden kein Mitgefühl für das

[7] Diese Bestrafungsoption führt zu einer weiteren Komplikation – den *Trittbrettfahrer zweiter Ordnung*. Das sind Spieler, die sich darauf verlassen, dass andere Spieler die Bestrafung übernehmen, und dies nie selbst tun.

Leiden dieser unliebsamen Leute. Wir haben gelernt, sie abzulehnen. Unser Gehirn belohnt uns sogar für die Bestrafung von Trittbrettfahrern.

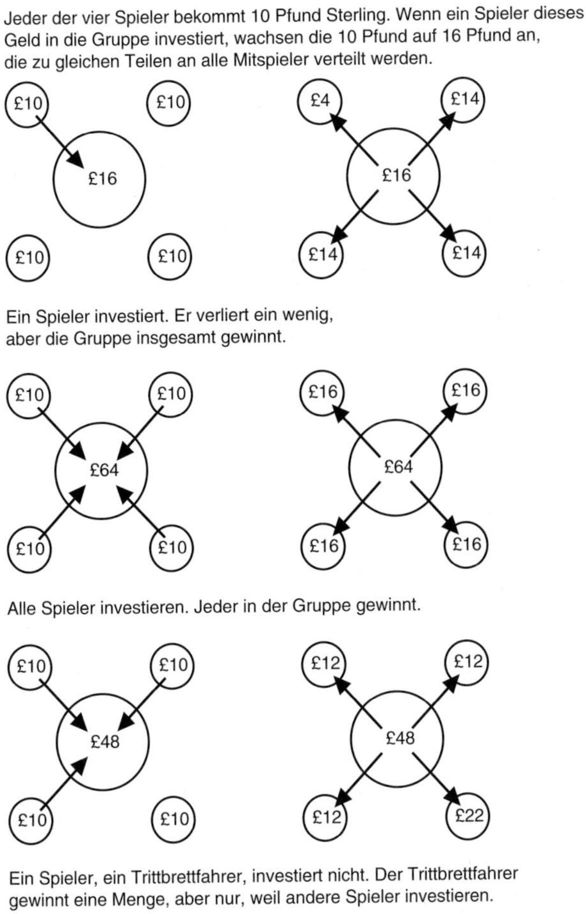

Abb. N.3 Ein Gemeingutspiel.

Selbst eine Illusion hat Verantwortlichkeiten

Aber was hat all dies mit dem Homunculus und meinem Gefühl zu tun, ein frei Handelnder zu sein? *Eine* wichtige Folge unserer Erfahrung, frei handelnde Individuen zu sein, ist, dass wir andere Menschen ebenfalls als frei handelnde Individuen ansehen. Und wir glauben, dass solche Individuen für ihre Handlungen verantwortlich sind. Bereits im Alter von drei Jahren unterscheiden Kinder deutlich zwischen vorsätzlichem Handeln und unbeabsichtigt eintretenden Ereignissen.

Wenn Menschen etwas versehentlich tun, rechnen wir ihnen das nicht als schlechtes Verhalten an. Wenn Menschen gezwungen werden, etwas gegen ihren Willen zu tun, betrachten wir das nicht als unfaires Verhalten. Nur vorsätzliches, freiwilliges Handeln kann unfair sein. Trittbrettfahrer benehmen sich nicht nur unfair. Sie benehmen sich freiwillig unfair. Und nur die vorsätzlich Boshaften sind es, die wir zu bestrafen wünschen.

Tania Singer hat gezeigt, wie rasch wir lernen, jemanden nicht zu mögen, den wir nie zuvor gesehen haben, wenn er sich unfair verhält. Nach nur vier unfairen Interaktionen zeigen Versuchspersonen bereits auf den Anblick seines Gesichts eine emotionale Reaktion. Aber wir entwickeln keine Abneigung gegen eine Person, wenn wir erfahren, dass sie nur Anweisungen befolgt.[8]

Zwischen unserer Erfahrung, dass wir freie Akteure sind, und unserer Bereitschaft, uns altruistisch zu verhalten, uns gut zu fühlen, wenn wir fair handeln, und uns über die Unfairness anderer zu ärgern, besteht eine enge Beziehung. Damit diese Gefühle entstehen können, ist es entscheidend, dass wir uns selbst und andere als freie Entscheidungsträger empfinden. Wir glauben, dass wir alle freie

[8] In diesen verschiedenen Experimenten waren die unfairen Spieler, wenn es sie gab, ironischerweise ebenfalls Handlanger des Experimentators, der ihnen aufgetragen hatte, sich unfair zu benehmen. Das, was wir glauben, ist es, was zählt. Alles spielt sich in unserer Gedankenwelt ab.

Entscheidungen treffen. Sonst würde unsere Kooperationsbereitschaft zusammenbrechen. Diese ultimative Illusion, die unser Gehirn schafft – dass wir unabhängig von der sozialen Welt und unser eigener Herr sind –, ermöglicht uns, eine Gesellschaft und eine Kultur aufzubauen, die weit über jedes Individuum hinausgeht.

Auf der Party, mit der dieses Buch begann, erlebte unser Erzähler viele peinliche Momente. Aber besonders verlegen machte ihn die Anschuldigung, als Psychologe könne er wohl Gedanken lesen. Am Ende des Buches haben wir festgestellt, dass wir alle Gedanken lesen können. Es ist möglich, weil unser kreatives Gehirn sämtliche verfügbaren Signale nutzt, um Modelle für das zu entwickeln, was es da draußen in der physischen Welt gibt, und auch, was es da draußen in der Gedankenwelt anderer Menschen gibt. Unser kreatives Gehirn nutzt diese Modelle, um vorherzusagen, was als Nächstes geschehen wird, wenn wir auf die Welt einwirken und wenn wir uns mit anderen austauschen. Wenn unsere Vorhersagen über andere Menschen richtig sind, haben wir ihre Gedanken mit Erfolg gelesen. Aber all diese komplexen Aktivitäten bleiben uns verborgen. Daher besteht kein Grund zur Verlegenheit. Gehen wir also zurück auf die Party und amüsieren wir uns.

Literatur

Einleitung

Statistische Methode

Box, G. E. P., Cox, D. R. (1964). An analysis of transformations. *Journal of the Royal Statistical Society*, Series B, 26(2), 211–243.

Kapazität des Arbeitsgedächtnisses

Miller, G. A. (1956). The magic number seven, plus or minus two: Some limits on our capacity for processing information. *Psychological Review*, 63, 81–97.

Arbeitsgedächtnis auf Walisisch

Murray, A., Jones, D. M. (2002). Articulatory complexity at item boundaries in serial recall: The case of Welsh and English digit span. *Journal of Experimental Psychology: Learning, Memory & Cognition*, 28(3), 594–598.

Wasserfalltäuschung

Mather, G., Verstraten, F., Anstis, S. (1998). The motion aftereffect: A modern perspective. Cambridge, MA: MIT Press.

Schmerz der Zurückweisung

Eisenberger, N. I., Lieberman, M. D., Williams, K. D. (2003). Does rejection hurt? An fMRI study of social exclusion. *Science*, 302(5643), 290–292.

Wert mentaler Übungen

Yue, G., Cole, K. J. (1992). Strength increases from the motor program: Comparison of training with maximal voluntary and imagined muscle contractions. *Journal of Neurophysiology*, 67(5), 1114–1123.

Ein geschädigtes Gehirn

Engelien, A., Huber, W., Silbersweig, D., Stern, E., Frith, C. D., Doring, W., Thron, A., Frackowiak, R. S. (2000). The neural correlates of "deaf-hearing" in man: Conscious sensory awareness enabled by attentional modulation. *Brain*, 123(Pt. 3), 532–545.

Veränderungen der Durchblutung hören

Fulton, J. F. (1928). Observations upon the vascularity of the human occipital lobe during visual acuity. *Brain*, 51(Pt. 3), 310–320.

Messung der Durchblutung

Lassen, N. A., Ingvar, D. H., Skinhoj, E. (1978). Brain function and blood flow. *Scientific American*, 239(4), 62–71.

In der Vorstellung die Straße entlanggehen

Roland, P. E., Friberg, L. (1985). Localization of cortical areas activated by thinking. *Journal of Neurophysiology*, 53(5), 1219–1243.

Sich Bewegungen vorstellen

Stephan, K. M., Fink, G. R., Passingham, R. E., Silbersweig, D., Ceballos-Baumann, A. O., Frith, C. D., Frackowiak, R. S. (1995). Functional anatomy of the mental representation of upper extremity movements in healthy subjects. *Journal of Neurophysiology*, 73(1), 373–386.

Das Gesichtsareal im Gehirn

Puce, A., Allison, T., Gore, J. C., McCarthy, G. (1995). Face-sensitive regions in human extrastriate cortex studied by functional MRI. *Journal of Neurophysiology*, 74(3), 1192–1199.

Kanwisher, N., McDermott, J., Chun, M. M. (1997). The fusiform face area: A module of extrastriate cortex specialized for face perception. *Journal of Neuroscience*, 17, 4302–4311.

Das Ortsareal im Gehirn

Epstein, R., Kanwisher, N. (1998). A cortical representation of the local visual environment. *Nature*, 392(6676), 598–601.

Sich Gesichter und Häuser vorstellen

O'Craven, K. M., Kanwisher, N. (2000). Mental imagery of faces and places activates corresponding stimulus-specific brain regions. *Journal of Cognitive Neuroscience*, 12(6), 1013–1023.

Auswirkung von Kultur auf das Gehirn

Paulesu, E., McCrory, E., Fazio, F., Menoncello, L., Brunswick, N., Cappa, S. F., Cotelli, M., Cossu, G., Corte, F., Lorusso, M., Pesenti, S., Gallagher, A., Perani, D., Price, C., Frith, C. D., Frith, U. (2000). A cultural effect on brain function. *Nature Neuroscience*, 3(1), 91–96.

Kapitel 1

Neuronale Information, die darauf wartet, bearbeitet zu werden

Miller, E. K. (2000). The neural basis of the top-down control of visual attention in the prefrontal cortex. In S. Monsell, J. Driver (Hrsg.), *Control of cognitive processes: Attention and Performance 18* (pp. 511–534). Cambridge, MA: MIT Press.

Visuelle Veränderungen bei Migräne

Lashley, K. (1941). Patterns of cerebral integration indicated by scotomas of migraine. *Archives of Neurology and Psychiatry*, 46, 331–339. (Nachdruck in Kapur, N. (Hrsg.) (1997). *Injured brains of medical minds: Views from within* (pp. 121–127). Oxford: Oxford University Press.)

Sehen und Gehirn

Zeki, S. (1993). *A vision of the brain.* Oxford; Boston, MA: Blackwell Scientific Publications.

Verlust des Farbensehens

Zeki, S. (1990). A century of cerebral achromatopsia. *Brain,* 113(Pt. 6), 1721–1777.

Verlust des Bewegungssehens

Zeki, S. (1991). Cerebral akinetopsia (visual motion blindness): A review. *Brain,* 114(Pt. 2), 811–824.

Neuropsychologie: Auswirkungen von Hirnschädigungen auf den Geist

Broks, P. (2003). *Into the silent land: Travels in neuropsychology.* New York: Grove Press. (Deutsch: *Ich denke, also bin ich tot.* Übers. v. B. Rohjahn-Deyk. München: Beck, 2004.)

Eine motorische Fähigkeit lernen, ohne sich daran zu erinnern

Brooks, D. N., Baddeley, A. D. (1976). What can amnesic patients learn? *Neuropsychologia,* 14, 111–122.

Patient D. F.

Goodale, M. A., Milner, A. D. (2004). *Sight unseen.* Oxford: Oxford University Press.

Blindsicht

Weiskrantz, L. (1990). *Blindsight: A case study and implications.* Oxford: Clarendon Press.

Musikalische Halluzinationen

Hammeke, T. A., McQuillen, M. P., Cohen, B. A. (1983). Musical hallucinations associated with acquired deafness. *Journal of Neurology, Neurosurgery & Psychiatry*, 46(6), 570–572.

Charles-Bonnet-Syndrom

ffytche, D. H. (2005). Visual hallucinations and the Charles Bonnet syndrome. *Current Psychiatry Reports*, 7(3), 168–179.

Scannen von visuellen Halluzinationen

ffytche, D. H., Howard, R. J., Brammer, M. J., David, A., Woodruff, P., & Williams, S. (1998). The anatomy of conscious vision: An fMRI study of visual hallucinations. *Nature Neuroscience*, 1(8), 738–742.

Visuelle Halluzinationen bei Epilepsie

Panayiotololous, C.P . (1999). Elementary visual hallucinations, blindness, and headache in idiopathic occipital epilepsy: Differentiation from migraine. *Journal of Neurology, Neurosurgery & Psychiatry*, 66, 536–540.

Mize, K. (1980). Visual hallucinations following viral encephalitis: A self report. *Neuropsychologia*, 18(2), 193–202. (Auch abgedruckt in Kapur, N. (Hrsg.) (1997). *Injured brains of medical minds: Views from within* (pp. 129–137). Oxford: Oxford University Press.)

Auditorische Halluzinationen und Epilepsie

Winawer, M. R., Ottman, R., Hauser, A., Pedley, T. A. (2000). Autosomal dominant partial epilepsy with auditory features: Defining the phenotype. *Neurology*, 54, 2173–2176.

Halluzinationen durch Hirnstimulation

Penfield, W., Perot, P. (1963). The brain's record of auditory and visual experience. *Brain*, 86(Pt. 4), 595–696.

Halluzinogene

Huxley, A. (1959). The doors of perception & Heaven and hell. Harmondsworth: Penguin Books. (Deutsch: Die Pforten der Wahrnehmung [und] Himmel und Hölle. Erfahrungen mit Drogen. Übers. v. H. Herlitschka. München: Piper, 1996)

Hoffman, A. (1983). LSD – My problem child. Übers. v. J. Ott. Los Angeles: J. P. Tarcher. (Original: LSD – Mein Sorgenkind. Die Entdeckung einer „Wunderdroge". München: dtv, 1993)

Ähnlichkeit visueller Halluzinationen aus unterschiedlichen Quellen

ffytche, D. H., Howard, R. J. (1999). The perceptual consequences of visual loss: "Positive" pathologies of vision. *Brain*, 122(Pt. 7), 1247–1260.

Igel an der Decke

Manford, M., Andermann, F. (1999). Complex visual hallucinations. *Brain*, 121(Pt. 10), 1818–1840.

Taubheit und Verfolgungswahn

Cooper, A. F. (1976). Deafness and psychiatric illness. *British Journal of Psychiatry*, 129, 216–226.

Halluzinationen bei Schizophrenie

Trosse, G. (1982). The Life of the Reverend Mr. George Trosse, Late Minister of the Gospel in the City of Exon, Who died January 11th, 1712/13. In the Eighty Second Year of His Age, Written by Himself and Publish'd According to His Order. Exon: Richard White, 1714. In D. Petersen (Hrsg.), *A mad people's history of madness* (pp. 26–38). Pittsburgh, PA: University of Pittsburgh Press.

King, L. P. (Pseud.) (1964). Criminal complaints with probable causes (a true account). Bound, circular letter, ca. 1940. In B. Kaplan (Hrsg.). *The inner world of mental illness.* New York: Harper & Row.

Sein Konzept der Realität revidieren

Chadwick, P. K. (1993). The stepladder to the impossible: A first hand phenomenological account of a schizo-affective psychotic crisis. *Journal of Mental Health*, 2(3), 239–250.

Kapitel 2

Unbewusste Schlussfolgerungen

Helmholtz, H. von (1866). *Handbuch der Physiologischen Optik*. Leipzig: Voss.

Helmholtz, H. von (1971). The facts of perception. In R. Kahl (Hrsg.). Selected writings of Hermann von Helmholtz (pp. 366–381). Middletown, CT: Wesleyan University Press. (Original: Die Thatsachen in der Wahrnehmung. Rede zur Gedächtnisfeier der Stiftung der Friedrich-Wilhelms-Universität zu Berlin, gehalten am 3. August 1878. Berlin: Druckerei der Akadamie der Wissenschaften, 1878.)

Veränderungsblindheit

Rensink, R. A., O'Regan, J. K., Clark, J. J. (1997). To see or not to see: The need for attention to perceive changes in scenes. *Psychological Science*, 8(5), 368–373.

Noë, A. (Hrsg.). (2002). Is the visual world a grand illusion? *Journal of Consciousness Studies*, Sonderausgabe, 9(5, 6).

Unterschwellige Wahrnehmung

Marcel, A. J. (1983). Conscious and unconscious perception: An approach to the relations between phenomenal experience and perceptual processes. *Cognitive Psychology*, 15(2), 238–300.

Kunst-Wilson, W. R., Zajonc, R. B. (1980). Affective discrimination of stimuli that cannot be recognized. *Science*, 207(4430), 557, 558.

Unbewusstes Reagieren auf ängstliche Gesichter

Whalen, P. J., Rauch, S. L., Etcoff, N. L., McInerney, S. C., Lee, M. B., Jenike, M. A. (1998). Masked presentations of emotional facial expressions modulate amygdala activity without explicit knowledge. *Journal of Neuroscience*, 18(1), 411–418.

Die Amygdala reagiert auf ängstliche Gesichter

Morris, J. S, Frith, C. D., Perrett, D. I., Rowland, D., Young, A. W., Calder, A. J., Dolan, R. J. (1996). A differential neural response in the human amygdala to fearful and happy facial expressions. *Nature*, 383(6603), 812–815.

Unbewusste Wahrnehmung von Veränderungen

Beck, D. M., Rees, G., Frith, C. D., & Lavie, N. (2001). Neural correlates of change detection and change blindness. *Nature Neuroscience*, 4(6), 645–650.

Synästhesie

Baron-Cohen, S., Harrison, J. E. (Hrsg.) (1997). *Synaesthesia: Classical and contemporary readings*. Oxford: Blackwell.

Mills, C. B., Boteler, E. H., Oliver, G. K. (1999) Digit synaesthesia: A case study using a Stroop-type test. *Cognitive Neuropsychology*, 16(2), 181–191.

Beispiele für Träume

Jones, R. M. (1969). An epigenetic analysis of dreams. In M. Kramer (Hrsg.). *Dream psychology and the new biology of dreaming* (pp. 265–283). Springfield, IL: Charles C. Thomas.

Die Physiologie des Träumens

Hobson, J. A. (1988). *The dreaming brain*. New York: Basic Books.

REM-Schlaf

Aserinsky, E., Kleitman, N. (1953). Regularly occurring periods of eye motility, and concomitant phenomena, during sleep. *Science*, 118(3062), 273, 274.

Wiederholung in Träumen

Stickgold, R., Malia, A., Maguire, D., Roddenberry, D., O'Connor, M. (2000). Replaying the game: Hypnagogic images in normals and amnesics. *Science*, 290(5490), 350–353.

Chuangtzus Schmetterlingstraum

Borges, J. L. (1966). Other inquisitions. Übers. v. R. L. C. Simms. New York: Washington Square Press.

Descartes sorgt sich wegen Träumen

Descartes, R. (1996). Meditations on First Philosophy – in which are demonstrated the existence of God and the distinction between the human soul and the body. First Meditation – what can be called into doubt. In J. Cottingham (Hrsg. und Übers.), *Descartes: Selected philosophical writings* (p. 13). Cambridge: Cambridge University Press. (Originalausgabe 1641; deutsch: *Meditationen über die erste Philosophie*. Ditzingen: Reclam, 1986.)

Bizarre Trauminhalte

Schwartz, S., Maquet, P. (2002). Sleep imaging and the neuro-psychological assessment of dreams. *Trends in Cognitive Sciences*, 6(1), 23–30.

Angst in Träumen

Revonsuo, A. (2003). The reinterpretation of dreams. In E. F. Pace-Schott, M. Solms, M. Blagrove, S. Harnad (Hrsg.). *Sleep and dreaming* (pp. 85–109). Cambridge: Cambridge University Press.

Befragung über Halluzinationen

Sidgwick, H. (mit Johnson, A., Myers, F. W. H., Podmore, F., Sidgwick, E. M.) (1894). Report on the Census of Hallucinations. *Proceedings of the Society for Psychical Research*, 10, 25–422.

Gladstone preist psychische Forschung

Gauld, A. (1968). *The founders of psychical research*. London: Routledge & Kegan Paul.

Eine Halluzination mit Katzen

Manford, M., Andermann, F. (1999). Complex visual hallucinations. *Brain*, 121, 1818–1840.

Kapitel 3

Die Gummiarm-Illusion

Botvinick, M., Cohen, J. (1998). Rubber hands "feel" touch that eyes see. *Nature*, 391(6669), 756.

Der Affe und der Rechen

Iriki, A., Tanaka, M., Iwamura, Y. (1996). Coding of modified body schema during tool use by macaque postcentral neurones. *Neuroreport*, 7(14), 2325–2230.

Unbewusste Handbewegungen

Fourneret, P., Jeannerod, M. (1998). Limited conscious monitoring of motor performance in normal subjects. *Neuropsychologia*, 36(11), 1133–1140.

Nielsen, T. I. (1963). Volition – a new experimental approach. *Scandinavian Journal of Psychology*, 4(4), 225–230.

Gehirnaktivität geht Willensentscheidung voraus

Libet, B., Gleason, C. A., Wright, E. W., Pearl, D. K. (1983). Time of conscious intention to act in relation to onset of cerebral activity (readiness-potential): The unconscious initiation of a freely voluntary act. *Brain*, 106(Pt. 3), 623–642.

Haggard, P., Newman, C., Magno, E. (1999). On the perceived time of voluntary actions. *British Journal of Psychology*, 90(Pt. 2), 291–303.

Unbewusste Bewegung

Hallett, P. E., Lightstone, A. D. (1976). Saccadic eye movements to flashed targets. *Vision Research*, 16(1), 107–114.

Pisella, L., Grea, H., Tilikete, C., Vighetto, A., Desmurget, M., Rode, G., Boisson, D., Rossetti, Y. (2000). An "automatic pilot" for the hand in human posterior parietal cortex: Toward reinterpreting optic ataxia. *Nature Neuroscience*, 3(7), 729–736.

Roelofs-Effekt

Roelofs, C. (1935). Optische Localisation. *Archiv für Augenheilkunde*, 109, 395–415.

Bridgeman, B., Peery, S., Anand, S. (1997). Interaction of cognitive and sensorimotor maps of visual space. *Perception and Psychophysics*, 59(3), 456–469.

Gehirnveränderungen bei Singvögeln

Nottebohm, F. (1981). A brain for all seasons: Cyclical anatomical changes in song control nuclei of the canary brain. *Science*, 214(4527), 1368–1370.

Phantomglied im Gesicht

Ramachandran, V. S., Stewart, M., Rogers-Ramachandran, D. C. (1992). Perceptual correlates of massive cortical reorganization. *Neuroreport*, 3(7), 583–586.

Halligan, P. W., Marshall, J. C., Wade, D. T., Davey, J., Morrison, D. (1993). Thumb in cheek? Sensory reorganization and perceptual plasticity after limb amputation. *Neuroreport*, 4(3), 233–236.

Die Frau mit drei Armen

McGonigle, D. J., Hanninen, R., Salenius, S., Hari, R., Frackowiak, R. S., & Frith, C. D. (2002). Whose arm is it anyway? An fMRI case study of supernumerary phantom limb. *Brain*, 125(Pt. 6), 1265–74.

Leugnen von Behinderungen (Anosognosie)

Ramachandran, V. S. (1996). What neurological syndromes can tell us about human nature: Some lessons from phantom limbs, capgras syndrome, and anosognosia. *Cold Spring Harbor Symposia on Quantitative Biology*, 61, 115–134.

Die anarchische Hand

Marchetti, C., Della Salla, S. (1998). Disentangling the alien and anarchic hand. *Cognitive Neuropsychiatry*, 3, 191–208.

Ist der freie Wille eine Illusion?

Wegner, D. M. (2002). *The illusion of conscious will.* Cambridge, MA: Bradford Books.

Willkürliche Anweisungen unbewusst einpflanzen

Varraine, E., Bonnard, M., Pailhous, J. (2002). The top down and bottom up mechanisms involved in the sudden awareness of low level sensorimotor behavior. *Cognitive Brain Research*, 13(3), 357–361.

Hypnotische Amnesie

Estabrooks, G. H. (1957). *Hypnotism*. New York: E.P. Dutton & Co.
Kopelman, M., Morton, J. (2001). Psychogenic amnesias – functional memory loss. In G. Davies, T. Dalgleish (Hrgs.). *Recovered memories: The middle ground* (pp. 219–246). Chichester: John Wiley.

Wortpriming bei Amnesie

Shimamura, A. P. (1986). Priming effects of amnesia: Evidence for a dissociable memory function. *Quarterly Journal of Experimental Psychology*, A, 38(4), 619–644.

Kapitel 4

Amerikanische Kinder lernen Chinesisch durch reines Zuhören

Kuhl, P. K., Tsao, F. M., Liu, H. M. (2003). Foreign-language experience in infancy: Effects of short-term exposure and social interaction on phonetic learning. *Proceedings of the National Academy of Sciences USA*, 100(15), 9096–9101.

Alles, was es über Laborratten zu wissen gibt

Krinke, G. J. (Hrsg.) (2000). *The laboratory rat* (Handbook of Experimental Animals). London: Academic Press.

Pawlows Experimente

Pavlov, I. P. (1927). Lecture II. In *Conditioned reflexes* (pp. 17–32; übers. v. G. V. Anrep). London: Oxford University Press. (Oder: Classics in the History of Psychology: *http://psychclassics.yorku.ca/Pavlov/lecture2.htm*)

Färbung als Hinweise auf Fruchtreife

Smith, A. C., Buchanan-Smith, H. M., Surridge, A. K., Osorio, D., Mundy, N. I. (2003). The effect of colour vision status on the detection and selection of fruits by tamarins (*Saguinus* spp.). *Journal of Experimental Biology*, 206(18), 3159–3165.

Thorndikes Experimente

Thorndike, E. L. (1911). An experimental study of associative processes in animals. In *Animal intelligence* (pp. 20–154). New York: Macmillan. (Oder: Classics in the History of Psychology: *http://psychclassics.yorku.ca/Thorndike/Animal/chap2.htm*)

Wie Aberglauben erlernt wird

Skinner, B. F. (1948). "Superstition" in the pigeon. *Journal of Experimental Psychology*, 38(2), 168–172. (Oder: Classics in the History of Psychology: *http://psychclassics.yorku.ca/Skinner/Pigeon/*)

Unbewusst lernt es sich (manchmal) besser

Fletcher, P. C., Zafiris, O., Frith, C. D., Honey, R. A. E., Corlett, P. R., Zilles, K., Fink, G. R. (2005). On the benefits of not trying: Brain activity and connectivity reflecting the interactions of explicit and implicit sequence learning. *Cerebral Cortex*, 15(7), 1002–1015.

Ableitungen von einzelnen Neuronen

Hubel, D. H., Wiesel, T. N. (1959). Receptive fields of single neurons in the cat's striate cortex. *Journal of Physiology*, 148(3), 574–591.

Die Synapse und mehr

LeDoux, J. (2002). Synaptic self: How our brains become who we are. New York: Viking. (Deutsch: Das Netz der Persönlichkeit: Wie unser Selbst entsteht. Übers. v. C. Trunk. München: dtv, 2006.)

Selbststimulation

Wise, R. A., Rompre, P. P. (1989). Brain dopamine and reward. *Annual Review of Psychology*, 40, 191–225.

Belohnungsvorhersage im Gehirn

Schultz, W. (2001). Reward signaling by dopamine neurons. *Neuroscientist*, 7(4), 293–302.

Barto, A.G. (1995). Adaptive critic and the basal ganglia. In J. C. Houk, J. L. Davis, D. G. Beiser (Hrsg.). *Models of information processing in the basal ganglia* (pp. 215–232). Cambridge, MA: MIT Press.

Schultz, W., Dayan, P., Montague, P. R. (1997). A neural substrate of prediction and reward. *Science*, 275(5306), 1593–1599.

Nahrungssuche bei Bienen

Montague, P. R., Dayan, P., Person, C., Sejnowski, T. J. (1995). Bee foraging in uncertain environments using predictive Hebbian learning. *Nature*, 377(6551), 725–728.

Backgammon

Tesuaro, G. (1994). TD-Gammon, a self-teaching backgammon program, achieves master-level play. *Neural Computation*, 6(2), 215–219.

Automatische Vorbereitung von Handlungsprogrammen zum Ergreifen von Objekten in der visuellen Umgebung

Castiello, U. (2005). The neuroscience of grasping. *Nature Reviews Neuroscience*, 6(9), 726–736.

Consciousness and the novel

Lodge, D. (2002). Consciousness and the novel. London: Secker & Warburg.

Etwas über „ungesehene" Reize lernen

Morris, J. S., Öhman, A., Dolan, R. J. (1998). Conscious and unconscious emotional learning in the human amygdala. *Nature*, 393(6684), 467–470.

Die visuelle Welt steht still, obgleich sich die Augen bewegen

Helmholtz, H. von (1866). Handbuch der physiologischen Optik, Bd. 3. Leipzig: Voss.

Bridgeman, B., Van der Hejiden, A. H. C., Velichkovsky, B.M. (1994). A theory of visual stability across saccadic eye movements. *Behavioral and Brain Sciences*, 17(2), 247–292.

Man kann sich nicht selbst kitzeln

Weiskrantz, L., Elliott, J., Darlington, C. (1971). Preliminary observations on tickling oneself. *Nature*, 230(5296), 598–599.

Selbstkitzeln aktiviert das Gehirn nicht

Blakemore, S. J., Wolpert, D. M., Frith, C. D. (1990). Central cancellation of self-produced tickle sensation. *Nature Neuroscience*, 1(7), 635–640.

Aktive und passive Bewegungen

Weiller, C., Juptner, M., Fellows, S., Rijntjes, M., Leonhardt, G., Kiebel, S., Muller, S., Diener, H. C., Thilmann, A. F. (1996). Brain representation of active and passive movements. *Neuroimage*, 4(2), 105–110.

Lernen durch Vorstellung

Yue, G., Cole, K. J. (1992). Strength increases from the motor program: Comparison of training with maximal voluntary and imagined muscle contractions. *Journal of Neurophysiology*, 67(5), 1114–1123.

Inverse Modelle und Vorwärtsmodelle

Wolpert, D. M., Miall, R. C. (1996). Forward models for physiological motor control. *Neural Networks*, 9(8), 1265–1279.

Helmholtz-Maschinen

Hinton, G. E., Dayan, P., Frey, B. J., Neal, R. M. (1995). The “wake–sleep” algorithm for unsupervised neural networks. *Science*, 268(5214), 1158–1161.

I. W.s Geschichte

Cole, J. (1995). *Pride and a daily marathon*. Cambridge, MA: MIT Press.

Jaspers kritisiert Neuropsychologie und Psychoanalyse

Jaspers, K. (1956). On my philosophy. In W. Kaufman (Hrsg.). *Existentialism from Dostoyevsky to Sartre* (pp. 131–158). New York: Penguin. (Originalausgabe 1941.).

Menschen mit Schizophrenie können sich selbst kitzeln

Blakemore, S. J., Smith, J., Steel, R., Johnstone, C. E., Frith, C. D. (2000). The perception of self-produced sensory stimuli in patients with auditory hallucinations and passivity experiences: Evidence for a breakdown in self-monitoring. *Psychological Medicine*, 30(5), 1131–1139.

Kapitel 5

Die Neuronen-Theorie

Jones, E. G. (1994). The neuron doctrine 1891. *Journal of the History of the Neurosciences*, 3(1), 3–20.

Cajal kritisiert Golgi

Cajal, S. R. y. (1989). *Recollections of my life*. Übers. v. E. H. Craigie, J. Cano. Cambridge, MA: MIT Press. (Originalausgabe 1937.)

Entwicklung der Informationstheorie

Hartley, R. V. L. (1928). Transmission of information. *Bell System Technical Journal*, 7, 535–563.

Shannon, C. E. (1948). A mathematical theory of communication. *Bell System Technical Journal*, 27, 379–423, 623–656.

Neurone als Informationsträger

McCulloch, W., Pitts, W. (1943). A logical calculus of ideas immanent in nervous activity. *Bulletin of Mathematical Biophysics*, 5, 115–133.

Bayes-Theorem

Bayes, T. (1763). An essay towards solving a problem in the doctrine of chances. *Philosophical Transactions of the Royal Society of London*, 53, 370–418.

Diskussion um Brustkrebsfrüherkennung

Gotzsche, P. C., Olsen, O. (2000). Is screening for breast cancer with mammography justifiable? *Lancet*, 355(9198), 129–134.

Wenn sich Menschen irrational verhalten

Sutherland, S. (1992). *Irrationality: The enemy within*. Harmondsworth: Penguin Books.

Wann es nicht gut ist, ein idealer Beobachter zu sein

Wolfe, J. M., Horowitz, T. S., Kenner, N. M. (2005). Rare items often missed in visual searches. *Nature*, 435(7041), 439–440.

Das Gehirn als idealer Bayes'scher Beobachter

Ernst, M. O., Banks, M. S. (2002). Humans integrate visual and haptic information in a statistically optimal fashion. *Nature*, 415(6870), 429–433.

Modelle der Welt bauen

Kersten, D., Mamassian, P., Yuille, A. (2004). Object perception as Bayesian inference. *Annual Review of Psychology*, 55, 271–304.

Evolution des Farbensehens

Regan, B. C., Julliot, C., Simmen, B., Vienot, F., Charles-Dominique, P., Mollon, J. D. (2001). Fruits, foliage and the evolution of primate colour vision. *Philosophical Transactions of the Royal Society of London, Series B – Biological Sciences*, 356(1407), 229–283.

Frühe visuelle Erfahrung wird im Gehirn fest verdrahtet

Hensch, T. K. (2005). Critical period plasticity in local cortical circuits. *Nature Reviews Neuroscience*, 6(11), 877–888.

Was uns optische Täuschungen über Wahrnehmung sagen

Gregory, R. (1997). Eye and brain: The psychology of seeing (5. A.). Oxford: Oxford University Press. (Deutsch: Auge und Gehirn. Übers. v. M. Niehaus. Reinbek: Rowohlt, 2001.)

Masken und Hohlgesichter

Hill, H., Bruce, V. (1993). Independent effects of lighting, orientation, and stereopsis on the hollow-face illusion. *Perception*, 22(8), 887–897.

Bewegungsparallaxe (und andere grundlegende Merkmale des Sehens)

Gibson, J. J. (1950). *The perception of the visual world.* Boston, MA: Houghton Mifflin Co.

Farbtäuschungen

Lotto, R. B., Purves, D. (2002). The empirical basis of color perception. *Conscious Cognition*, 11(4), 609–629.

Füllen des blinden Flecks

Ramachandran, V. S., Gregory, R. L. (1991). Perceptual filling in of artificially induced scotomas in human vision. *Nature*, 350(6320), 699–702.

Ein A sehen, wo ein B steht

Jack, A. I. (1998). Perceptual awareness in visual masking. Unveröffentlichte Doktorarbeit in Psychologie, UCL. (Schade!)

Der Patient, der dem Anblick einer zurückgeschlagenen Bettdecke nicht widerstehen kann

Lhermitte, F. (1986). Human autonomy and the frontal lobes. II. Patient behavior in complex and social situations: The "environmental dependency syndrome." *Annals of Neurology*, 19, 335–343.

Aufmerksamkeit aktiviert sensorische Areale des Gehirns vor Eintreffen des Signals

Kastner, S., Ungerleider, L. G. (2001). The neural basis of biased competition in human visual cortex. *Neuropsychologia*, 39(12), 1263–1276.

Vor dem „geistigen Auge" klappt ein Neckerwürfel nicht um

Chambers, D., Reisberg, D. (1985). Can mental images be ambiguous? *Journal of Experimental Psychology: Human Perception and Performance*, 11(3), 317–328.

Kapitel 6

Parodistischer Artikel

Sokal, A. (1996). Transgressing the boundaries: Toward a transformative hermeneutics of quantum gravity. *Social Text*, 46/47, 217–252.

Hermeneutik und Kognitionswissenschaften

Gallagher, S. (2004). Hermeneutics and the cognitive sciences. *Journal of Consciousness Studies*, 11(10–11), 162–174.

Biologische Bewegung

Johansson, G. (1973). Visual perception of biological motion and a model for its analysis. *Perception and Psychophysics*, 14(2), 201–211.

Pollick, F. E., Lestou, V., Ryu, J., Cho, S. B. (2002). Estimating the efficiency of recognizing gender and affect from biological motion. *Vision Research*, 42(20), 2345–2355.

Wahrnehmung biologischer Bewegung bei Kleinkindern

Fox, R., McDaniel, C. (1982). The perception of biological motion by human infants. *Science*, 218(4571), 486, 487.

Wahrnehmung biologischer Bewegung bei Katzen

Blake, R. (1993). Cats perceive biological motion. *Psychological Science*, 4(1), 54–57.

Bälle und Barrieren

Gergely, G., Nadasdy, Z., Csibra, G., Biro, S. (1995). Taking the intentional stance at 12 months of age. *Cognition*, 56(2), 165–193.

Präzision bei der Wahrnehmung von Augenbewegungen

Anstis, S. M., Mayhew, J. W., Morley, T. (1969). The perception of where a face or television "portrait" is looking. *American Journal of Psychology*, 82(4), 474–489.

Blickrichtung zum Gedankenlesen nutzen

Lee, K., Eskritt, M., Symons, L. A., Muir, D. (1998). Children's use of triadic eye gaze information for "mind reading." *Developmental Psychology*, 34(3), 525–539.

Spiegelneurone

Rizzolatti, G., Craighero, L. (2004). The mirror-neuron system. *Annual Review of Neuroscience*, 27, 169–192.

Giles-de-la-Tourette-Syndrom

Robertson, M. M. (2000). Tourette syndrome, associated conditions and the complexities of treatment. *Brain*, 123(Pt. 3), 425–462.

Mehrdeutigkeit von Zielen

Searle, J. (1984). *Minds, brains & science: The 1984 Reith Lectures*. British Broadcasting Corporation (publiziert von Penguin Books im Jahr 1992).

Imitieren von Zielen

Bekkering, H., Wohlschlager, A., Gattis, M. (2000). Imitation of gestures in children is goal-directed. *Quarterly Journal of Experimental Psychology, Section A*, 53(1), 153–164.

Gergely, G., Bekkering, H., Kiraly, I. (2002). Rational imitation in preverbal infants. *Nature*, 415(6873), 755.

Rückschlüsse aus der Beobachtung von Handlungen

Kilner, J. M., Paulignan, Y., Blakemore, S. J. (2003). An interference effect of observed biological movement on action. *Current Biology*, 13(6), 522–525.

Ekel steckt an

Wicker, B., Keysers, C., Plailly, J., Royet, J. P., Gallese, V., Rizzolatti, G. (2003). Both of us disgusted in My insula: The common neural basis of seeing and feeling disgust. *Neuron*, 40(3), 655–664.

Der Placebo-Effekt beim Schmerz

Wager, T. D., Rilling, J. K., Smith, E. E., Sokolik, A., Casey, K. L., Davidson, R. J., Kosslyn, S. M., Rose, R. M., Cohen, J. D. (2004). Placebo-induced changes in fMRI in the anticipation and experience of pain. *Science*, 303(5661), 1162–1167.

Empathie für Schmerz

Singer, T., Seymour, B., O'Doherty, J., Kaube, H., Dolan, R. J., Frith, C. D. (2004). Empathy for pain involves the affective but not sensory components of pain. *Science*, 303(5661), 1157–1162.

Zusammenzucken beim Nadelstich in eine fremde Hand

Avenanti, A., Bueti, D., Galati, G., Aglioti, S. M. (2005). Transcranial magnetic stimulation highlights the sensorimotor side of empathy for pain. *Nature Neuroscience*, 8(7), 955–960.

Schmerzantizipation

Ploghaus, A., Tracey, I., Gati, J., Clare, S., Menon, R., Matthews, P., Rawlins, J. (1999). Dissociating pain from its anticipation in the human brain. *Science*, 284(5422), 1979–1981.

Cingulotomie verringert die Unannehmlichkeit von Schmerz, nicht aber das Schmerzempfinden

Folz, E. L., White, L. E. (1962). Pain "relief " by frontal cingulotomy. *Journal of Neurosurgery*, 19, 89–100.

Das Gehirn verknüpft Ursache und Wirkung beim Handeln

Haggard, P., Clark, S., Kalogeras, J. (2002). Voluntary action and conscious awareness. *Nature Neuroscience*, 5(4), 382–385.

Verknüpfung von Ursache und Wirkung bei Handlungen anderer

Wohlschlager, A., Haggard, P., Gesierich, B., Prinz, W. (2003). The perceived onset time of self- and other-generated actions. *Psychological Science*, 14(6), 586–591.

Illusion der Urheberschaft

Wegner, D. M., Fuller, V. A., Sparrow, B. (2003). Clever hands: Uncontrolled intelligence in facilitated communication. *Journal of Personal Social Psychology*, 85(1), 5–19.

Green, G. (1994). Facilitated communication: Mental miracle or sleight of hand? *Skeptic*, 2(3), 68–76. (Siehe auch die Resolution der American Psychological Association zur gestützten Kommunikation.)

Schizophrenie

Frith, C. D., Johnstone, E. C. (2003). *Schizophrenia: A very short introduction*. Oxford: Oxford University Press.

Eine mentale Welt halluzinieren

Cahill, C., Frith, C. D. (1996). False perceptions or false beliefs? Hallucinations and delusions in schizophrenia. In P. W. Halligan, J. C. Marshall (Hrsg.). *Methods in madness* (pp. 267–291). Hove: Psychology Press.

Mellors, C. S. (1970). First-rank symptoms of schizophrenia. *British Journal of Psychiatry*, 117(536), 15–23.

Das Immunitätsprinzip

Gallagher, S. (2000). Self-reference and schizophrenia: A cognitive model of immunity to error through misidentification. In D. Zahavi (Hrsg.). *Exploring the self: Philosophical and psychopathological perspectives on self-experience* (pp. 203–239). Amsterdam/Philadelphia, PA: John Benjamins.

Kapitel 7

Chinesische Poesie

Graham, A. C. (Hrsg.) (1977). Poems of the late Tang. Harmondsworth: Penguin.

Die Problematik des Übersetzens

Quine, W. V. O. (1960). *Word and object.* Cambridge, MA: MIT Press.

Wie verstehen wir Ironie?

Sperber, D., Wilson, D. (1995). *Relevance: Communication and cognition* (2. A.). Oxford: Blackwell.

Das inverse Problem bei der motorischen Kontrolle

Flash, T., Sejnowski, T. J. (2001). Computational approaches to motor control. *Current Opinions in Neurobiology*, 11(6), 655–662.

Harris, C. M., Wolpert, D. M. (1998). Signal-dependent noise determines motor planning. *Nature*, 394 (6695), 780–784.

Die Rehabilitation des Vorurteils

Gadamer H.-G. (1989). Truth and method (2. überarb. A.). Übers v. J. Weinsheimer, D. G. Marshall. New York: Crossroad. (Original: Wahrheit und Methode. Grundzüge einer philosophischen Hermeneutik. Tübingen: Mohr, 4. A. 1975)

Vorurteil bei Kindern

Williams, J. E., Best, D. L., Boswell, D. A. (1975). Children's racial attitudes in the early school years. *Child Development*, 46(2), 494–500.

Vorhersagen, was ich als Nächstes tun werde

Repp, B. H., Knoblich, G. (2004). Perceiving action identity: How pianists recognize their own performances. *Psychological Science*, 15(9), 604–609.

Knoblich, G., Flach, R. (2001). Predicting the effects of actions: Interactions of perception and action. *Psychological Science*, 12(6), 467–472.

Ansteckung: sich wie ein älterer Mensch verhalten

Bargh, J. A., Chen, M., Burrows, L. (1996). Automaticity of social behavior: Direct effects of trait construct and stereotype-activation on action. *Journal of Personal Social Psychology*, 71(2), 230–244.

Ammensprache

Kuhl, P. K., Andruski, J. E., Chistovich, I. A., Chistovich, L. A., Kozhevnikova, E. V., Ryskina, V. L., Stolyarova, E. I., Sundberg, U., Lacerda, F. (1997). Cross-language analysis of phonetic units in language addressed to infants. *Science*, 277(5326), 684–686.

Burnham, D., Kitamura, C., Vollmer-Conna, U. (2002). What's new pussy cat? On talking to babies and animals. *Science*, 296(5572), 1435.

Imitationslernen bei Berggorillas

Byrne, R. W., Russon, A. E. (1998). Learning by imitation: A hierarchical approach. *Behavioral & Brain Sciences*, 21(5), 667–721.

Maestripieri, D., Ross, S. K., Megna, N. L. (2002). Mother-infant interactions in western lowland gorillas (Gorilla gorilla gorilla). *Journal of Comparative Psychology*, 116(3), 219–227.

Babys wissen, wenn ihre Mütter ihnen etwas beibringen

Bloom, P. (2000). *How children learn the meanings of words*. Cambridge, MA: MIT Press.

Autistische Kinder lernen idiosynkratische Begriffe

Frith, U. (2003). Autism: Explaining the enigma (2. A.). Oxford: Blackwell. (Deutsch: Autismus – ein kognitionspsychologisches Puzzle. Übers. v. G. Herbst. Heidelberg: Spektrum Akademischer Verlag, 1992)

Modellierung der verborgenen Zustände anderer Menschen

Wolpert, D. M., Doya, K., Kawato, M. (2003). A unifying computational framework for motor control and social interaction. *Philosophical Transactions of the Royal Society of London, Series B – Biological Sciences*, 358(1431), 593–602.

Furchtkonditionierung in der Amygdala

LeDoux, J. E. (2000). Emotion circuits in the brain. *Annual Review of Neuroscience*, 23, 155–184.

Morris, J. S., Ohman, A., Dolan, R. J. (1998). Conscious and unconscious emotional learning in the human amygdala. *Nature*, 393(6684), 467–470.

Furchtkonditionierung per Instruktion

Phelps, E. A., O'Connor, K. J., Gatenby, J. C., Gore, J. C., Grillon, C., Davis, M. (2001). Activation of the left amygdala to a cognitive representation of fear. *Nature Neuroscience*, 4(4), 437–441.

Wie das Gehirn Gedanken liest

Frith, C. D., Frith, U. (1999). Interacting minds – a biological basis. *Science*, 286(5445), 1692–1695.

Grèzes, J., Frith, C. D., Passingham, R.E. (2004a). Inferring false beliefs from the actions of oneself and others: An fMRI study. *Neuroimage*, 21(2), 744–750.

Grèzes, J., Frith, C. D., Passingham, R. E. (2004b). Brain mechanisms for inferring deceit in the actions of others. *Journal of Neuroscience*, 24(24), 5500–5505.

Interpretation von Stimmen bei Schizophrenie

Chadwick, P., Birchwood, M. (1994). The omnipotence of voices: A cognitive approach to auditory hallucinations. *British Journal of Psychiatry*, 164(2), 190–201.

Das überwältigende Erleben von Schizophrenie

MacDonald, N. (1960). Living with schizophrenia. *Canadian Medical Association Journal*, 82, 218–221.

Wahnvorstellungen teilen (folie à deux)

Sacks, M. H. (1988). Folie à deux. *Comprehensive Psychiatry*, 29(3), 270–277.

Das Jonestown-Massaker

Vankin, J., Whalen, J. (1995). *The 60 Greatest Conspiracies of All Time.* Secaucus, NJ: Carol Publishing Group. (Das Transkript von Jim Jones letzter Rede stammt aus "Alternative Considerations of Jonestown and Peoples Temple", gesponsort vom Department of Religious Studies an der San Diego State University: *http://Jonestown.sdsu.edu/*.)

Turner erlebt einen Sturm auf dem Meer

Clark, K. (1960). *Looking at pictures.* New York: Holt, Reinhart & Winston.

Nachwort

Der Erzähler und ich

Borges, J. L. (1964). Borges and I. In *Labyrinths: Selected stories and other writings* (pp. 246–247). New York: New Directions.

Der Wille im Gehirn

Frith, C. D., Friston, K., Liddle, P. F., Frackowiak, R. S. J. (1991). Willed action and the prefrontal cortex in man – a study with PET. *Proceedings of the Royal Society of London, Series B – Biological Sciences*, 244(1311), 241–246.

Auswirkung von frontalen Läsionen auf Willkürhandlungen

Shallice, T. (1988). The allocation of processing resources: Higher-level control. In *From neuropsychology to mental structure* (pp. 328–352). Cambridge: Cambridge University Press.

Versuch, den Experimentator durch unvorhersehbares Handeln zu erfreuen

Jahanshahi, M., Jenkins, I. H., Brown, R. G., Marsden, C. D., Passingham, R. E., Brooks, D. J. (1995). Self-initiated versus externally triggered movements. I: An investigation using measurement of regional cerebral blood flow with PET and movement-related potentials in normal and Parkinson's disease subjects. *Brain*, 118(Pt. 4), 913–933.

Jenkins, I. H., Jahanshahi, M., Jueptner, M., Passingham, R. E., Brooks, D. J. (2000). Self-initiated versus externally triggered movements. II: The effect of movement predictability on regional cerebral blood flow. *Brain*, 123(Pt. 6), 1216–1228.

Rolle des Experimentators und Wille der Versuchsperson

Roepstorff, A., Frith, C. (2004). What's at the top in the top-down control of action? Script-sharing and "top-top" control of action in cognitive experiments. *Psychological Research*, 68(2–3), 189–198.

Das erste Zwei-Gehirn-Experiment

King-Casas, B., Tomlin, D., Anen, C., Camerer, C. F., Quartz, S. R., Montague, P. R. (2005). Getting to know you: Reputation and trust in a two-person economic exchange. *Science*, 308(5718), 78–83.

Den Homunculus loswerden

Monsell, S., Driver, J. (2000). Banishing the control homunculus. In S. Monsell, J. Driver (Hrsg.). *Control of cognitive processes: Attention and Performance XVIII* (pp. 3–32). Cambridge, MA: MIT Press.

Wie kann sich Altruismus entwickeln? Verwandtenselektion

Dawkins, R. (1976). *The selfish gene*. Oxford: Oxford University Press. (Deutsch: *Das egoistische Gen*. Übers. v. K. d. Sousa Ferreira. Heidelberg: Spektrum Akademischer Verlag, 2007.)

Wie kann sich Altruismus entwickeln? Altruistische Bestrafung

Boyd, R., Gintis, H., Bowles, S., Richerson, P. J. (2003). The evolution of altruistic punishment. *Proceedings of the National Academy of Sciences USA*, 100(6), 3531–3535.

Haldane, J. B. S. (1999). Altruism. In K. Connolly, M. Margaret (Hrsg.). *Psychologically speaking: A book of quotations 10*. Leicester: BPS Books.

Diktator- und Ultimatum-Spiele

Henrich, J., Boyd, R., Bowles, S., Camerer, C., Fehr, E., Gintis, H. (2004). *Foundations of human sociality: Economic experiments and ethnographic evidence from fifteen small-scale societies*. Oxford: Oxford University Press.

Altruistische Bestrafung erhöht die Kooperation

Fehr, E., Gächter, S. (2002). Altruistic punishment in humans. *Nature*, 415(6868), 137–140.

Wir fühlen uns belohnt, wenn wir Trittbrettfahrer bestrafen

de Quervain, D. J., Fischbacher, U., Treyer, V., Schellhammer, M., Schnyder, U., Buck, A., Fehr, E. (2004). The neural basis of altruistic punishment. *Science*, 305(5688), 1254–1258.

Wir empfinden für Trittbrettfahrer keine Empathie

Singer, T., Seymour, B., O'Doherty, J. P., Stephan, K. E., Dolan, R. J., Frith, C. D. (2006). Empathic neural responses are modulated by the perceived fairness of others. *Nature*, 439(7075), 466–469.

Kinder unterscheiden zwischen absichtlichen und unabsichtlichen Handlungen

Shultz, T. R., Wells, D., Sarda, M. (1980). Development of the ability to distinguish intended actions from mistakes, reflexes, and passive movements. *British Journal of Social and Clinical Psychology*, 19(Pt. 4), 301–310.

Wir lernen, Trittbrettfahrer abzulehnnen

Singer, T., Kiebel, S. J., Winston, J. S., Dolan, R. J., Frith, C. D. (2004). Brain responses to the acquired moral status of faces. *Neuron*, 41(4), 653–662.

Bildnachweise

Abb. E.1 University of Wisconsin-Madison Brain Collection 69–314; www.brainmuseum.org

Abb. E.2 Wellcome Trust Center for Neuroimaging, London, Functional Imaging Laboratory (FIL), mit freundlicher Genehmigung von Cloe Hutton

Abb. E.3 Aus: Engelien A et al (2000), The neural correlates of 'deaf-hearing' in man: conscious sensory awareness enabled by attentional modulation. *Brain* 123:532–45, Oxford University Press

Abb. E.4 Aus: Zeki S (1993) *A vision of the Brain.* Blackwell Publishing und Popper & Eccles (1977) *The Self and its Brain.* Routledge & Kegan Paul

Abb. E.6 Wellcome Trust Center for Neuroimaging, London, Functional Imagi-ng Laboratory (FIL), Mit freundlicher Genehmigung von David Bradbury

Abb. E.7 Nach: Stephan et al (1995), Functional anatomy of the mental representation of upper extremity movements in healthy subjects. *Journal of Neurophysiology* 73(1):373–86

Abb. E.8 Nach: O'Craven KM, Kanwisher N (2000) Mental imagery of faces and places activates corresponding stiimulus-specific brain regions. *Journal of Coginitive Neuroscience* 12(6):1013–23. Mit freundlicher Genehmigung

Abb. 1.2 Aus: Zeki S (1993) *A Vision of The Brain.* Blackwell Publishing, Oxford, Abb. 3.3

Abb. 1.3 Aus: Zeki S (1993) *A Vision of The Brain.* Blackwell Publishing, Oxford, Abb. 3.7

Abb. 1.4 Nach: Lashley K (1941) Patterns of cerebral integration indicated by scotomas of migraine. *Arch. Neurol. Psychiatry* 46: 331–339

Abb. 1.5 Nach: Goodale MA & Milner AD (2004) *Sight Unseen.* Oxford University Press, Abb. 2.2

Abb. 1.6 Nach: Howard DH et al. (1998) Thea anatomy of conscious vision. An fMRI study of visual hallucinations. *Natural Neuroscience* 1(8):738–742

Abb. 1.7 Fall 2 (S. 613) aus: Penfield W, Perot P (1963) The brain's record of auditory and visual experience. *Brain* 86: 595–596, Oxford University Press

Abb. 2.2 Mit freundlicher Genehmigung von Ron Rensink, Department of Psychology, University of British Columbia, Vancouver

Abb. 2.3 Gesichter aus: Ekman, P, Friesen WV (1976) Pictures of Facial Affect. Consulting Psychologists, Palo Alto, CA

Abb. 2.4 Aus: Whalen PJ et al. (1988) Masked presentations of emotional facial expressions modulate amygdale activity without explicit knowledge. *Journal of Neuroscience* 18(1): 411–418. Gesichter siehe Abb. 2.3

Abb. 2.5 Nach: Beck et al (2001) Neural correlates of change detection and change blindness. *Nature Neuroscience* 4(6): 645–656

Abb. 2.8 Aus: Wittreich WJ (1959) Visual perception and personality. *Scientific American* 200(4): 58

Abb. 2.9 Mit freundlicher Genehmigung von Eric H. Chudler, , Research Associate Professor, Dept. of Anesthesiology, University of Washington

Abb. 3.2 Nach: Obayashi S et al (2001) Functional brain mapping of monkey tool use. *Neuroimage* 14(4):853–861

Abb. 3.3 Nach einem Experminent aus: Fourneret P, Jeannerod M (1998) Limited conscious monitoring of motor performance in normal subjects. *Neuropsychologica* 36(11):1133–1140

Abb. 3.4 Nach Daten aus: Libet B et al (1983) Time of conscious intention to act in relation to onset of cerebral activity. *Brain* 106:623–642

Abb. 3.5 Nach: Brigdeman B et al (1997), Interaction of cognitive and senorimotor maps of visual space. *Perception and Psychophysics* 59(3):456–469

Abb. 3.6 Aus: Wright, Halligan, Kew: Wellcome Trust Sci Art Project 1997

Abb. 3.7 Nach: McGonigle DJ, The Body in Question: Phantom Phenomena and the View from Within. www.artbrain.org/phantomlimb/mcgonigle.html

Abb. 3.8 Nach: Halligan PW et al (1993) Thumb in cheek? Sensory reorganization and perceptual plasticity after limb amputation. *Neuroreport.* 4(3):233–236

Abb. 3.9 Aus: Hari R et al (1998) Three hands: fragmentation of human bodily awareness. *Neuroscience Letters* 240(3):131–134

Abb. 4.1 Ria Novosti © Science Photo Library/Agentur Focus
Abb. 4.2 Robert M. Yerkes Papers. Manuscripts & Archives, Yale University Library
Abb. 4.4 Nach: Schultz W (2001) Reward signaling by dopamine neurons. *Neuroscientist* 7(4): 293–302, Sage Publications
Abb. 4.5 Nach: Bugmann G (1996) Value maps for planning and learning implemented in cellular automata. Adaptive Computing in Engineering Design and Control Conference (ACEDC'96), Plymouth 26–28 März 1996
Abb. 4.6 Nach: Castiello U (2005) The neuroscience of grasping, *Nature Reviews Neuroscience* 6(9): 726–736
Abb. 4.7 Nach: Blakemore et al (1990) Central cancellation of self-produced tickle sensation, *Nature Neuroscience* 1(7): 635–640
Abb. 4.8 M. C. Escher's, "Hand with Reflecting Sphere" © 2013 The M. C. Escher Company-Netherands. All rights reserved.www.mcescher.com

Abb. 5.1 Aus: Cajal SRY (1995) The superiorcolliculus. In: Histology of the Nervous System Bd II, in Übersetzung von Swanson N und Swanson LW. New York, Oxford: Oxford University Press, 1995, S. 143–160. Mit freundlicher Genehmigung von William (Bill) Hall, Dept. of Neurobiology, Duke University Medical Center
Abb. 5.2. Aus: Livingstone M (2000) Is It Warm? Is It Real? Or Just Low Spatial Frequency? *Science* 290(5495):1299. American Assoc for the Advancement of Science. Mit freundlicher Genehmigung von Margaret Livingstone, Harvard Medical School, Dept of Neurobiology, Boston
Abb. 5.4 Kazimir Severinovich Malevich, *Black Square*, ca.1923. © 2009, State Russian Museum, St. Petersburg
Abb. 5.5 Mit freundlicher Genehmigung von Professor A. O'Hagan, University of Sheffield, Department of Probability and Statistic
Abb. 5.6 Aus: Gesner C (1551). Historia animalium libri I–IV. Cum iconibus. Lib. I. De quadrupedibus uiuiparis, C. Froschauer, Zürich
Abb. 5.8 Mit freundlicher Genehmigung von Professor Richard Gregory, Department of Experimental Psychology, University of Bristol

Abb. 6.1 Troje N F (2002) Decomposing biological motion: A framework for analysis and synthesis of human gait patterns. *Journal of Vision*, 2:371–387

Abb. 6.2 Nach: Gergely G, Nadasdy Z, Csibra G, Biro S (1995). Taking the intentional stance at 12 months of age. *Cognition, 56*(2):165–193

Abb. 6.3 Mit freundlicher Genehmigung von Kang Lee, Professor & Director Institute of Child Study, University of Toronto

Abb. 6.4 Aus: Rizzolatti G, Fadiga L, Gallese V, Fogassi L (1996) Premotor cortex and the recognition of motor actions. *Brain Res Cogn Brain Res* 3(2):131–141

Abb. 6.5 Aus: Bekkering H, Wohlschlager A, Gattis M (2000) Imitation of gestures in children is goal-directed. *Q J Exp Psychol A* 53(1):153–164. Mit freundlicher Genehmigung von H. Bekkering

Abb. 6.6 Aus: Gergely G, Bekkering H, Kiraly I (2002) Rational imitation in preverbal infants, *Nature* 415(6873):755

Abb. 6.7 Aus: Kilner JM, Paulignan Y, Blakemore SJ (2003) An interference effect of observed biological movement on action. *Curr Biol* 13(6):522–525

Abb. 6.8 Aus: Singer T, Seymour B, O'Doherty J, Kaube H, Dolan RJ, Frith CD (2004) Empathy for pain involves the affective but not sensory components of pain. *Science* 303(5661):1157–1162. American Association for the Advancement of Science

Abb. 6.9 Nach: Haggard P, Clark S, Kalogeras J (2002) Voluntary action and conscious awareness. *Nature Neuroscience* 5(4):382–385

Abb. 7.2 Nach: Knoblich G, Seigerschmidt E, Flach R, Prinz W (2002) Authorship effects in the prediction of handwriting strokes: evidence for action simulation during action perception. *Quaterly Journal of Exp. Psychology, Section A* 55(3):1027–1046

Abb. 7.3 Aus: Burnham D, Kitamura C, Vollmer-Conna U (2002) What's new pussy cat? On talking to babies and animals. *Science* 296(5572): 1435. American Association for the Advancement of Science

Abb. 7.5 Aus: Morris JS, Ohman A, Dolan RJ (1998) Conscious and unconscious emotional learning in the human amygdala. *Nature* 393(6684): 467–470

Abb. 7.6 Aus: Grèzes J, Frith CD, Passingham RE (2004a) Inferring false beliefs from the actions of oneself and others: an fMRI study. *Neuroimage* 21(2):744–750

Abb. N.2 Supporting Online Material, King-Casas B, Tomlin D, Anen C, Camerer CF, Quartz SR, Montague PR. (2005) Getting to know you: reputation and trust in a two-person economic exchange. *Science* 308(5718):78–83. American Association for the Advancement of Science

Abb. N.3 Nach: Fehr E, Gächter S (2002) Altruistic punishment in humans. *Nature* 415(6868): 137–140

FT1 Mit freundlicher Genehmigung von Rosalind Ridley
FT2 Mit freundlicher Genehmigung von Chiara Portas
FT3 Aus: Panayiotopoulos CP (1999) Elementary visual hallucinations, blindness, and headache in idiopathic occipital epilepsy: Fifferentiation from migraine. *Journal of Neurology, Neurosurgery and Psychiatry* 66(4):536–540, BMJ Publishing Group Ltd of the BMA, assisted by Stanford Univ HighWire Press
FT4 Bild unten aus: Schartz S, Maquet P (2002). Sleep imaging and the neuro-psychological assessment of dreams. *Trends in Cognitive Science* 6(1): 23–30
FT5 © akg-images/Erich Lessing
FT6 Mit freundlicher Genehmigung von R. Beau Lotto, Lottolab, 11-43 Bath Street, UCL, London EC1V 9EL, lotto@ucl.ac.uk
FT7 © akg-images/Erich Lessing

Index

A

Achromatopsie 39
Actor-Critic-Modell 126
Affe 124, 170, 192f
Agnosie 30f
Akinetopsie 30
Akteur 197, 202f, 206f, 252, 256
Albinoratte 113
Altruismus 253
Ames, A. 64
Ames-Raum 64, 176
Ammensprache 226–228
Amygdala (Mandelkern) 59, 132, 234
anarchische Hand 99
Anhalonium lewini 43, siehe auch Meskalin
Anopsie 32
Anosognosie 97
anteriorer cingulärer Cortex 200f
A-posteriori-Meinung 161f, 168
A-priori-Erwartung 163
A-priori-Hypothese 170
Arbeitsgedächtnis 5
assoziatives Lernen 114, 117, 120, 125, 127, 132
Außenwelt 148ff
auditorischer Cortex 11, 15, 40
Auffassung, Begriff 159, 161
Augenbewegung 133, 191
Aura 39
Autismus 228, 235f

B

Bayes, Th. 158–161, 165
Bayes'scher Beobachter 156, 164
Bayes'sches Gehirn 166f, 176
Bayes-Theorem 160f, 164
Behaviorismus 104, 113, 119
Belohnung 112
Belohnungszellen 122f
Bereitschaftspotenzial 85f
Berggorilla 228
Bestrafung 112
Bewegung 187f, 198, 223, 239
Ziel 195, 218
Bewegungsnacheffekt 6
bewusste Wahrnehmung 51f
Bewusstsein 252
Bewusstseinsstrom 130
Binärziffer 151

Biologie 4
blinder Fleck 179
Blindheit 32
Blindsicht 35f
Bois-Reymond, E. du 149
BOLD (*blood oxygen level dependent*) 221
Bonnet, Ch. 37
Brain-Imaging 8, 11, 192f, siehe auch computergestützte bildgebende Verfahren
Brustkrebs 162f

C

Cajal, S. R. y 149f
Chadwick, P. 48
Charles-Bonnet-Syndrom 37f
Computer 2, 82–84, 154, 194
computergestützte bildgebende Verfahren 11, siehe auch Brain-Imaging
Computertomographie (CT) 9
Cortex 13
  anteriorer cingulärer 200f
  Anzahl der Nervenzellen 2, 148
  auditorischer 11, 15, 40
  frontaler 249
  motorischer 15
  präfrontaler 247, 251
  prämotorischer 192
  primärer visueller 29, 31, 35
  sekundärer somatosensorischer 136
  visueller 15, 26, 29
Curie, M. 20

D

D. F. 35f
Descartes, R. 69, 211
Diktatorspiel 253
Domino-Täuschung 171
Dopamin 122
Dopaminneuronen 123f
Dopaminzellen 126
Dualist 28

E

Eigenbewegung 135
Elektroencephalogramm (EEG) 68
Empathie 198–201
Entscheidung, unbewusste 87f
Epilepsie 39, 41
Erfahrung, Echtheit 45f
Estabrook, G. H.

F

Fairness 253f
falsches Wissen 39, 41
Farbareal (V4) 30
Farbe 177f
Fehler 175f
Fehlermeldung 181
Ferrier, D. 149
ffytche, D. 38
Figuren, doppeldeutige 177
Fleck, blinder 179
folie à deux 238
Fork Handles 229f
Fovea 26, 53
Franklin, B. 103
Frégoli-Syndrom 70
freier Wille 86, 202, 246, 248
Freud, S. 3, 31, 52, 104
frontraler Cortex 249
Frost, R. 69
funktionelles Brain-Imaging-Verfahren 12, siehe auch Brain-Imaging

funktionelle Magnetresonanz-
tomographie (fMRT) 12
Furchtkonditionierung 234, 236
fusiformes Ortsareal 18

G

Gadamer, H. G. 220
Gedächtnisverlust 34
Gedanken lesen 21, 239
Gedankenwelt 215, 233, 241, 256
Gehirn
geschädigtes 25ff
Konstruktion von Weltmodellen 178
menschliches 2
normales 51ff
Weltkarte 127
Gehirn-Geist-Modell 185ff
Gehirn und Körper 79ff
Gehirnmythologie 142
Geist und Gehirn 27ff
Geisteswelt 186
Gemeingutspiel 254f
Geschlecht 188
Gesichtsareal 27, 181
Gesichtsausdruck 199
gestützte Kommunikation 208
Golgi, C. 149f
Goodale, M. 35
Gregory, R. 172
Greifbewegung 192
Großhirnrinde 2

H

Halluzination 37f, 48, 180, 210
bei Gesunden 70f
Handeln stimulus-
getriebenes 247
willentliches 247
Handlung 173f, 197, 204
Handlungsprogramm, automatisches 129
Helmholtz, H. 52, 133
Helmholtz-Maschine 140
Hering, E. 61
Hering-Täuschung 61–64, siehe auch optische Täuschung
Hermeneutik 220
Hierarchie, unter Wissenschaftlern 1
Hinterhauptslappen 15
Hirnläsion 11
Hirnscan 15f
Hirnstamm 15
Hirnventrikel 2
Hoffmann, A. 44
Hohlmaske 171
Hohlmasken-Täuschung 172
Homunculus 251, 256
sensorischer 93
Horaz 7
Hörrinde, siehe auditorischer Cortex
Huxley, A. 43
Hypnose 102f

I

Ich 101–106, 246, 251
Illusion 256
Imitation 192–196, 198, 224
Information
optische 165
sensorische 147ff
taktile 165
Informationsgehalt 157

Informationstheorie 151, 153, 158
Problem 155ff
Informationsverarbeitung 154
instrumentelles Lernen 118
inverses Modell 139
inverses Problem 176
Lösung 219
Ironie 219

J

James, W. 104
Jaspers, K. 142
Johannson, G. 187

K

Kanwisher, N. 16f
Kernspintomographie 10
KI-Forschung 154
Kinder 222
Imitation 195f
Kitzeln 134–136, 143
klassische Konditionierung 114f
Kleinhirn 15
Kleinkind 189f
Kommunikation 215, 225, 229
Kommunikationsschleife 231
Konditionierung 132
klassische 114f
Kontrolle 137, 141
Kooperation 254
Kultur und Gehirn 215ff
Künstliche Intelligenz (KI) 154
künstliche neuronale Netze 154
Kurzzeitgedächtnis 5

L

Lashley, K. 33
Lernaufgabe 190
Lernen
abergläubisches 118
assoziatives 114, 117, 120, 125, 127, 132
instrumentelles 118
Lhermitte, F. 180
Libet, B. 85, 248
Lotterie 241
LSD 43f
Schizophreniesymptom 43
Lügen 42

M

Magnetresonanztomographie (MRT) 10
Malewitsch, K. S. 156, 158
Mammographie 162f
Mandelkern (Amygdala) 59, 132, 234
Marcel, A. 58
Maskierung, visuelle 58
Massaker von Jonestown 240
Massenselbstmord 240
Materialist 28
Mehrdeutigkeit 229
Menschen und Roboter 197f
mentale (gefühlte) Zeit 204f
mentale Welt 49
Meskalin (Pejotl) 43
Mesmer, A. 103
Migräne 29, 33
Miller, G. 5
Milner, D. 35
Modell 180f, 225
falsches 238
Morris, J. 59
motorischer Cortex 15
MRT-Scan 11

N

Nabokov, V. 65
Nashorn, im Zimmer 167
Naturwissenschaften
  harte 4, 6, 20
  weiche 4, 6, 9
Necker-Würfel 176, 182
Nervenfasern, Fortleitungsgeschwindigkeit 52
Nervennetzhypothese 149
Nervenzelle (Neuron) 121, 148, 150
Netzhaut (Retina) 26, 31, 53
Neuron (Nervenzelle) 121, 148, 150
neuronale Netze, künstliche 154
Neuronen 192
Neuronentheorie 149, 154
Neuropsychologe 33
Neurotransmitter 121f
normales Gehirn 51ff
Nullius in verba 7

O

optische Täuschung 61, 89
Ortsareal
  fusiformes 18
  parahippocampales 18
Ortsfrequenz 157

P

parahippocampales Ortsareal 18
Parthenon-Tempel 62f
Pawlow, I. P. 113f
Penfield, W. 41
Pennethorne, J. 62f
Phantomarm 91, 95
Phantomhand 92, 94
Philosoph 199, 217
Photorezeptor 26
Physiker 1
Poe, E. A. 75
Positronenemissionstomographie (PET) 12
präfrontaler Cortex 247, 251
prämotorischer Cortex 192
primärer visueller Cortex 29, 31, 35
Primat 80
Priming-Prozess 105
Problem, inverses 176
Prosopagnosie 31
Psychologie 1, 21, 86
Psychose 240

R

Ramachandran, V. S. 94, 97
Reaktionslernen 119
Realität 181
Redundanz 152f
Reflex
  bedingter 115
  konditionierter 115
REM-Schlaf 68
Rensink, R. 53
Retina (Netzhaut) 26, 29, 31
Rizzolatti, G. 192
Roboter 197
Roelofs-Effekt 90
Röntgenstrahlen 9
rosa Elefanten 27
Rubin-Vase 177

S

Scheitellappen 15
Schizophrenie 47f, 209–212
  paranoide 236
Schlaf 140
Schlafstadien 67f

Schlussfolgerungen, unbewusste 52
Schmerz 199–201
Schmerzmatrix 199
Schopenhauer, A. 52
Searle, J. 194
Sehen, räumliches 170
Sehfeld 31, 179
Sehnerv 31
Sehrinde 31, 39, 121
  Schädigung 32
Selbst 252
Selbstwertgefühl 224
Selbstwirksamkeit, siehe Urheberschaft
sensorische Information 147ff
Shangyin, L. 216f
Sich-des-eigenen-Handelns-bewusst-sein 85
Sidgwick, H. 71
Signal, sensorisches 208
Sinnesmodalidät 65
Sinnesorgane 186
Skinner, B. F. 8, 119
Skotom 32
Spiegelneuronen 192
Stäbchen 26
Stirnlappen 15
Stockhausen, K. 249
Stoney, G. J. 73
Strichfiguren 188
strukturelle Brain-Imaging-Verfahren 12, siehe auch Brain-Imaging
Substanz
  graue 2
  weiße 2
Synapse 122, 149
synaptischer Spalt 121
Synästhetiker 65–67

T

TD-Algorithmus 126
Thorndike, E. 116–118
Tieraffe 80
Top-down-Kontrolle 246, 248f
Tosse, G. 46
Tourette-Syndrom 193
Traum 211
Träumen 67ff
Trittbrettfahrer 254–256
Turner, J. M. W. 242

U

Übersetzen 215
Ultimatum-Spiel 253
unbewusste Entscheidung 87f
unbewusste Schlussfolgerungen 52
Urheberschaft (*agency*) 202–209
  von Handlungen 99
  Illusion 208f
Ursache und Wirkung 203–205

V

Veränderungsblindheit (*change blindness*) 53–56
Versuch und Irrtum 117, 127
Vicary, J. 57
visueller Cortex 15, 26, 29
  primärer 29, 31, 35
Vorhersage 111ff, 139, 143, 168, 222
Vorhersagefehler 124, 166, 220, 225
Vorstellung 137
Vorurteil 220–222
Vorwärts-Modell 139
Vorwissen 169, 186, 220–222
  falsches 170

W

Wahnvorstellung 238
Wahrheit 237f
Wahrnehmung der Welt 147ff
Wahrnehmung
bewusste 51f
unterschwellige 57
Wahrscheinlichkeit 161
Wasserfalltäuschung 6, 30
Watson, J. 8
Wechselbeziehungen, soziale 250
Weiskrantz, L. 35
Weltkarte im Gehirn 127
Weltmodell 175f
Wertekarte 125, 127
Whalen, P. 59
Wissen 233f
falsches 39, 41
Wortassoziationsaufgabe 104f

Z

Zajonc, R. 58
Zapfen 26, 53
Zeki, S. 29, 246
Zugang, privilegierter 206f

Printing: Ten Brink, Meppel, The Netherlands
Binding: Ten Brink, Meppel, The Netherlands